U0022331

現代西洋外交史

— 正統主義和民族主義時代 —

楊　逢　泰　著

學歷：國立臺灣大學外文系學士
國立政治大學外交研究所碩士
美國密西根大學公共行政研究員
美國波士頓大學國際政治碩士
經歷：國立政治大學外交研究所教授兼所長
國立政治大學外交研究所教授兼訓導長
中國文化大學中山學術研究所教授兼所長

三 民 書 局 印 行

國家圖書館出版品預行編目資料

現代西洋外交史：正統主義和民族主義時代 / 楊逢泰
　著. －－初版五刷. －－臺北市: 三民, 2012
　　　面；　公分

　　　ISBN 978-957-14-0228-4　（平裝）

740

© 　現代西洋外交史
——正統主義和民族主義時代

著 作 人	楊逢泰
發 行 人	劉振強
著作財產權人	三民書局股份有限公司
發 行 所	三民書局股份有限公司
	地址　臺北市復興北路386號
	電話　(02)25006600
	郵撥帳號　0009998-5
門 市 部	(復北店) 臺北市復興北路386號
	(重南店) 臺北市重慶南路一段61號
出版日期	初版一刷　1986年2月
	初版五刷　2012年11月
編　　號	S 740050

行政院新聞局登記證局版臺業字第〇二〇〇號

有著作權‧不准侵害

ISBN　978-957-14-0228-4　（平裝）
http：// www.sanmin.com.tw　三民網路書店

※本書如有缺頁、破損或裝訂錯誤，請寄回本公司更換。

自　序

　　人類懷着希望步入了二十世紀八十年代的中期，在無窮盡的時間之流中，這是一個獨特的時代，因爲人類正徘徊在文化的分水嶺。人類沒有「預知」的能力，我們無法斷定將來，但是人類生活在時間之中，這是與野獸所以不同之處。德國十九世紀哲學家尼采（Friedrich W. Nictzche）曾說：「牠們吃草、牠們搏鬥，牠們繁殖和死亡在一個永恒的現在之中。」可是我們人類是時間的動物，歷史是我們記憶的全程，我們生活在過去、現在和將來之中，古今中外的哲人都忠告後代，「以歷史爲鏡！」「記取歷史的教訓」，暗示着歷史的巨輪不斷的在反覆循環着，後代人類應以理性和智慧在時間之流中把握或者是修正應循的方向。

　　凱恩（Robert A. Kann）指出：「如果歷史的類推是有意義的，吾人自然必須對歷史情勢的懸殊作寬大的默認。」誠然，決定人類歷史軌跡的因素殊爲複雜，武斷的作歷史的類推似無裨盆。除探索歷史之外，必須「寧靜的思考世界事務。」

　　公元一七八九年的法國大革命，拿破崙出現在政治舞臺世界進入現代時期。拿破崙的大軍在「自由、平等、博愛」旗幟的掩護之下橫掃歐洲大陸，法蘭西民族具有人道主義者使命感的狂熱。拿破崙戰爭後，自由主義和現代意義的民族主義這一對孿生運動興起於歐洲。作爲保守主義者梅特涅視自由主義和民族主義如洪水猛獸，爲了撲滅革命的火燄和維持歐洲的和平，梅特涅經由擊敗拿破崙的「歐洲協調」來對付方興未艾的自由主義和民族主義的革命，以維持奧地利多元帝國的壽命。這位

爲了國家目的而不擇手段的平衡大師憑其權謀術數，竟然能夠安排與奧地利在日爾曼稱霸的普魯士以及企圖向西擴張的俄羅斯參加他維持現狀的「體系」。梅氏所憑藉的正統主義，根據季辛吉的解釋是「有限衝突的國際秩序」，由爭執中的五強——奧、俄、普、英、法——在公會外交中以談判的方式來調整歧見，以獲得一致的意見。梅特涅是幸運的，因爲當時五強之間的意識型態的差異有限，尚可達成妥協，因此梅特涅代表正統主義能夠扮演調停者的角色。

　　拿破崙崩潰之後，俄國取代法國構成了對中歐的威脅，梅特涅扮演羅馬神話中兩面神 (Janus) 的角色，以一個面孔望着法國，以另一個面孔注視着俄國，不但保衞了奧地利帝國，而且將其變成「歐洲的必需品」("European necessity")。梅特涅也扮演「歐洲馬車夫」("The Coachman of Europe")，控制着歐洲歷史的巨輪。奧地利帝國是「時代錯誤」(anachronism)，其崩潰是不可避免的命運，然而梅特涅以其卓越外交所奠定的基礎，維持帝國的壽命垂一個世紀之久。三十九年執政的悠長歲月是一幕悲喜劇的非常演出。「三十九年來，我扮演着擊退浪濤的大岩石的角色。」梅特涅的自我寫照是這幕悲喜劇的最佳說明。梅特涅的喜劇是，作爲正統主義的岩石，奠定了奧地利帝國的基礎；他的悲劇是，民族主義和自由主義的浪潮吞嚥了這塊岩石。洶湧澎湃的時代潮流，並不是一塊岩石所能阻擋的。

　　在歷史的軌跡上，梅特涅自始至終，駕着正統主義的馬車，作撤退時的「後衞行動」，歷史的巨輪壓碎了這輛馬車，不過借用軍事術語，這是一次漂亮的「後衞行動」。一八四八年，奧地利受法國二月革命的影響，維也納的自由主義者迫使梅特涅離開政治舞臺。

　　一八五四年至一八五六年的克里米亞戰爭，表面上是法、俄兩國爲控制聖地的鬥爭，而實際上是英、法「自由同盟」將俄國權力排出於歐

洲的戰爭。普奧兩國爲不同的理由而宣佈中立，曾爲神聖同盟的成員竟然擺脫了俄國，使聖彼得堡有孤立之感。此後，「克里米亞聯盟」（"Crimean coalition"）變成了俄羅斯帝國的夢魘，而克里米亞戰爭也摧毀了「歐洲協調」。可是「歐洲協調」的觀念却不絕如縷，爲後代政治家指出了維持和平的可循途徑。

　　加富爾和俾斯麥是克里米亞戰爭眞正的勝利者。因爲奧地利在失去俄國的支持後，意大利和德意志始有統一的可能性。意大利和德意志這兩個「地理上的名詞」在十九世紀下半期幾乎同時完成了統一大業，澈底的改變了歐洲的政治生活。

　　一八四八年革命失敗之後，意大利統一的唯一希望寄托在皮特蒙（Piedmont）和薩丁尼亞島（Sardinia），依曼紐爾二世（Emmanuel II）臨危受命，知人善用，將統一民族的艱鉅任務託付於加富爾。馬志尼是意大利統一的先知，而意大利的統一任務，必須由加富爾這位政治家和外交家來完成。在對奧戰爭中，民族主義變成了民族國家締造的動力。意大利統一的三傑之一──加里波底終能大公無私的將那不勒斯和意大利王國合併，證明他和馬志尼與加富爾一樣的偉大。現代意大利是在自由主義的憲法號召下，歌劇家、文學家、軍人和外交家們通力合作所締造的。意大利必須「忍耐」，等待有利的時機，一八七〇年乘普法戰爭的良機，王家軍隊進入羅馬，意大利三色國旗飄揚在羅馬永恒之城。

　　普魯士的興起，並不是大自然特別的恩惠，現代德意志是英明的君主、果斷的首相和卓越的軍人們所創造的。他們深信普魯士的陸軍是完成民族統一使命的不可或缺的工具，陸軍不僅代表着「力量」，而且代表着「道德」和「宗敎」。

　　當自由主義者在議會否決計劃時，俾斯麥的果斷，扭轉了德意志民族的歷史，「今天的大問題，不是議會辯論和多數表決能決定的 … 能

決定的唯有鐵和血。」鐵血宰相爲了完成民族主義而犧牲了自由主義。
從一八六六年到一八七〇年，德意志民族在三個戰爭中逐漸凝固起來。
當「歐洲的首都」——巴黎陷落時，俾斯麥完成了德意志民族的統一大
業。歷史學家說，現代德意志是普魯士人的天才、勤儉和堅毅不拔的精
神所創造的碩果。

在意大利和德意志民族國家締造的過程，有何軌跡可循，以及如何
判斷我們自己民族國家的命運呢？在海峽對面，經共產主義統治一個世
代之後，爲什麼有那麼多的同胞循不同的途徑，冒生命的危險，回到自
由祖國？這些問題的答案非常簡單。柏拉圖說：「政府反映人性」，馬
列主義的實驗是非人性的，凡不合人性的也永遠不是智慧的。在海峽對
面的中國人已憬然而悟：共產主義絕不適合於中國人，也終將被整個人
類所唾棄。梅特涅的教訓是：民族主義和自由主義（也就是民權主義）
是歷史的主流，在工業革命後，民生主義也滙合了此一主流。在意大利
和德意志統一過程中，我們所獲的啓廸是：臺灣命定是中華民族復興的
基地。梅特涅曾說：「國家的政策基於歷史而非小說，基於知識而非單
純的信心。」我們作爲當代中國人，身負統一中華民族的神聖使命，希
望本書能提供我們所需的歷史教訓和歷史知識。

人類的歷史是驚心動魄的戲劇，所不同的是沒有導演，也沒有旣定
的劇本，在國際政治舞臺上每一位演員都是憑自己的智慧、知識和良知
作卽席演出，扮演不同的角色。梅特涅演出的是一幕悲喜劇，一八四八
年代表着正統主義時代的逐漸沒落；而克里米亞戰爭揭開了民族主義時
代的序幕。一八七一年意大利和德意志同時完成了統一大業，這是現代
西洋外交史的第二幕的結束。俾斯麥在晚年時已領悟到：這已經是世界
政治的時代。 他的後繼者威廉二世訴諸世界政策， 導致第一次世界大
戰。凡爾賽和約是一個追溯旣往的和約(retrospect peace)，希特勒統治

下的德意志，依照季辛吉的說法，變成了革命性的強權，加上墨索里尼的國際社會達爾文主義 (International Social Darwinism) 和日本的軍國主義，世界邁向第二次世界大戰。帝國主義時代和兩次大戰時期是筆者正在撰寫現代西洋外交史第二部的主題，希望不久能與讀者見面。

「歷史是科學，不多也不少。」筆者對拙作不敢作如此觀，但絕無偏見和主觀意識，所有資料來自文件和權威著作。雖然如此，但錯誤和缺失是難免的，敬請讀者們不吝賜教。本書拖延甚久，筆者歉疚萬分。三民書局董事長劉振強先生的耐心和容忍令人感激，也令人難以忘懷。本書脫稿之際，也正是「大辭典」出版之時。回憶在大學讀書時，英千里老師曾說：約翰生 (Dr. Samuel Johnson, 1709-1784) 所編纂的辭典對英國的文學有極大的貢獻。劉振強先生以十四年的時間，從事於「大辭典」的編纂和出版工作，實在是企業家負起社會責任的最佳表現。

在本書的寫作過程中，吾妻曾緻雲女士敦促我要有「責任感」，作為一個知識份子，我是否已經負起了應盡的責任？這是本書出版後最大的問號。來臺三十四年，無時不念親恩，而今在大陸上，家已成灰，而親墓生青草。謹將此書獻給為三民主義統一大業而奮鬥的中國人，以報親恩。

楊　逢　泰　謹識
民國七十四年雙十節

現代西洋外交史
—正統主義和民族主義時代—

目　次

自　序

第一編　正統主義時代

第二編　民族主義時代

第 一 編

正 統 主 義 時 代

第一章　維也納會議：追求均勢

第一節　歐洲均勢的建築師

公元一七八九年的法國大革命是現代歐洲生活中最重要的事件，它的影響深遠，其價值可以與文藝復興、宗教改革、光榮革命以及工業革命相比。它摧毀了在政治、經濟、社會生活以及思想、外交、戰爭中業已建立古老秩序中的里程碑。它代表着君主專制政體向議會政治低頭。革命的法蘭西認為：這是代表着全人類的革命，而革命的普遍性經「人民和公民權利宣言」（Declaration of The Rights of Man and the Citizen，簡稱人權宣言）的洗禮之後，引起歐洲統治者的敵意。「人民的主權」（sovereignty of the people）的觀念應該導致民族獨立，這是法國佔領所產生的直接結果。法國的革命者有意傳播自由主義（liberalism），可是由於錯誤而創造了民族主義（nationalism）。

一八一五年的歐洲只是「地理上的一個名詞」，存在着持續的力量和改變的力量之間的緊張關係：前者包括君主制度、教會、貴族以及在長期動亂之後對和平穩定的強烈願望；後者中有工業主義的傳播，以及

自由主義和民族主義的醞釀。

自從十七世紀後期，歐洲的統治者在君主制度的傳統上增加了專制主義。法王路易十四 (Louis XIV) 創造了光榮的法蘭西，自稱，「朕即國家」(L'etat C'est moi) (I am the State)，這是君主專制獨裁最佳的寫照。君主和教會的密切同盟是歐洲的傳統。在法國的教會正如封建貴族和君主一樣受到大革命的攻擊。教皇庇護七世 (Pius VII) 在拿破崙戰爭結束後於一八一四年「凱旋」回到羅馬，以土地為基礎的貴族是強有力的保守力量。在滑鐵盧之後，這些保守的力量再度抬頭。儘管如此，歐洲進入了一個迅速而根本改變的時代。

蒸汽機的應用是工業革命的基礎，機器代替了人力；而有工廠的興起，改變了歐洲的經濟和社會生活，其影響是政府和政治的整個意義和功能作革命性的改變。在以前，政府只要關切公共秩序和民族的安全，現在必須從社會和經濟生活的最低層次做起。現代歐洲所探索的是一種完全新穎的國家(state)，這是十九世紀歐洲最大運動的共同基礎：一方面是民族主義，另一方面是自由主義和民主政治。❶

古代的世界中就有民族主義的情操。舊約聖經中的故事就是人類早期民族主義的表現。海斯 (Carlton J. H. Hayes) 認為「民族主義是原始社會的一個屬性。」而原始的部落主義 (tribalism) 就是「小規模的民族主義。」❷ 法國大革命播下了現代民族主義的種子，使十九世紀逐漸進入民族主義的時代。拿破崙時代的法學家接受了「世襲國家」(patrimonial state) 的觀念，而將「民族」代替了「國王」，因此國土 (country) 不再

---

❶ David Thomson, *Europe Since Napoleon*, Second Edition, (New York: Alfred A. Knopf, 1965), pp. 61-98.

❷ Carlton J. H. Hayes, *The Historical Evolution of Modern Nationalism*, (New York: The Macmillam Company, C. 1931), pp. 1-2.

是國王的世襲財產，而變成了「民族」的世襲財產。這種改變不但使民主政治的觀念也為之改變，而且也使民族自決有了理論的基礎，於是產生了現代意義的民族主義。

在此時期之前，民主政治的傾向是以人民在政府中有代表權，人民可以用政治行動來制止政府，或者是以人民的利益來指導政府權力的形式來表現的。可是法國革命使民主政治的方式隨之改變，民主政治不復為個人、階級或法人團體的代表權，在國會中對政府運用憲法的控制而已，而是人民本身變成至高無上的權威。從臣民的角色一躍而變為主權的角色，這種改變給予中世紀之後君主神聖權利的理論一個致命的打擊，人民的神聖權利代替了君主的神聖權利。在新的民族和民主觀念的影響之下，人民不再是一盤散沙，變成具有形狀和組織的整體，此即所謂「民族」，賦有主權，在最理想的情況下，與「國家」成為一體，而成為「民族國家」(nation-state)。整人民有權為自己制定憲法和選擇自己的政府。這種革命性的理論很容易變成一種要求：即人民有權來決定隸屬於一個國家或另一個國家；或者是本身構成一個獨立的國家。❸

在十九世紀，民主政治和自由主義雖然決不是同義字，可是這兩個概念有變成衡等的傾向，或者至少是有密切的關係。所以一般的認為民主政治、或自由主義是十九世紀主要的力量。❹ 自由主義和民族主義這

❸ Alfred Cobban, *National Self-Determination* (Chicago: The University of Chicago Press, 1944), p. 5.

❹ René Albrecht-Carrié, *A Diplomatic History of Europe* (London: Methuen & Co. Ltd., 1967), p. 20.

　　自由主義在十九世紀也是新穎的名詞，而自由主義者對於他們所指的「自由制度」("liberal institution")正如民族主義一樣，隨着時間和空間有所不同。沙皇亞力山大一世時代俄國的自由主義者對於沙皇有意在遙遠的將來考慮一個憲法的觀念已感到滿足。一八一五年後，比利時的自由主義者致力將比利時脫離荷蘭王室的統治，一八四八年，奧國的自由主義者

兩個孿生運動的思想❺隨着拿破崙的雄師傳播到歐洲，思想之散佈，猶如水面投石，漣漪四佈。

拿破崙是最後一個古代人，也是登皇帝寶座的第一個現代人。❻他將過去與未來劃了一條線，拿破崙帝國在歐洲崩潰之後，最重要的改變是俄國取代了法國，構成了對中歐的威脅。❼地處中歐，作爲保守主義的多元帝國，奧地利自然的變成了自由主義和民族主義的敵人，就在這樣的背景下，現代史上最重要的一次會議──維也納會議揭開了歐洲外交史的新頁。

維也納會議顯貴之中，地位最高的是俄國沙皇亞力山大一世（Alexander I, 1777-1825），這是一位複雜的人物，具有崇高的理想主義，精明詭詐、神秘的虔誠、世俗的野心、慷慨的熱誠和道地莫斯科人的狡猾。沙皇懷着一個明確的目標蒞臨維也納，長遠以來，他的周圍有來自瑞士、日爾曼和波蘭等地的謀士，因此感染了民主、自由和民族性的理

（續）旨在推翻梅特湼。一八五〇年代，加富爾在意大利旨在建立一個類似皮爾爵士 (Sir Robert Peel) 時代在英國所建立的立憲政府。

　　Irene Collins, "Liberalism in Nineteenth-Centruy Europe" in *Eurepean Political History* (1815-1870)：*Aspects of Liberalism* ed. by Eugene C. Black (New York：Harper & Row, Publishers, c 1967), pp. 105-108.

❺　自由主義和民族主義既然淵源於同一理論基礎，所以季辛吉稱之爲孿生運動。

　　See Henry A. Kissinger, *A World Restored: Metternich, Gastlereagh and the Problems of Peace*, 1812-1822 (Boston：Houghton Mifflin Company, 1973), p. 248.

❻　Hilde Spiel, *The Congress of Vienna*, (New York：Chilton Book Company, c. 1968), p. x.

❼　Brison D. Gooch, *Europe in the Nineteenth Century* (London：The Macmillan Company, 1970), p. 54.

想。亞力山大一世雖然外表裝飾着世界主義，而心坎深處仍然是俄國人。[8] 作爲一個世界主義者整個世界是他的遊樂場，四海爲家，可是在家時又感到不自在，沒有人能比他自己形容得更好。他說：「我在俄羅斯僅是一位幸運的偶然而已。」[9] 亞力山大一世，這位十九世紀歐洲棋盤中最具吸引力的人物，到維也納的目的是爲了俄國的利益，而俄國當時的利益集中在波蘭。[10]

地理是歷史之母，英倫三島位處於歐洲大陸西北邊緣海上的此一事件是了解英國外交的萬能鑰匙。大英帝國的命脈是海上的霸權。除海上優勢之外，另一個指導英國行動方針的因素是權力平衡。此一原則有許多解釋，就英國而言，根據葛奇 (G. P. Gooch) 所說：權力平衡意味着「部分的由於有意識的，部分的由於本能的，決定以外交或武力來抵制任何一個歐洲國家立刻成長爲可怖而潛在的敵人而威脅到我們民族的自由、我們海岸的安全、我們商業的平安或者是我們外國領土的完整。」[11]

拿破崙崩潰之後，英國的主要願望是能「採取自由行動，將安全信託於海軍」。所謂「行動自由」就是一般所稱的「光榮的孤立」(splendid isolation)。[12] 卡斯利子爵 (Viscount Castlereagh) (Robert Stewart, 1769-1822) 於一八一二年出任英國外相，當時的英國甫從十年孤立的嚴格考驗中脫穎而出，決定暫時放棄孤立主義，卡斯利與此項決策有關。[13] 所以他在維也納雖然受到與會各國代表的尊敬，可是在國內却受

---

[8] J. A. R. Marriott, *A History of Europe: From 1815-1939* (London: Methuen & Co. Ltd., 1960), p. 18.

[9] Spiel, op. cit., p. 163.

[10] Marriott, op. cit., p. 18.

[11] G. P. Gooch, *Studies in Diplomacy and Statecraft* (New York: Russell & Russell, 1969), p. 87.

[12] Ibid., pp. 87-88.

[13] Kissinger, op. cit., p. 29.

到許多人的嚴重誤解。他像皮特 (William Pitt, the Younger, 1759–
1806) 一樣，深信英國的主要利益在於防止法國或其他任何國家企圖控
制歐洲。維持這種安全是卡斯利在維也納會議之前，會議期間和會議以
後始終不渝的努力，由於他卓越的外交技術，英、俄、奧、普四強於一
八一四年三月九日締結了碩蒙條約 (Treaty of Chaumont)，四強保證
不單獨與拿破崙談判，而且維持同盟二十年。❹

　　季辛吉描寫卡斯利時說：「冷淡而緘默地，卡斯利走着他寂寞的道
路。 正如他的人一樣不能接近， 他的政策不能爲他大多數的國人所了
解。」❺ 可是季辛吉又說：

　　　　然而作爲英國經驗的象徵，卡斯利幾乎不能更爲適合。因爲英國
　　　　之所以作戰並不是爲反對革命性的教條，更不是爲另一個教條的
　　　　名義，而是反對一個普遍性的要求；不是爲自由而是爲獨立，不
　　　　是爲一個社會秩序而是爲一個均勢。這是與大陸國家，特別是奧
　　　　地利一個經常誤解的根源。對那些大陸國家而言，這場戰爭不僅
　　　　是爲獨立，而是依他們歷史的經驗來爲他們的獨立而戰。就英國
　　　　而言，這場戰爭是爲了一個不可能有普遍統治的歐洲。就奧地利
　　　　而言，這是一場爲一個社會秩序生存的戰爭；就英國而言，這是
　　　　一場爲圍堵法國所必需而建立「大型的集團」戰爭。❻

　　歐洲的夢魘是永久性的革命，而英國的夢魘是一個將英國排斥在外
的大陸和平。卡斯利的政策因素是： 歐洲均勢是政治性的， 英國將爲
反對任何破壞此一均勢的企圖而戰。可是威脅必須是明顯的而不是推測
的；行動必須是防禦性的而不是預防性的。革命雖然並不是人們所希望

❹　Marriott, op. cit., pp. 18-19.

❺　Kissinger, op. cit., p. 30.

❻　Ibid., p. 30.

的，但不是實際的危險，他的目標是歐洲的解放和恢復權力平衡，而惟恐將英國排斥在外；任何解決，姑無論其如何不滿意，總比將作為權力平衡者的英國排斥在權力平衡之外要好。英國的承諾是為安全而戰，非為任何主義而戰；為反對普遍的征服，而非反對革命而戰，英國承諾的目標在一個穩定的權力平衡，減少法國的力量而擴大中歐國家；均勢的保證主要是靠無私心的大國的特別保障，英國堅決不能放棄的是海上的權利和荷蘭的安全。⑰

一八一四年一月以後，卡斯利和梅特涅(Prince Klemens von Metternich, 1773-1859) 迅速的達成了良好的合夥關係。梅特涅說：「我對卡斯利的崇拜是不能盡意的。」「我與他非常投機，好像我們已終生相處。梅特涅同情尼德蘭 (Netherlands) 的前途，以及對萊茵和海上的權利不採取極端的立場使卡斯利感到安慰。梅特涅稱讚他說：「卡斯利行為像安琪兒一樣。」⑱

奧地利的首席代表是梅特涅親王，因為奧地利是地主國的關係，而擔任大會的主席。

梅特涅青年時代在美因玆大學 (Mainz University) 和斯特拉斯堡大學 (Strassburg University) 讀書時，就受到當時兩位權力平衡大師柯奇 (Prof. Koch) 和傅高特 (Nicholas Vogt) 的薰陶，接受了兩位老師的理論。法國大革命破壞了歐洲大陸的穩定，對大陸的均勢構成了基本的威脅。梅特涅在一八〇九年擔任外相後，對革命的改變特別敏感；因為哈布斯堡 (Hapsburg) 帝國是許多部族 (nationality) 的混淆集合體。對奧地利而言，民族主義意味着分離主義、帝國的衰落和瓦解。

---

⑰　Ibid., pp. 35–39.

⑱　Alan Palmer, *Metternich* (New York: Harper & Row, Publishers, c. 1972), pp. 112–13.

在一八一二到一八一五年之間，梅特涅在政策上自始至終是一位均勢主義者。奧地利政策具有充份的機動性，參加聯盟，阻止俄國力量過分的西進，默認包本 (Bourbon) 王室復辟，以及在一八一四年對法國新政府的煞費苦心的溫和態度，都是其均勢政策的證明。⑲

一八〇九年十月十四日，拿破崙在舒勃隆 (Schönbrunn) 口授奧地利一項屈辱的條約。梅特涅扮演一個堅苦卓絕的角色，他以完美無缺的外交技術，馬基雅費利 (Niccolo de B. Machiavelli) 那樣的權謀術數，不但使奧地利在戰爭後期比任何盟國蒙受較少的犧牲，而且使從長期戰爭中脫穎而出的奧地利比在一七九二年時更有力量和更為鞏固。⑳

對梅特涅而言，外交變成了社交功能，誹謗他的人稱之為「粉蝶梅特涅」(Butterfly Metternich)。雖然三年前已經破產，可是哈布斯堡王室還是揮金如土，幾乎是燈紅酒綠歌舞不休；在另一方面，梅特涅專心一致表演他的絕技，外交是以陰謀、詭計、下棋等「其他方法」的延長，超越了正式會議，而在舞廳、自助餐桌之前，甚至在閨房中繼續的進行外交戰，每一件事都經過計劃；每一件事都經過推算，他正像一隻粉蝶，從這個人飛到另外一個人，提出承諾、作偽證、說謊或說真話，

---

⑲ Edward Vose Gulick, *Europe's Classical Balance of Power* (New York: Cornell University Press, 1955), p. 199.

奧地利帝國中，除日爾曼人 (Germans) 之外，尚有馬札兒人(Magy-ars)、捷克人 (Czechs)、斯洛伐克人 (Slovaks)、克洛特人 (Croats) 等等，這些人是在哈布斯堡王朝統治之下的部族 (nationality) 這是介於部落 (tribe) 和民族 (nation) 之間的一個中間團體；一方面是在大帝國是被統治的部族 (subject nationality) 而此等部族一旦獲得獨立成為一個「國家」時，可能成為一個民族國家，或者成為聯邦國家的一部分。

參閱拙著「民族自決的理論和實際」(臺北：正中書局，民國六十五年) 第一章第二節。

⑳ Marriott, op. cit., p. 20.

他的勇敢、理解力和漫不經心的態度使他渡過很多艱巨的局勢。當代的批評者在他的性格中發現有「懶惰、疏忽職守和延誤的癖性」。奧地利野戰軍元帥李格親王 (Prince de Ligne) 的名言: 「大會在跳舞，可是並不前進。」正說明了此次會議的特徵。❷❶

根據季辛吉的分析，所謂「懶惰、疏忽職守和延誤」正是梅特涅所採取的談判武器。梅特涅裝病，或者以接二連三的慶祝和節目，甚至以鬧桃色新聞，來引誘其他國家代表的不耐煩而採取輕率步驟，而自己却以忍耐為武器。❷❷

奧地利帝國是歐洲的「地震儀」(Scimograph of Europe)，對歐洲的「革命」特別敏感。梅特涅一生與「革命」作永無休止的戰鬥，他的保守主義的哲學認為: 國家同個人一樣都會犯錯誤；不過其懲罰更為嚴重。道德世界與物質世界一樣有暴風雨，而革命像暴風雨一樣，摧毀大廈，廢墟之下無完卵。在一個革命的體系中，沒有和平可言。他深信唯有以所有國家團結的原則來取代革命的原則，政治學最大的通則就是承認所有國家的真正利益，只有在共同利益之下才能保證國家的生存。現代史的啓示是應用團結和均勢的原則以及各國聯合努力的原則來反對一個強權的稱霸，俾能回到共同的法律秩序。梅特涅的平衡觀是: 法國的權力必須予以減少，奧普兩國必須忘記宿怨，不是競爭而是合作才是他們自然的政策。惟有強大的中歐在英國支持之下，才能維持均勢，因為一個商業的強權與一個完全是大陸的強權永不會導致敵對。❷❸

大會中另一位胸有成竹的代表是法國的塔利蘭 (Charles Maurice de Talleyrand-Périgord, 1754-1838)， 他出身貴族而曾任基督教傳教

---

❷❶ Ibid., p. 17.

❷❷ Kissinger, op. cit., p. 156.

❷❸ Ibid., pp. 7-13.

士，自革命爆發之後，在法國政治中扮演一個惹人注目的角色。他是「三朝元老」，曾在共和國、執政官和帝國時代出任要職。因為西班牙問題，他向拿破崙提出忠告而觸怒了皇帝，兩人之間旋即發生裂痕。一八一四年帝國崩潰之後，塔利蘭擁護包本王室 (House of Bourbon)，他曾擔任臨時政府的主席，出任外相時，曾談判第一次巴黎條約 (The First Treaty of Paris)；因此很自然的被選擇為出席維也納會議的代表。塔利蘭以高度的外交技術，使戰敗國的代表變成為如果不是大會的主宰者的話，也是舉足輕重的人物。他不僅逼使「四強」與他磋商，而且分化盟國，使奧國與俄普發生猜忌，坐收漁利，施展他的影響力。塔利蘭這位曾經是執政官的大臣，拿破崙的臣僕，搖身一變成為「正統」的擁護者，日爾曼諸小邦的保護者以防荷漢索倫王室 (Hohenzollern) 的侵略，以及一八一四年巴黎條約所根據原則的辯護者。他有高度的膽識、機警和圓滑，在維也納所討論的問題中，並沒有直接牽涉到法國的利益，可是塔利蘭堅決的宣稱法國與盟國是平等的。他強調，旣然締結了巴黎條約，包本王室已經復辟，法國在事實上已變成歐洲盟國的一員，這種說法雖然是詭辯的，但他的抗議畢竟獲得了勝利。在談判過程中，塔利蘭的影響力是具有支配性的。❷❹

沙皇亞力山大一世於一八一四年三月三十一日進入巴黎，他雖然考慮法國未來的政府而未能決定，他移樽就教於塔利蘭，這位足智多謀的外交官向沙皇侃侃而談正統主義 (Principle of Legitimacy)，鼓勵包本王室復辟，他的理論說服了亞力山大一世和普魯士國王威廉三世 (Frederick William III, 1770-1840) 這兩位君主於四月一日發表宣言，不與拿破崙和其家族的任何人談判，有鑑於此，法國參議院宣佈罷黜拿破崙。四月四日，拿破崙宣佈禪位其兒子羅馬王，此一行動再度引起了與

❷❹　Marriott, op. cit., pp. 20-21.

拿破崙家族談判的問題。沙皇猶疑不決，認為羅馬王可能獲得陸軍的效忠而成為社會秩序的中心和法蘭西民族能夠接受的政府。塔利蘭再度扮演了舉足輕重的角色，暗示如果羅馬王攝政，拿破崙可能在一年內捲土重來，他說服沙皇維持原來的決定，因此拿破崙於四月十二日接受了解決他個人和他家族問題的芳登布條約 (Treaty of Fontainebleau)，於四月二十日起程赴厄爾巴島 (Elba)。㉕

在當時的歐洲政治中，塔利蘭是最偉大人物之一，也許是最具有叛變性的人物。

拿破崙在一八一五年從厄爾巴島回到法國，談到塔利蘭時曾說：「我曾兩度算錯了塔利蘭：第一次沒有聽從他的忠告；第二次是當他沒有遵照我所指定他的政策時，沒有將他吊死。」㉖

包本王室復辟後，奧、俄、普、英、法、西班牙、葡萄牙和瑞典於五月三十日簽訂了第一次巴黎條約，因為以拿破崙個人作為基本的敵人，所以這個和約對法國而言是非常寬大的，法國保留了一七九二年十一月以前的疆界，和約第三十二條規定不久在維也納召開大會，全盤考慮歐洲的領土問題。

第一次巴黎條約提供了歐洲政治家會議的基礎，俾能批准在一八一三年到一八一四年之間解放戰爭末期所作的一連串有關領土和其他國際的決議。巴黎條約已經決定了與法國的關係，所以維也納會議的目的在戰勝國、戰敗國和中立國之間討論和達成歐洲新秩序的協議。事實上，除土耳其之外，所有歐洲國家均在一八一四年九月十八日至一八一五年六月九日之間派遣代表到維也納。㉗

㉕ B. D. Gooch, op. cit., pp. 55–56.

㉖ Spiel, op. cit., p. 205.

㉗ Ibid., pp. ix–x.

維也納會議的外交官們所關切的是朝代的利益，而不是人民的利益；關心領土的調整而忽視了民族性的原則(principle of nationality)，對於穩定的考慮多於對自由的考慮；他們熱衷於，也許過份的熱衷於維持大國之間的均勢(equilibrium)；而準備為權力平衡的利益而犧牲小國的利益。㉘

維也納會議的歐洲政治家主要考慮是權力平衡和正統主義，二者具有密切的關係。權力平衡理論家對於當時的權力平衡概念有四個基本的假定。第一，有一個國家體系 (a state system) 存在着，也就是一羣獨立的「鄰接國家，多多少少彼此接壤着」，而有相當平等的力量，其重點不在個別的國家，而是一羣彼此相接觸的國家。一八一五年，歐洲的國家體系，從大西洋到烏拉山 (Urals)，大概有五十個國家，其中有五個大國，即英、法、俄、普、奧；四個二等國家，即葡萄牙、西班牙、荷蘭和瑞典；此外尚有四十多個大小不同的小國，主要是在日爾曼境內和意大利半島中，他們在過去有共同的文化經驗，而有某種程度的凝聚力。

這一國家體系的假說是國家之間政治和軍事均勢 (political and military equilibrium) 的基本理論。如果沒有一個國家體系，則國家之間無權力平衡而言，在歐洲，此一國家體系長遠以來即已生存着，西方人認為這是一種不可避免的、必須的，甚至是生活的必然條件。

第二個主要前提包括在第一個假設之中。假定有一個架構(framework) 的存在，也就是一個通常可以認識的體系，換言之，國家體系必須具有一個相當明確的領土；它不可能包括一個完全尚未確定的區域，以及許多變動激烈的國家。這個架構是一個彈性的概念，正如其他東西一樣，在不斷的成長之中，歐洲列強向海外發展，因此在歐洲有發展成

爲更大架構的趨勢。

第三個假說是歐洲國家體系的相當同源同種性，此一顯著事實的存在對歐洲的權力平衡有某些裨益，許多理論學家認爲這種同源同種的性質是一個實際可以運行的均勢的先決條件。這些國家對國際法具有同樣的見解，交換使節有助於權力平衡的維持，政治家也容易在永久不斷的平衡和反平衡的競賽中衡量外國的權力。可是國家體系中的同源同種性並沒有證明爲權力平衡存在的必要先決條件。權力平衡是一架經常需要修理的舊機器，同源同種性只是潤滑劑而已。

第四個假說是評估權力的合理制度。個別國家的權力可以某種明確的因素來衡量；也就是憑藉國家的人口、土地、財政（即貿易平衡）和海陸軍的情況來評估個別國家的權力。國家的權力在拿破崙戰爭時期是直接的表現在其領土和政府可以調往戰場的軍隊，當時的政治家如果能掌握對方的軍力大小、其統帥是誰以及統治者的財富等情報，也許就可以知道該國的權力。❷⑨

梅特涅的反革命、反民族性和反憲政的原則事實上深植於開明的君

---

❷⑨　Gulick, op. cit., pp. 4–28.

　　　Edward V. Gulick 所稱的「國家體系」(state system) 是指「國際體系」(international system) 所暗示的 (interstate system) 而言，與一般所稱的「國家體系」不同。

　　　根據美國已故國務卿杜勒斯 (John Foster Dulles) 的分析：民族國家也就是「國家體系」(state system) 有六項特徵，（一）有「反映此一社區道德判斷」的法律、（二）在必要時有政治機構來修訂這些法律、（三）有一個行政組織來實施這些法律、（四）有司法機構根據法律解決糾紛、（五）有超越的力量藉執行法律來阻嚇暴力、（六）有足夠的福祉，人民不會挺而走險，訴諸暴力途徑。可是國際體系卻缺乏以上這些特徵，雖然有國際法所表現的雛型的法律體系。因此，今天的世界仍處於無政府狀態之中。從權力平衡的觀點看來，理想的國際體系，在沒有出現世界政府之前，基本單位應該是民族國家，才能維持國際體系的穩定和世界和平。

主專制主義，而此一主義以列強之間的均勢爲第一，而承認意識型態的因素，只是在這些因素可能擾亂此項均勢的時候。

在基本上，梅特涅的理論在於幾個簡單而既定概念的結合和解釋，他相信在國際關係中的正統主義，按照季辛吉的分析，正統主義是有限衝突的國際秩序，通常可以爭執中的列強以談判的方式來加以調整。這不僅是神權專制主義 (divine right absolutism) 的恢復，而是由當時代公認列強一致決定的穩定秩序，因爲它需要一致的意見，也就是列強之間的妥協。梅特涅是幸運的，因爲當時列強之間意識型態的差異有限而使這種妥協可能達成，眞正的妥協是梅特涅幾個偉大原則中第二個顯著的特徵：也就是歐洲五強──奧、法、英、普、俄之間的均勢，而均勢正如正統一樣並不是新穎的概念，新穎的是此項概念的運用，它從權力政治的範疇中擴展到意識型態差異的範疇之中，這種差異是：英國的憲政主義 (constitutionalism) 和功利主義 (utilitarianism)；沙皇那種形而上的開明專制主義 (enlightened absolutism) 和帝國主義的混合物；法國在內政非常不穩定的政治情況下恢復帝國的運動；普魯士在日爾曼中稱霸的衝刺，以及奧地利在「非統一的地方分權的國家」中維持調停者地位的努力。爲了維持均勢，如果要發揮這種調停者的地位，唯有在確保另外兩個相關的因素的情況下才能實現，這兩個因素是安全 (security) 和穩定 (stability)。

對梅特涅而言，安全不僅需要軍事準備，而且需要列強之間的妥協，他充份了解：一個國家的絕對安全以純粹軍事術語來說是對其他國家絕對安全的威脅，梅特涅的安全概念主要根據列強之間的一致意見。

更引起爭議的是穩定的概念、解釋和運用此一概念使梅特涅在自由陣營中蒙受不良的聲響，這個概念通常更容易與盲目的恢復舊政權，直接和間接限制人權、社會解放和自由機會等有關，實際上，梅特涅從來

沒有將穩定視爲現狀，也不反對逐漸演進的觀念。❸

　　在維也納最後的決定是拿破崙戰爭後是否會出現一個「正統」的秩

---

❸　Robert A. Kann, " Metterch: A Reappraisal of His Impact on International Relations, " in Eugene C. Black (ed.), *European Political History, 1815-1870: Aspects of Liberalism* (New York: Harper & Row, Publishers, c. 1967), pp. 72-75.

　　意識型態是指基本的政治和經濟價值的體系，在任何國家的外交政策中不可避免的扮演重要的角色。歷史的和當代的思想都堅持權力平衡是，或者應該是，政府決策的指導原則。因此意識和權力平衡二者都是外交政策的主要考慮。

　　意識型態通常界定爲將來實現的一種社會秩序；意識型態愈完整，其演繹的架構愈嚴謹，對改變的態度愈專制，而且這個體系允許兩個社會秩序混合的可能性愈小，其中一個社會秩序將被認爲是對的，而另一個秩序是錯的。馬列主義是意識型態最顯著的例子；此一思想體系分析社會發展的過程，其整個著作宣揚無產階級的所謂「道德」。民主政治和極權主義、資本主義和共產主義是水火不相容的意識型態，其所希望實現的社會秩序也是南轅北轍。

　　國際政治的本質是迫使政治舞臺上的演員利用意識型態來僞裝其行動的直接目標──權力。在幾個國家都想追求權力的情況中，國家不是試圖維持現狀，就是想推翻現狀，採取帝國主義的政策，無論是維持現狀的外交政策或者是推翻現狀的外交政策均需利用意識型態。

　　在殖民時代，歐洲人征服殖民地被認爲是「白人的負擔」(the whiteman's burden)，「民族的使命」(national mission)和「神聖的信託」(sacred trust) 和「基督徒的職務」(Christian duty)。日本帝國主義的「大東亞共榮圈」也帶有這種人道使命的格調，俄羅斯帝國主義賡續的或同時使用「東正教」、「泛斯拉主義」、「世界革命」和「防禦資本主義的包圍」等來達成其權力擴張的目標。在現代時期，尤其受到達爾文(Charles Darwin)之流的社會哲學的影響，帝國主義的意識型態具有「適者生存」的生物學的議論，因此強大民族征服弱小民族變成了自然現象。

　　See Hans J. Morgenthau, "Power and Ideology in International Politics", in James N. Rosenau, (ed.), *International Politics and Foreign Policy* sixth printing (New York: The Free Press, 1968), pp. 170-76.

序，一個爲所有主要強權所能接受的秩序，旣然一個國家的「絕對安全」
(absolute security)，是其他國家的絕對不安全 (absolute insecurity)。
因此絕對安全不能作爲「正統」解決的一部分中達成，所以一個穩定秩
序的基礎是「相對的安全」(relative security)，也是其他國家的「相對
不安全」(relative insecurity)。所謂穩定，並不是指沒有不滿足的要求，
而是能在其架構中調整抱怨和不滿。一個秩序其結構能被所有主要強權
所接受是「正統的體系」，也是「合法的體系」(legitimate system)。
一個秩序中如有一個強權認爲其結構是有沉悶的壓力則變成「革命的」
體系 ("revolutionary" system)。國際秩序中的安全在於權力的平衡，
表現於均勢。可是，假使一個國際秩序表現需要安全和均勢，它的結構
是依照一個正統的原則的名義。

　　建立一個嚴格的平衡是不可能的。在考慮平衡時，英國決不會放棄
海上的權利，奧地利不會放棄其在日爾曼中的地位；俄國要求獲得波蘭
威脅歐洲的均勢；普魯士要求薩克遜 (Saxony) 危及日爾曼內的均勢，
卡斯利所指的均勢是指歐洲不可能出現霸權；而梅特涅所說的均勢意味
着普魯士在日爾曼內不可能取得優勢。卡斯利有意建立一個足夠強大的
中歐來抵抗來自西方和東方的攻擊；梅特涅所期望的亦復如此，但是他
也關切奧地利在中歐相對的地位。在這種情況之下，維也納會議陷於外
交僵持，旣然唯一沒有承諾的強權 (uncommitted power) 就是法國，
因此以前的敵人變成了歐洲安定的關鍵。塔利蘭引用「正統主義」來迎
合各方面的心理，而成爲歐洲的仲裁者。**㉛**

㉛ Kissinger, op. cit., pp. 144-48.
　　　季辛吉認爲所謂「正統」或「合法」(legitimate) 是指國際間對可以
　　實施的各種安排的性質，以及外交政策方法可能允許各種目的協議。它暗
　　示着所有主要強權所接受的國際秩序的架構，至少沒有國家像凡爾賽和約

第二節 歐洲均勢的締造

在將列強爭執的願望調解的過程中，維也納經過五個階段：第一是組織大會的程序問題，第二是卡斯利努力調解波蘭和薩克遜問題，第三是梅特涅將波蘭和薩克遜問題分開建立了列強一致的意見解決了歷史性的糾紛，第四是反法聯盟的瓦解，第五是最後解決的談判。❷

英國外相卡斯利在離倫敦之前接獲駐歐洲各國代表的報告，顯示俄國將在歐洲崛起，沙皇有六十萬大軍在手，似乎無需談判。毫無疑義的波蘭將成爲主要爭執的問題，英國將變成主要角色之一。當時他尚有三個錯覺：第一是希望沙皇仍可能有所拘束；第二是如果說服沙皇的努力失敗，可以很容易的將反法聯盟建立爲反俄力量；第三如果競爭不可避免，他相信可以將法國作爲預備隊，好像法國作爲一個被動的角色就會滿足。他訓令駐法大使惠靈頓 (Duke of Wellington, 1769–1852) 要求法國支持。卡斯利於一八一四年九月十三日抵達維也納。旋即舉行訂於十月一日揭幕的正式會議的預備會議。可是程序問題取代了初步的討論，很明顯的卡斯利對法國的看法尚未成熟。盟國同意一切決定由「四強」來達成。塔利蘭於九月二十三日抵達維也納，利用反法聯盟的正統主義來瓦解此一聯盟。他對盟國所安排的程序非常憤慨，抗議將法國和

(續)後德國那樣不滿意的程度。它表示在一個革命性外交政策中的滿意感。一個合法的秩序是說衝突不可能，只是限制這些衝突的範圍而已；戰爭仍可能發生，只是這些戰爭將在現有結構的名義中進行，而戰爭以後的和平更能表示「合法的」普遍一致的意見才是正當的。古典意義的外交，經由談判來調整岐見，唯有在「合法」的國際秩序中才有可能。

    See Kissinger, op. cit., pp. 1-2.

❷ Ibid., p. 149.

其他二等國家排斥在外，否認四強的合法性。最後，在四強之外加上了法國、西班牙、葡萄牙和瑞典，這八國爲批准工具，由四強在私下討論。並決定正式揭幕延至十一月一日。塔利蘭的初度出擊是失敗了，唯有在盟國中發生衝突時，塔利蘭才能成爲「平等的合夥者」(equal partner)。❸❸

大會的基本結構是四強代表在梅特涅的公寓中在早晨舉行會議，討論和決定最爲迫切的問題，夾雜着繼續不斷的社交活動，許多問題的決定經過相當長的時期，形成了大國不僅爲自己而且爲二等國家作成決定的慣例。❸❹

維也納政治家所面臨的問題中也許最具有歷史意義的是波蘭問題，拿破崙曾說：「歐洲的前途端賴波蘭最後的命運。」遠在俄國外表上獲得統一之前，遠在哈布斯堡王朝獲得匈牙利或波希米亞 (Bohemia) 之前，遠在荷漢索倫王朝插足於巴騰堡 (Brandenburg) 之前，波蘭已是東歐最大的國家，和歐洲主要大國之一。波蘭在十七和十八兩個世紀中迅速衰落，而在一七七二年、一七九三年和一七九五年，其廣大的領土被俄、普、奧三國接連三度瓜分，波蘭已在歐洲的地圖上消失，可是雖然波蘭這個國家 (state) 已經滅亡，可是波蘭民族 (nation) 依然存在，從來沒有放棄復興的希望。

拿破崙在一八○六年殲滅普魯士軍隊以後，將波蘭的大部分建立了華沙大公國 (Grand Duchy of Warsaw) 想奉送當時的盟友沙皇亞力山大一世，被後者所拒絕。在拿破崙征俄的大軍中有八千波蘭士兵，他們向這位雄心勃勃的皇帝請願，要求恢復古代的波蘭王國，拿破崙拒絕他們的請願，鑄下了嚴重的錯誤。如果拿破崙不向俄國心臟地帶進軍，而停止在斯摩林斯柯 (Smolensko)，他可能保全征俄大軍而癱瘓俄國的抵

---

❸❸　Ibid., pp. 149–52.

❸❹　B. D. Gooch, op. cit., p. 57.

抗，對於拿破崙個人的命運是無法估計的，可能不會有日爾曼的解放，沒有來比錫 (Leipzig) 之戰，不會放逐到厄爾巴島 (Elba)，也不會有滑鐵盧之戰。拿破崙忘記了年青時代的口號，對於民族性的原則，甚至不予口惠。

亞力山大一世受其波蘭謀士沙杜利斯基(Prince Adam Czartoryski)的影響，遠在一八一二年曾保證恢復獨立的波蘭王國，但以與俄國王室建立君合國爲條件，沙皇到維也納決心達到此一目標。❸沙皇企圖將波蘭建立一個君合國予以自由的憲法，其堅持要求大部分的波蘭不是基於權宜之計，而是一個道義的「權利」。沙皇這種道義責任的主張使建立合法的秩序更爲因難，他不啻是在作革命性的競爭。沙皇與卡斯利之間舉行了一連串不切實際的談話，在九月十四日的會晤中，卡斯利變成了波蘭完全獨立的辯護者；而沙皇却辯護他的波蘭計劃是對歐洲安全的貢獻。沙皇的立場是賦予自由的憲法是爲了波蘭人民的福祉；卡斯利認爲，「立憲的波蘭」對於普領和奧領的波蘭構成了威脅。第一次會晤時沙皇表示決不自波蘭撤退。十月十三日沙皇與卡斯利再度會晤：沙皇表示他的波蘭計劃不但沒有擴大俄國的權力，反而減少；因爲他將俄軍撤退到尼門河 (Niemen) 之外。卡斯利指出，安全端賴國家整個的力量，而不是在於軍隊駐紮的位置。二者之間的爭論顯示說服無效，雙方關係勢將以武力或以武力的威脅爲基礎。❸

亞力山大一世將波蘭計劃的細節保持秘密一直到大會開始。俄國的計劃反對強大的日爾曼，因此不願將日爾曼諸邦的關係作根本的改變，將華沙大公國的大部分併吞，而將波森 (Posen)、科恩 (Kuln) 和薩克遜的一部分給予普魯士；而將日爾曼南部諸邦，意大利北部劃爲奧地利

❸　Marriott, op. cit., pp. 24–25.

❸　Kissinger, op. cit., pp. 153–55.

的勢力範圍。（如圖一）沙皇堅持他重鑄歐洲的計劃。他的計劃使波蘭和薩克遜的問題無法分開，波蘭變成了俄羅斯帝國主義的犧牲者。㊲

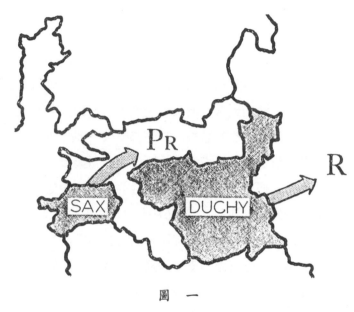

圖 一

　　一八一四年秋天，沙皇的計劃將華沙大公國兼併，然後將薩克遜讓給普魯士。

　　來源：Gulick, op. cit., p. 192.

　　沙皇的主張威脅歐洲的均勢，如果要抵制沙皇，其他歐洲國家必須構成一個統一戰線，但其他國家並不完全了解眞正的危險。一個強大的俄國將主宰歐洲；一個太強的普魯士將危害奧地利；一個統一的日爾曼也會危及法國。普魯士代表哈登堡（Carl August von Hardenberg）對薩克遜的興趣超過了波蘭；塔利蘭惟恐波蘭問題的解決將他排除在外，梅特涅的態度非常複雜，因爲奧地利處於進退維谷的境界，奧地利對俄國勢力深入中歐和普魯士勢力進入日爾曼中却不能漠不關心，但是奧地

㊲　Gulick, op. cit., pp. 192-93.

利帝國位處中歐，作公開抵抗簡直是匹夫之勇。最簡單的解決辦法是將波蘭幾省劃歸普魯士以交換薩克遜的獨立。其先決條件必須要擊潰沙皇才能得到波蘭的幾省，可是要擊潰沙皇必須要獲得普魯士的支持，如果要普魯士的支持，必須要奧地利讓步同意其兼併薩克遜。在另一方面，梅特涅如果沒有英法的援助勢難使普魯士打消對薩克遜的要求。但是卡斯利所關切的是歐洲整個的均勢，而不在日爾曼的均勢。

在這種情勢之下，梅特涅遂採取拖延政策，利用唯一的談判武器：其他國家需要奧地利同意他們的兼併為「合法的」。梅特涅旋即裝病，康復以後接着是一連串的慶祝宴會和節目的狂歡，甚至鬧桃色糾紛。他決心將波蘭和薩克遜問題分開，引誘其他代表在不耐煩時採取輕率步驟；而他自己以忍耐為武器。卡斯利抱怨梅特涅那種令人費解的「膽怯」，

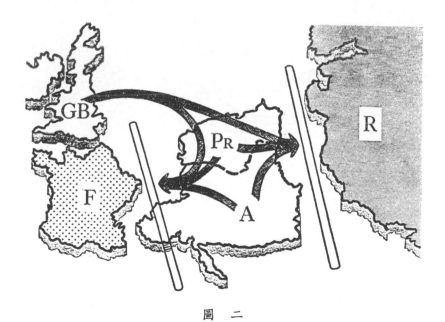

圖　二

卡斯利的「中間體系」計劃對抗東方的俄國和西方的法國。
來源：Gulick, op. cit., p. 207.

而認爲他沒有固定的計劃。㊳

卡斯利的主要目的爲歐洲的權力平衡；而達成此項目的是相互的補償和中庸之道。 他在十月間提出了兩項計劃， 第一個計劃是： 兩個日爾曼強權聯合起來，在英國支持之下，再和日爾曼的小邦結合起來，加上荷蘭， 構成位於俄國和法國之間的一個「中間體系」（"intermediary system"）（如圖二）。另外一個計劃是： 由英國、法國和奧地利及南方諸邦聯合起來與北方強權形成對抗的局面，而俄國與普魯士成爲密切的

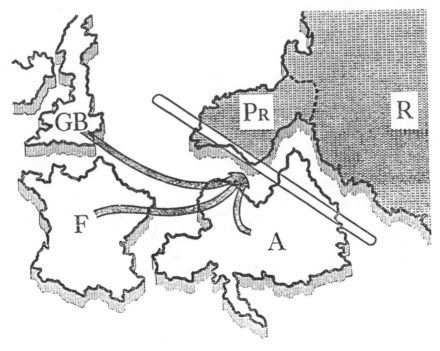

圖　三

　　卡斯利的南北對抗計劃，南方的法國和奧國，在英國支持下對抗北方的俄普同盟。

　　來源：Gulick, op. cit., p. 209.

㊳ Kissinger, op. cit., pp. 155–56.

同盟。（如圖三）他個人不喜歡第二個計劃，這將使荷蘭和低地國家依賴法國的支持，而不是由普魯士和日爾曼北部諸邦作爲它們自然的保護者，他要求一個由普奧兩國合作的強大的中歐而將東西兩強分開。⑨

　　最後，普魯士不能再拖延而將局勢發展至危急關頭，普國垂涎於薩克遜，但其談判立場最弱。哈登堡遂於十月九日提出備忘錄，同意「中間體系」計劃，但普魯士對波蘭問題合作的條件爲奧地利同意其兼併薩克遜，也就是說基於普奧友誼和普國兼併薩克遜爲條件以建立歐洲的秩序。哈登堡的備忘錄提供梅特涅將波蘭和薩克遜問題分開來的方法。梅特涅於十月二十二日分別向哈登堡和卡斯利提出照會。給卡斯利的照會則敍述反對毀滅薩克遜的理由：這是推翻「合法」統治者的象徵，危及日爾曼的均勢，如果中間體系內的國家失去對主要強權的信心，很難建立一個日爾曼邦聯。雖然如此，奧國願爲歐洲均勢作犧牲；如果普國同意抗拒華沙大公國間題以及在日爾曼境內平分影響力。

　　梅特涅給普國的照會中呼籲普奧密切合作，奧國將繼續與普魯士親密關係的政策；但其有效性端賴將俄國對波蘭的計劃瓦解。因此奧國勉強同意普魯士兼併薩克遜。（此舉將毀滅一個友好的國家）十月二十三日，卡斯利終於根據梅特涅的備忘錄，獲得奧普兩國同意一項共同反俄的計劃，三強同意逼使俄國讓步，如果不能以直接談判獲得合理解決，將波蘭問題提到全體會議討論，當梅特涅晉謁沙皇，提出波蘭問題的「最後通牒」時，沙皇傲慢的將他斥走，甚至要同他決鬥。

　　十月三十日，三國君主訪問匈牙利，沙皇乘機向奧普兩國君主控訴他們的大臣梅特涅和哈登堡，奧皇不爲所動。囘到維也納後，普王當着沙皇之面命令哈登堡不要再和英奧大臣分別談判。十一月五日，波蘭的競爭暫時告一段落。卡斯利個人的呼籲失敗，因爲沙皇堅持對波蘭的

⑨　Gulick, op. cit., pp. 205-09.

「權利」超越了歐洲安全的條件。❹

梅特涅的希望是假使在波蘭的失敗可以轉變成爲在薩克遜的勝利，也許此一勝利可以作爲一項勒索來逼使俄國在波蘭的讓步。他的拖延政策使卡斯利憤慨， 但證明是最有效的方法來克服奧地利進退維谷的局勢。塔利蘭說：「梅特涅最大的藝術在使我們浪費時間，而他相信他有所收穫」。維也納會議在跳舞，可是大會跳入了一個陷阱。

十一月七日，哈登堡通知梅特涅，因普王的命令而無法執行有關波蘭的計劃。梅特涅拖延至十八日始提出建議，旣然普王有令，不可能請卡斯利作中間人，因而建議哈登堡自己與沙皇進行談判。沙皇控制了普王注定了普魯士單獨談判的命運，沙皇唯一的讓步是將桑恩（Thorn）和克拉科建爲自由市；而狡猾的認爲他的讓步以奧國同意普國兼併薩克遜爲條件。

梅特涅於十二月十日提出了最後答覆，表示奧地利無意以犧牲薩克遜的代價來換取與普魯士的最密切關係。 不然， 日爾曼邦聯將胎死腹中，因爲日爾曼諸邦不會參加一個毀滅其中一分子的組織，梅特涅提出了另一個解決途徑，維持薩克遜的核心，將其一大部分和在萊茵的補償一併給予普魯士。十一月八日俄國在薩克遜的軍事總督已將臨時政府移交給普魯士，而普國軍方亦以戰爭作威脅。十二月中旬，大會沒有陷於完全僵持，因爲法國尙未有所承諾。❹

英國國內的壓力幾乎破壞了梅特涅的計劃，英國認爲波蘭問題是大陸敵意的糾紛，英國內閣於十一月二十二日訓令卡斯利，避免捲入歐洲大陸的敵意中。在這個緊要關頭，如果英國在競爭中撤退勢必導致奧國的投降，歐洲的均勢將完全瓦解。卡斯利沒有遵照訓令，再度和梅特涅

---

❹ Kissinger, op. cit., pp. 156–160.

❹ Ibid., pp. 161–62.

站在一邊。普國態度愈不妥協，梅特涅立場愈強硬，甚至建議一個沒有普魯士的「日爾曼聯盟」(German League)。當反法的聯盟最後的痕跡行將消失時，塔利蘭再度出現，梅特涅將他拉上舞臺。

梅特涅將有關奧地利於十二月十日給予哈登堡的答覆通知塔利蘭，表示四強未能解決此一問題。塔利蘭在一項備忘錄中，肯定正統的要求超過了均勢，並否認廢黜國王的可能性。此項照會的交換表示法國已成爲歐洲協調的一部分。哈登堡爲了暴露梅特涅的詭計，將梅特涅有關波蘭的函件交給沙皇。這是前所未有違反外交禮儀的行爲，梅特涅在十月中的拖延政策產生了結果，他將所有函件都交給了沙皇，這些函件反映普魯士的主動，這種「小姑行爲」產生了有益的後果。沙皇改變了他好戰的態度，爲宗教純化的精神所取代。❷

一八一四年聖誕節時，波蘭──薩克遜危機仍未解決。十二月二十七日，卡斯利致函塔利蘭，希望他支持一項安排，「均與薩克遜和那不勒斯 (Naples) 有關，可能有助於在歐洲列強之間建立一個公正的均勢和獲得一個普遍而鞏固的和平」，暗示英國準備與法國參加某種協議。十二月二十九日，四強代表開會時，梅特涅和卡斯利毅然決然爲塔利蘭辯護，堅持邀請他出席討論，這是塔利蘭參加大會最大目標的實現。哈登堡和沙皇顧問納瑟洛伯爵立即抗議，認爲此舉將形成三對二的多數，逼使他們對薩克遜問題妥協。大會再度陷於僵持。❸

一八一五年一月三日塔利蘭提出了一個秘密的同盟計劃：由英法奧三強（加上巴伐利亞 (Bavaria)、漢諾威 (Hanover)、赫森 (Hesse) 和符騰堡 (Württemberg) 來對抗普魯士。一個本來是反法的同盟，現在已變成爲包括法國在內的新同盟體系。❹

---

❷　Ibid., pp. 163–67.

❸　Gulick, op. cit., pp. 237–38.

❹　B. D. Gooch, op. cit., p. 60.

　　卡斯利爲了歐洲的均勢直接的違反了訓令，瓦解他所辛苦締造的聯盟。這是一項勇敢的行動，在危急時機憑着決心，他明白的表現了政治家的責任；機會失去後永遠不可挽回。在十九世紀初期，時機的衡量是不能根據是否有訓令，他的義所當然在於內閣對他基本政策的信任。

　　一月三日的同盟是梅特涅外交的另一高峯。如果在一八一四年十月間與法國締結同盟來反對普魯士將會引起歐洲可怕的抗議，可是在一九一五年一月的同盟引起了捍衞均勢的歡呼。薩克遜問題就是這樣的在普魯士的主動下，由一個日爾曼問題，轉變爲一項歐洲問題，等到哈登堡了解時已經太晚。

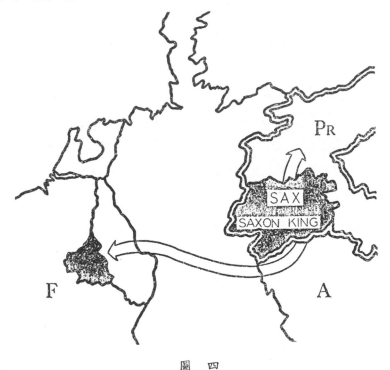

圖　四

普魯士於一八一五年一月所提遷移薩克遜王國的計劃。
來源: Gulick, op. cit., p. 241.

梅特涅的外交藝術和政治家手腕在於了解細微之差的價值。㊺

在法國正式參與成爲「五強」之前，哈登堡希望就薩克遜問題獲得協議，遂於一月四日挺而走險要求和卡斯利長談，提出了遷移薩克遜王國的計劃（如圖四），將盧森堡和其他萊茵區域的七十萬人民建立一個薩克遜王國。對於後代的民族主義者來說，這簡直是令人震驚和荒唐不稽的計劃。事實上，薩克遜人幾世紀來在日爾曼境內是一個流動的政治實體，逐漸向日爾曼中部移動，再度移動並不是不可想像的。卡斯利反對此項計劃，其理由是如果將薩克遜遷到西部。太接近法國，將在法國的控制之下，無法制衡法國。沙皇於一月七日要求會晤卡斯利，在會談中沙皇直率的詢問西与三國秘密條約的謠傳，卡斯利既不否認也不承認。僅表示：如果沙皇的行動能根據他們談話的原則，則毋需恐懼。

一月九日，哈登堡邀請法國代表參加會議，塔利蘭於十二日正式參加了維也納會議，危機已經過去。由聯盟的均勢(coalition equilibrium)，成了同盟的平衡 (alliance balance)，正是卡斯利所恐懼而預料到的情勢：英、法、奧三國對抗俄普兩國。雖然失去了團結，但終於避免了戰爭。㊻

㊺　Kissinger, op. cit., pp. 168-69.

㊻　Gulick, op. cit., pp. 240-43.

　　同盟 (alliance)和聯盟 (coalition) 有所不同，前者是攻擊性或防禦性的雙邊或三邊協定 (agreement)，後者也是根據協定，但由四個或四個以上的強國所簽署。

　　聯盟少見的原因：組成困難、維持也困難。由於聯盟比同盟大，所以不易形成；即使形成也常因不信任而解體。最好的例子是從一七九二年法國大革命到一八一五年拿破崙失敗之間，歐洲對抗拿破崙的聯盟一再解體。奧、普、俄三國都曾爲聯盟之一員，但都中途與法修好，甚至奧普兩國還參加拿破崙一九一二年的征俄戰爭。征俄失敗，聯盟再度形成。

　　近代四百年來，僅五個聯盟的例子：對抗路易斯第十四(Louis XIV)、拿破崙 (Napoleon)、查理五世 (Charles V) 的三個聯盟以及第一次大戰中對抗同盟國、第二次大戰中對抗軸心國所組成的二個聯盟。

　　See Gulick, op. cit., pp. 78-89.

在沙皇援助之下，卡斯利說服了普魯士，爲了歐洲均勢，她應該負起保衞萊茵的責任，他並向奧地利明白表示：三國所訂防禦性同盟僅適用於推翻歐洲均勢，而與日爾曼內部安全無關，薩克遜問題變成了限制沙皇波蘭計劃的方法，在二月十一日終於達成了最後協議。㊼

普魯士一定要得到補償，薩克遜變成了命定的犧牲者，因爲薩克遜的國王依附拿破崙堅持到底，無權要求盟國的諒解，可是塔利蘭高明的圓滑手段部分的挽救了薩克遜。因爲塔利蘭發現薩克遜問題是離間盟國的種籽，也許可以導致普俄和英奧法之間的戰爭。雖然戰爭是避免了，可是普魯士只能獲得薩克遜北部一小半，包括居民八十萬人。㊽

一八一五年，普魯士所獲得的土地最重要的是萊茵河兩岸的地區，包括維斯特華里亞（Westphalia），和波昂（Bonn）等地。這些土地對荷漢索倫王朝(Hohenzollern) 的意義不僅是地理的，而且是經濟的、宗教的和文化的。在地理上，這使普魯士與法國直接接壤；普魯士變成了萊茵河中流，也就是西部日爾曼的保護者。誠然，當時的萊茵地區是孤立的，被赫森（Hesse）和漢諾威（Hanover）的領土切斷，而與普魯士分開。這一事實正說明了一八六六年普魯士予以兼併的理由，這一帶地方的居民主要是天主教徒，在文化上與普魯士人和巴騰堡人（Brandenburgers）不同。萊茵地區爲法國的一部分有二十年之久，感染了法國大革命的理論，並了解拿破崙組織的價值，凡此種種都一併帶到了普魯士，而維斯特華里亞不但富於經濟資源，而且是重要的工業中心。

普魯士的改變同時影響奧地利帝國的地位。從哈布斯堡王室的觀點看來， 他們與荷漢索倫王室一樣的幸運。 他們擺脫了一向視爲絆腳石的奧屬尼德蘭 （Austrian Netherlands） 而獲得了東迦利西亞 （Eastern

---

㊼ Kissinger, op. cit., pp. 170–71.

㊽ Marriott, op. cit., pp. 30–31.

Galicia)、威尼希亞（Venetia）、和倫巴底（Lombardy）等地方。這種領土的改變對種種因素的影響不應予以忽視。哈布斯堡王室失去了佛萊明人（Flemings）而獲得了意大利人，而荷漢索倫王室却以斯拉夫人（Slavs）換得了日爾曼人（Germans）。❹

薩克遜危機過去以後，卡斯利於二月中旬回國協助政府解決國會問題，惠靈頓繼任為首席代表。❺

一八一五年三月六日驚人的消息到達維也納，拿破崙已於二月二十六日離開厄爾巴島，並於三月一日率領一千五百人在安蒂貝（Antibes）附近的法國海岸登陸。沒有發生戰役，也沒有流一點血；士兵們歡迎他們的老將軍，農民們向保證社會改革的政治家歡呼，拿破崙向他的臣民宣佈：

> 他已經回來，將從正在歸來的貴族的暴行中拯救法國，保證農民具有他的土地；維護在一七八九年所贏得的權利，反對企圖重建階級特權以及舊政權封建負荷的少數人；法國已經再度嘗試了包本王室；可是此項實驗已經失敗。包本君主已經證明不能與其最壞的朋友，僧侶和貴族分開，唯有由革命而登極的王朝才能保全革命的社會工作⋯他將揚棄戰爭和征服⋯從此以後，他將以立憲的君主來統治，並謀以立憲的王位傳給他的兒子。❺

三月六日至七日的深夜，梅特涅接到來自熱那亞皇家領事館發出的拿破崙逃走的急電。在歐洲政治家的討論中，塔利蘭認為拿破崙將在意大利某地登陸，向瑞士推進，梅特涅肯定的說：「不！他將直接向巴黎進軍。」因為巴黎是歐洲安定的鎖匙。惟有在巴黎，拿破崙才能主張他

❹ Ibid., pp. 30-33.
❺ Gulick, op. cit., p. 253.
❺ Marriott, op. cit., pp. 26-27.

是合法的統治者。⓹

　　拿破崙的軍隊勝利的前進，包本王朝崩潰，三月二十日皇帝的軍隊在狂熱的歡迎中進入巴黎。在拿破崙到達巴黎之前，盟國已實行碩蒙條約，四強各提供軍隊十五萬人在戰場，英國墊付盟邦五百萬英鎊作爲動員經費。

　　拿破崙一方面企圖從聯盟中離間英奧兩國，一方面迅速備戰。對於拿破崙的和平建議，梅特涅率直予以拒絕，英國甚至不予答覆，因此，拿破崙指望的支持只能來自法國。可是要激勵法國再度邁向戰爭亦非易事，雖然拿破崙盡了全力，到六月時，他的軍隊僅有二十八萬四千人。

　　六月十二日，拿破崙親赴前線，企圖一舉攻陷布魯塞爾 (Brussels)，其時惠靈頓麾下的軍隊有十萬零五千人，其中英國只有三萬人，駐守布魯塞爾。

　　六月十八日，著名的滑鐵盧戰後，拿破崙逃往巴黎，於六月二十二日禪位其子羅馬國王 (King of Rome) 後，企圖逃往美洲，可是他的敵人都在監視着。終於七月十五日，向英艦「貝爾洛芬號」(Bellerophon) 投降，被放逐到聖赫勒那島 (St. Helena) 而於一八二一年逝世。⓸

　　一八一五年四月和五月間，沙皇甚至主張在法國建立一個共和國，而不希望包本王室第二度的復辟。⓺ 由於惠靈頓獨斷和機敏的行動，路易十八隨同盟軍於七月七日再度進入巴黎，成爲法國合法的君主。⓻

　　維也納會議中另一困難是日爾曼的憲政問題，在過去八年中，日爾曼沒有元首也沒有憲法，日爾曼境內有許多邦，可是沒有日爾曼這個

⓹　Kissinger, op. cit., pp. 175–76.

⓸　Marriott, op. cit., pp. 27–30.

⓺　Kissinger, op. cit., p. 178.

⓻　Marriott, op. cit., p. 30.

「國家」。第一次巴黎條約第六條規定: 「日爾曼各邦將予以獨立，並將在一個聯邦的同盟中統一起來。」維也納會議任務之一就是將這項普遍的宣言付之實現。

問題的解決有六個可能的選擇: (1) 在奧地利霸權之下重建某種形式的帝國，(2) 在普魯士霸權下建立帝國，(3) 建立某種鬆懈的邦聯 (confederation, staten-bund)，(4) 一種真正的聯邦國家 (federal state, bundesstaat)，(5)在普魯士和奧地利之下分別建立兩個聯邦國家，或者是，(6) 各邦君主和自由市的完全獨立。

日爾曼要實現真正有效的統一，困難重重幾乎無法克服，最大的困難是兩個大國，普魯士和奧地利的立場。在種族上和政治上，兩個都不是單純的國家，二者之間的猜忌和敵意已經形成傳統。

其次是中等各邦的立場，這些邦的君主和人民已形成指望法國的習慣，萊茵同盟 (Rhein-bund) 在外交政策和兵役方面可能令人厭煩，可是並不牴觸邦聯中各君主對其臣民的絕對主權。巴伐利亞 (Bavaria) 符騰堡 (Würdenberg)、薩克遜 (Saxony)、赫森 (Hesse)、巴登 (Baden) 等各邦君主對於這種主權的任何權利均不準備放棄。假使奧地利和普魯士彼此猜忌，則小邦們猜忌普奧兩國。

日爾曼統一的道路上尚有另一個阻礙，它與整個歐洲問題的解決有密切的關係。俄國和法國均不希望一八一三年和一八一四年的理想具體化而成為一個有效率而統一的日爾曼國家，特別是法國認為放棄萊茵國境是不愉快而臨時的需要而已，在必需的情況下勉強予以同意。㊻

盟國的政策在原則上是建立一個邦聯，列強在維也納很快的決定由各邦自行起草憲法。他們的代表們並建立了一個日爾曼委員會，討論各

㊻　Ibid., pp. 33-34.

種憲草。❺ 普魯士代表史坦因 (Baron vom Stein, 1757-1831)，是主張日爾曼統一的最重要人物，勝利後他極力反對梅特涅的邦聯政策，他曾試圖說服奧皇恢復神聖羅馬帝國皇帝的名號，他認爲這是日爾曼統一的唯一機會。❺ 他在維也納會議中，贊成將北日爾曼和南日爾曼分開，分別在普魯士和奧地利之下建立兩個堅強的聯邦國家。如果不是梅特涅的反對，哈登堡與史坦因可能提早完成了俾斯麥的工作，完成了德意志的統一。

奧皇和梅特涅堅決反對史坦因的意見，梅特涅希望奧地利成爲在日爾曼境內拿破崙帝國的遺產繼承者；將依附拿破崙的那些小邦君主的忠誠歸屬於奧地利；他奉承小邦君主能夠自給自足，保證他們對所屬臣民的專制主義的權利，從而破壞普魯士化的設計。爲了達成此項目的，梅特涅盡力將修正憲法中單一政府制度的因素減少到最低限度，組織成爲一個獨立而同等地位君主的鬆懈邦聯。

經冗長的討論，終於一八一五年六月八日簽署了聯邦法案 (Federal Act)，成爲於六月九日簽訂的蔵事文件 (Final Act of the Congres) 的一部分，日爾曼憲法正式置於簽字國的保證之下。

日爾曼邦聯 (Germanic Confederation) 包括三十九個獨立自主的邦 (在聯邦法案中僅有三十八邦，赫森——賀堡(Hesse-Homberg)於九月間加入的)。以及洛巴克(Lübeck)、不來梅(Bremen)、法蘭克福(Frankfurt)和漢堡 (Hamburg) 等自由市。邦聯中最強大的成員大多數是非日爾曼的，奧地利和普魯士之所以成爲邦聯成員只因爲兩國部分領土是日爾曼人的，是舊帝國的一部分。英國取得漢諾威王國；丹麥取得赫斯坦大公國 (Duchy of Holstein)；而尼德蘭王國取得林堡 (Limburg)和盧森堡。

---

❺ Gulick, op. cit., p. 256.

❺ Spiel, op. cit., p. 213.

邦聯的目標規定爲「維繫日爾曼對內對外的安全和每一日爾曼邦的獨立和不可侵犯性。」

　　整個的安排事實上是梅特涅原則的勝利，在外貌上有足夠的統一使得奧地利能以邦聯主席的地位來阻撓小邦憲政改革的要求，而在實質上缺少足夠的統一能使普魯士和小邦對奧地利有任何實際的控制，也可以撲滅拿破崙戰爭所引起的自由主義或者是民族主義的希望。

　　這就是一八一五年日爾曼問題的解決，無論從自國主義的自由人士 (particularist liberal) 或者是從泛日爾曼民族主義者 (Pan-German nationalist) 的觀點看來，對日前是病弱而不能滿足現狀，對將來是沒有希望可言。可是在這種表面之下卻孕育着希望的種子，拿破崙對於日爾曼的貢獻超過了他本人的企圖；也遠超過當時日爾曼人所能了解的。僅僅將三百個獨立國減少到三十九個就是非常的收穫。一八〇三年的兼併消滅了許多小的公國和侯國；權力的集中和奠定國家的基礎毫無疑義的爲日爾曼人民建立了較好的政府和更大的幸福。尤有進者，一八一五年的解決是十九世紀中德意志統一過程中的一個必要階段，在這蛻變過程中，日爾曼從一羣卑鄙不足道的小邦脫穎而出成爲一個強大的聯邦國家。❺⑨

　　意大利的解決大部分是由梅特涅所決定的。在戰時奧地利和那不勒斯的同盟構成了一個複雜的因素，那不勒斯的莫拉特 (Joachim Murat) 原在拿破崙麾下，後來與拿破崙最小的妹妹結婚，在西班牙爲法軍指揮官，一八一四年一月，在奧地利支持之下，成爲那不勒斯國王，轉變而爲盟國。塔利蘭堅決主張由西班牙包本王室的斐廸南一世(Ferdinand I)復辟，因此那不勒斯問題，使梅特涅與塔利蘭在一八一四年秋天發生嚴重的爭執。最後，莫拉特自己解決了這個奧法兩國間的棘手問題，在百

❺⑨　Marriott, op. cit., pp. 34-37.

日帝政中企圖聯合意大利來對付奧地利，失敗被俘後遭槍決。⑩

　　梅特涅在意大利半島採取「分而治之」的辦法，由拿破崙的皇后露易絲瑪利 (Marie Louise) 來統治帕瑪大公國 (Duchy of Parma)，在南方則由包本王室的斐廸南一世統治那不勒斯(Naples)和西西里(Sicily)。這種辦法可以防止民族主義協調的行動，最可能擔任領導角色的皮特蒙和薩丁尼亞(Piedmont and Sardinia)的國王專心於消滅法國的影響力，可是梅特涅對意大利的控制永遠沒有像控制日爾曼那麼完整，他曾試行組織一個鬆懈的邦聯。皮特蒙和教皇拒絕這種企圖，也反對與奧地利分別締結條約，皮特蒙和薩丁尼亞國王依曼紐爾一世 (Victor Emmanuel) 甚至企圖以組織一個小國聯盟來反對奧地利在意大利的勢力，因爲那不勒斯和教庭拒絕參加而沒有成功。爲了這些理由，所以意大利是梅特涅體系中的致命弱點。⑪ 在半島上，君主專制主義似乎又戰勝了民族主義和自由主義，意大利在維也納會議後同日爾曼一樣變成了地理上的一個名詞，前途似乎很暗淡。可是，在意大利，拿破崙的佔領依然留下了永久的痕跡。⑫

　　拿破崙曾在熱那亞 (Genoa) 建立了利古里安共和國 (Ligurian Republic)。如果在熱那亞或威尼斯 (Venice) 建立一個共和國對奧國是不可想像的事，奧地利的擔憂共和主義較之法蘭西帝國主義更爲嚴重，將熱那亞交給薩丁尼亞王國意味着法國和意大利半島之間建立了一個相當大的緩衝國。⑬

　　梅特涅設計了他著名的「體系」("system") 作爲維持哈布斯堡版圖

⑩　　Gulick, op. cit., pp. 254-55.

⑪　　Thomson, op. cit., pp. 112-13.

⑫　　Marriott, op. cit., p. 37.

⑬　　B. D. Gooch, op. cit., p. 63.

的偉大計劃，他並無企圖將奧地利雜亂的領土統合起來，因爲他承認這是不可能的工作。他的「體系」旨在利用這種不統一的局面，也就是哈布斯堡自古以來所知的「分而治之」的原則，梅特涅將日爾曼的部隊駐紮在波希米亞 (Bohemia)，將匈牙利的軍隊駐紮在倫巴底，將日爾曼邦聯組成一個鬆懈的組織俾便奧地利的控制，多是此項原則的運用。

意大利甚至沒有獲得德意志邦聯那樣鬆懈的結構，梅特涅在此一半島上採取雙管齊下的辦法，一方面運用在一八一五年復辟的哈布斯堡君主，一方面運用無所不在的秘密警察來實施他的影響力。❽

一五五三年，神聖羅馬帝國曾將洛林 (Lorraine) 的三個大主教區交給法國，一六四八年的維斯特華里亞條約 (Treaty of Westphalia) 予以確認，而且將亞爾薩斯 (Alsace) 的權利也交給法國，而且附帶着幾個荒謬的保留。路易十四 (Louis XIV) 於一六八一年兼併史却斯堡 (Strasburg) 澄清了其中荒謬的一部分，一七三五年的維也納條約 (Treaty of Vienna) 承諾將洛林大公國 (Duchy of Lorraine) 的其餘部分交於法國，實際上於一七六六年歸屬法國。根據這些歷史性的事實，日爾曼人自然認爲亞爾薩斯和洛林原來是屬於日爾曼人的，法國以武力和欺詐方式予以兼併。不可否認的是法國曾經利用亞洛兩省作爲進攻德國的後門，其目的在加強其自國主義 (particularist) 的傾向，使日爾曼人分裂和積弱不振。

普魯士堅持這是歸還亞洛兩省的適當時機，哈登堡說：「正如我們經常所宣佈的，假使我們需要持久和穩定的和平，假使法國自己誠懇的需要與她的隣國維持這樣的和平，她必須以其所攫取的防禦線歸還她的隣國……讓我們不要喪失有利於歐洲和法國福祉的良機；來建立一個持久和穩定的和平……假使我們失此良機，達到此一目標的血流成河，不

❽　Thomson, op. cit., pp. 110–11.

幸犧牲者的痛哭將要求我們說明我們的行為。」

一八七〇年的情形證明了哈登堡的先見，但是一八七〇年尚屬遙遠，更遙遠的是一九一四年至一九一八年的大戰，盟國當時所關切的是和平及穩定。一個動盪不安的和忿懣的法國，將無和平及穩定可言。

惠靈頓 (Arthur Wellesley, Ist Duke of Wellington, 1769-1852) 強烈反對，他反問道：「這些年來你們為何而戰，不是為了法國，而是為了以十字軍為具體化身的革命精神而戰。你們要在古代王朝之下在法國重建一個正規的政府。你們是否將要以這個復古重建的工作與對法國如此珍貴的兩省的喪失連繫在一起。」惠靈頓戰勝了哈登堡，亞洛兩省仍屬法國有半個世紀之久。兩人的辯論是巧妙的平衡：歷史也許是站在哈登堡一邊；而政策和當地的情操站在惠靈頓公爵這一邊，法國曾經利用兩省針對德國作攻擊性的目的，這是事實；而失去兩省將重啓戰禍也是事實。⑯

最後，惠靈頓的意見是決定性的，他不是從日爾曼，也不是從法國，而是從歐洲的觀點來看此一問題：歐洲必須防備一個太強的法國；可是歐洲至高無尚的利益是一個永久安全和寧靜的和平解決，因此不能刺激法國作復仇戰爭。因此，交給法國的條件是非常合理。

盟國對於法國的和平條件的歧見，終於一八一五年九月間達成協議，通知路易十八。十一月三十日簽訂了第二次巴黎條約 (Second Treaty of Paris)。

法國被逼放棄薩伏依 (Savoy) 的大部分以及自一七九〇年以來所獲得的大多數的要塞，在一八一四年允許法國保留的邊境，現在減少到一七九〇年的邊境；法國賠款七億法郎，將東部和北部的十八個要塞交由

---

⑯　Marriott, op. cit., pp. 32-33.

盟國佔領。⑯

　　同樣的原則應用於北歐，挪威與丹麥分開，而與瑞典合併，瑞典則將芬蘭讓於俄國，將西帕米倫尼亞（Western Pomerania）割讓給普魯士。比利時和荷蘭合併，兩國的人民無論在種族，宗教和歷史傳統上都迥然不同，此一聯合主要的是爲了歐洲均勢的利益。瑞士增加了華拉斯（Valais）紐查特（Neuchatel）和日內瓦（Geneva）三州，擴大爲二十一州，由列強保證爲永久中立國。

　　英國主要關切的是維持適當的權力平衡和海上的霸權，她運用影響力廢除了奴隸貿易；她在歐洲所獲得的土地僅限於海利峲蘭（Heligoland）、馬爾他（Malta）和艾奧尼亞羣島（Ionian Isles）保護國。十年來，英國一直是海上的女主人，法國、荷蘭和西班牙在海外的殖民地需要仰仗她的善意，因爲都在她的掌握之中。爲了維護她在海上不可爭辯的權威，英國在維也納從西班牙獲得了千里達（Trinidad）；從法國獲得了模里西斯（Mauritius）、托巴哥（Tobago）和聖路西亞（St. Lucia）；從荷蘭得到了錫蘭（Ceylon）。開普殖民地（Cape Colony）原來已被英國所征服，又從荷蘭購得了此一殖民地。⑰

　　百日帝政並沒有妨礙在維也納的談判過程，六月九日簽訂了蕆事文件（Final Act）。此一文件本身是包括一百二十一條款的文件，在一八一五年上半年中在維也納簽訂的有二十七個條約。此外尚有一八一四年五月到一八一五年十一月間在巴黎及其他地方簽訂的二十二個條約。這些條約，暫定條約和議定書構成了一八一五年的和平條件。

　　拿破崙戰爭終告結束，戰後和平的締造是根據正統主義和權力平衡的原則，而犧牲了民族性的原則，旣然歐洲大陸上主要的國家意大利和

---

⑯　Ibid., pp. 38-39.

⑰　Ibid., pp. 37-38.

德意志都是地理上的名詞。中立國和緩衝國的建立也沒有考慮到民族的界線，難怪湯姆遜 (David Thomson) 在「拿破崙以來的歐洲」一書中說：拿破崙戰爭後的歐洲僅僅是一個地理上的名詞。⑱ 雖然如此，歐洲終於再度獲得了和平，像這樣堅苦得來的和平，如果不能永久，應不惜任何代價加以延長，這是所有善良人士的希望，以後時期的外交是受着這種希望的鼓舞。

---

⑱ Thomson, op. cit., p. 61.

第二章 歐洲協調：追求秩序

第一節 人類第一次「國際政府」的實驗

在歷史上人類第一次已經廣泛的了解，塡補政治和道德之間鴻溝的唯一途徑是將整個世界組織起來。

人類具有共同的文化遺產，當共同體（community）的意識逐漸在世界各地人民之間傳播，人類團結的情操將在國家的概念和他們政府的行動中表現出來。假使道德原則最後能支配國際政治的「黑森林」，這並不是由於良心的驅使，而是因爲排解糾紛和獲得安全的各種方法已經嘗試，而且已經失敗。人類希望的最佳基礎在於人類向上爬的悠長過程中，他雖然會犯錯，但也有學習能力的此一事實。以倍根（Francis Bacon）的話說：「當時間產生新的災禍之際也想出了新的補救方法。」❶

在現代四個世紀中，政治組織中最後一個字彙一向是「民族」：現在這個世界已經被科學和文化統一起來，「民族」必須以橋樑的地位自居，是個人與人類大家庭之間的中途客棧（half-way house）爲了這個

---

❶ G. P. Gooch, op. cit., p. 326.

崇高目的，民族不僅是有用的而且是不可或缺的。民族主義其最深刻的
意義是一個民族的自覺，肯定它自己的性格。它淵源於強有力的物質和
精神因素的結合，物質的因素是具有一個家庭，所賴以生活的公認的領
土；其精神的因素是其公民有共同生活在一起和分享他們命運的意志。
人類羣聚而成爲這種有機體的單位是人類演進和組織的必經階段，這個
大廈第一層是建築在鞏固的大地上，第二層或者是國際層次是建築在自
覺的政治共同體（political communities）的廣大平臺之上，假使我們希
望能夠得救，我們必須持續的相信一個新的三位一體（new trinity）——
個人，民族和人類大家族（the individual, the nation, the human
family）。

　　人類亟需一項共同的憲法，如果每一個國家承認在它之上別無其他
權威，除開對其本身之外別無其他責任，則戰爭似乎將永遠無法避免。
康德（Immanuel Kant）認爲和平的唯一絕對保障是一個世界共和國
（world republic）。但遺憾的是，世界上各民族將不願意接受，其次一
個最好的方法是由各自治社區組成一個聯邦以規避戰爭。❷

　　在拿破崙戰爭之後，歷史目睹人類第一次的嘗試和實驗，追求一個
新的世界秩序。

　　法國一七八九年的大革命和拿破崙戰爭前後歷四分之一個世紀，將
歐洲帶入一個空前動盪的時代，它的影響幾乎波及整個世界。難怪研究
國際政治的權威莫根索（Hans J. Morgenthau）將拿破崙戰爭稱之爲世
界大戰，他在所著「國際政治」（*Politics among Nations*）一書中說：

　　　　過去一個半世紀中有三次世界大戰，每一次之後均有建立一個國
　　　　際政府（international government）的嘗試。完全不能維持國際
　　　　秩序，及和平要求全般的努力，來締造國家秩序和保障和平：拿

----

❷　Ibid., pp. 326–28.

破崙戰爭後的神聖同盟；第一次世界大戰後的國際聯盟；第二次世界大戰後的聯合國。❸

從以上的引文吾人可知，在人類的歷史中已經有三次世界大戰，從一八一五年六月二十五日，拿破崙百日帝政後第二次退位到一九一四年七月二十八日第一次世界大戰爆發，世界沒有大規模的戰爭有將近一個世紀之久。可是從一九一八年，巴黎和會到一九三九年第二次世界大戰爆發中間不過二十年，因此使人懷念維也納會議中世界和平的締造者，特別是梅特涅。

歐洲在拿破崙戰爭後的第一個世代中是梅特涅的時代，在他有生之年，梅特涅的名字變成了國內和國際反動的綽號，他自命的任務是阻撓自由主義和民族主義，因此成為歷史學者貶責的對象。

可是在外交方面對其作重新估價時，自從第二次世界大戰以來，對梅特涅不同的觀念已經脫穎而出，兩個世代以前，自由主義和民族主義的勝利被認為是「進步」的象徵。在經過兩次世界大戰以後，特別是在一個仍然是民族主義力量支配的世界中，梅特涅這位老的「國際主義者」變成了褒揚的對象，季辛吉（Henry Kissinger）、凱恩（Robert Kann）等人士將梅特涅描繪成為一位有先見之明和能幹的外交家，比當代任何人和大多數的後繼者更能了解世界事務。在第一次世界大戰之後，每一個人相信他們能夠改良梅特涅在維也納公會中的工作。比較起來，他們的失敗使梅特涅顯得比他們更為高明。

在拿破崙戰爭以後的歐洲，哈布斯堡帝國（Hapsburg Empire）是否能夠生存端賴梅特涅使奧地利成為「歐洲的必需品」（A European necessity）。哈布斯堡帝國和鄂托曼帝國（Ottoman Empire）像兩個蹣跚而行的醉漢，彼此扶持，一個跌倒，另一個必然崩潰。因此梅特涅在外

---

❸　Morgenthau, op. cit., p. 456.

交事務中的主要任務，是說服歐洲大國維持奧地利帝國是符合他們自己
國家的利益。 ❹

　　凱恩 (Robert A. Kann) 在渠所著「梅特涅：他對國際關係影響的
再評價」(*Metternich: A Reappraisal of His Impact on International
Relations*) 一文中說：測驗政治行動的偉大，端在其是否適用於今天的
情況。過去幾世紀來在國際關係領域中西方卓越的政治家名單中，從黎
塞留 (Armand Jean du Plessis Richelieu) 、加富爾 (Camillo Benso
Cavour) 到俾斯麥 (Otto von Bismarck)， 他們的政策對國家有偉大的
貢獻，可是他們的方法仍能適合解決今天的問題者却寥若辰星。在過去
幾代中，歷史的改變必須要將「偉大的行動」和「適用於現代世界的行
動」作明確的區分。

　　梅特涅從一八一四年維也納公會到一八四八年奧地利革命時止，這
位「歐洲的駕馭者」(coachman of Europe)， 在許多方面是一位爭議
的人物，他的內政政策很少有人爲他辯護；他的偉大至今仍爲問題。可
是，他畢生工作對今天世界的重要性完全超過了他前後大多數的傑出政
治家。

　　梅特涅對於我們這個時代的重要性是一個非常不同，幾乎是一個特
殊的貢獻，而這個貢獻也許只能與梅氏以後的一位西方政治家的貢獻相
比，那就是美國總統威爾遜(Woodrow Wilson)，這是一個奇特的比較，
因爲梅特涅與威爾遜是完全不同的人物。前者是位浪漫的世家子弟，在
政治上是保守派，維護正統主義，壓制革命；而後者是位嚴肅的清敎徒
思想家，在政治上是位自由主義者，主張民族自決。這兩位迥然不同的
政治家有什麼相似？答案非常簡單：建立了一個國際政治的體系。 ❺

---

❹ Kann, op. cit., pp. 69–70.
❺ Ibid., pp. 71–72.

　　一八一五年以後，歐洲最顯著的是自由主義和民族主義的力量，奧地利內部情形和歐洲一般的局勢，使奧地利帝國命定的成爲整個歐洲自由主義和民族主義的敵人。梅特涅設計了他著名的「體系」(system) 作爲維持帝國的人計畫。梅特涅的理論是：國內事務和國際事務是不可分的，一個國家內部所發生的事也是其他國家所關切的事，因此其他國家有權注意，甚至採取協調的行動來對付內部發生的問題。同時梅氏也關切歐洲全般的權力平衡，有鑑於滑鐵盧之後歐洲的國際局勢，梅特涅獲致的結論是：復辟的王朝必須通力合作，不然將逐一的走向滅亡之道。採取合作的方法就是曾經擊敗拿破崙的「歐洲協調」，也就是梅特涅所發明的，由歐洲主要國家政府定期舉行公會，討論危及歐洲和平的糾紛。❻

　　一般人往往將「神聖同盟」和「四國同盟」混爲一談，將其淵源和規定予以澄清殊爲必要，例如莫根索說：

> 一般稱爲神聖同盟的國際政府是基於三個條約：一八一四年三月九日的碩蒙條約 (Treaty of Chaumont)、一八一五年十一月二十日在巴黎簽訂的四國同盟條約，和一八一五年九月二十六日的神聖同盟條約。在碩蒙條約中，奧、英、普、俄締結了爲期二十年的同盟，以防拿破崙王朝回到法國，以及保障在拿破崙戰爭末期所作的領土解決。四國同盟條約重申碩蒙條約的規定而在第六條中奠定了一般所稱「公會政府」(Congressional government) 或「會議外交」(diplomacy by conference) 的原則。❼

---

❻　Thomson, op. cit., pp. 110–15.

❼　Morgenthau, op. cit., p. 457.

　　J. A. R. Marriott 特別強調，英國沒有參加神聖同盟，不能將神聖同盟和四國同盟混淆。

　　See Marriott, op. cit., p. 41.

莫根索在論及歐洲協調的功能時說:

> 歐洲協調——大國之間的會議外交,以協調的行動來應付對政治
> 制度的所有威脅,最初變成神聖同盟原則的工具,其後當後者(
> 指神聖同盟)在一八四八年自由革命中瓦解之後,成為實現歐洲
> 公共利益的工具,歐洲協調自從一八一四年開始迄一九一四年第
> 一次世界大戰爆發的一個世紀之中,在許多時機發揮其功能。❽

亞力山大一世不僅是俄國沙皇中最有趣的一位,而且是十九世紀初
葉歐洲棋盤最具吸引力的人物,滑鐵盧戰後,沙皇再度向巴黎進軍時,
認為在維也納的爭吵是由於缺少宗教的啟示。據說是受了克魯登男爵夫
人 (Baroness Kruedener) 的影響,這位男爵夫人是一位宗教狂熱者,她
認為沙皇是歐洲的救主,沙皇到達巴黎後,旋即致函邀請克魯登夫人,
在信中沙皇說:「你將會發現我住在小鎮邊緣的小屋中,我之所以選擇
此一住宅,因為在它的花園中我發現了我的旗幟,十字架。」一八一五
年九月十日,沙皇準備舉行一次盛大的閱兵典禮,可是如期舉行的不是
閱兵,而是請克魯登夫人主持了一個隆重的彌撒。❾

在談判第二次巴黎條約的過程中,沙皇亞力山大一世約見梅特涅,
表示有影響深遠的事要與奧皇面商,此事只有君主才能決定,俟奧皇知
悉後,再由奧皇與梅特涅磋商。數天之後,奧皇將沙皇手書文件交給梅
氏研究後,提出意見,奧皇並表示:「此一文件並不使朕愉快,並已引
起朕內心最嚴重的反省。」因為沙皇請奧皇將文件轉達普魯士國王,因
此梅氏奉命晉謁普王,發現普王除卻尚躊躇是否完全予以拒絕之外與奧
皇意見一致,最後商談結果,認為必須將沙皇的觀點作必要的修改和削
減。 經梅特涅的勸告, 奧皇終於同意簽署, 這就是「神聖同盟」的歷

---

❽ Morgenthau, op. cit., p. 457.
❾ Kissinger, op. cit., pp. 187–88.

史。⑩

神聖同盟只是一個曖昧的原則性的宣言，於一八一五年九月二十六日，以俄、普、奧三國君主的名義送交各國君主簽字，在盟約的序言中說：

奧地利皇帝、普魯士國王和俄羅斯皇帝陛下，由於過去三年中在歐洲所發生的重大事件，尤其是上帝所賜與這些國家的洪恩為其信心和希望的唯一寄托，已獲得堅定的信心需要決定規則，使列強之間根據我們救世主所教訓的神聖宗教的崇高眞理的相互關係得以遵循這些規則；爰經莊嚴的宣佈：本法令除在全世界面前公開他們旣定的決心，在管理他們自己的國家以及其他政府之間的政治關係中，以神聖宗教的箴言為唯一指針之外，別無其他目標。⑪

整個盟約除序言外，僅有三條，其主要涵義是俄、奧、普三國君主在全世界的面前公佈他們堅定的決心，在各國的行政和其他政府的政治關係之中，以神聖宗教的箴言，卽正義、基督的博愛與和平作為他們唯一的指南。這些不僅適用於私人的關係，而必須對於君主的會議有直接的影響力，同時指導他們的步調，作為團結人類的各種機構和補救它們缺陷的唯一方法。因此三國君主同意遵照基督教的原則，「彼此援助和協助」，「以保護宗教、和平與正義」，並「勸告他們的人民與日俱增地

---

⑩　Richard Metternich (ed.) *Memoirs of Prince Metternich, 1773–1815* (New York: Howard Fertig, 1970) I, 259–61.

⑪　Milton Viorst, (ed.), *The Great Documents of Western Civilization, Third Printing*, (New York: Chilton Book Company, 1967.), p. 216. Milton Viorst 亦認為: 神聖同盟和歐洲協調簡直是無法分辨。Ibid., pp. 215–16.

對神聖的救世主所昭示人類的原則和履行這些職責時加強自己。」⑫

　亞力山大一世企圖以基督教的聯盟來拘束所有的君主，所以盟約僅送請歐洲的君主簽署，　土耳其其時尚未參加歐洲國際社會，　所以土耳其皇帝沒有簽字，　瑞士共和國總統沒有簽字，　沙皇曾有意請美國總統簽字。英國攝政王表示因為「英國憲法的形式」而不能正式參加此一盟約。僅以私函向沙皇表示同情之意。⑬

　英國外相卡斯利雖然對於維持歐洲協調的熱衷不亞於沙皇，但將神聖同盟視為「一件崇高的神秘主義和荒謬胡說」（a piece of sublime mysticism and nonsense)他的接受此一計劃雖然出自於謹慎的禮貌，而且特別諷刺的是，他認為：「一八一五年九月二十六日同盟的仁愛原則可能在政治良知中構成歐洲的體系」，可是他又認為「與平常的外交義務混在一起討論有損於君主莊嚴的行為。」而且他對沙皇的神智是否健全表示嚴重的懷疑。⑭

　英國沒有參加神聖同盟，而英國之參加歐洲協調是根據「四國同盟」的規定。由於卡斯利的外交技巧，一八一四年三月，英俄普奧四國於戰時締結了碩蒙條約（Treaty of Chaumont)，　此一條約的第十六款宣佈

---

⑫　A. J. Grant and Harold Temperley, *Europe in the Nineteenth and Twentieth Centuries*, sixth ed., (London: Longmans, Green And Co., 1952), p. 139.

⑬　Marriott, op. cit., p. 41.

⑭　Ibid., p. 19.

　　碩蒙條約是拿破崙在來比錫（Leipzig）戰役失敗在撤退時談判的，這是一項戰時的協定反映時機的緊急，這是英國外相卡斯利輝煌的成就。英國的戰爭目標在使法國回到他歷史的疆界，當時在與拿破崙作戰的國家之間，尚無協議，也沒有一個真正的同盟，拿破崙可能與交戰國單獨媾和，尤其是當他在放棄萊茵河以東的地區之後。

　　See B. D. Gooch, op. cit., p. 55.

盟國的目標在維持歐洲的均勢以及國家的平靜和獨立。 韋勃斯特博士 (Dr. C. K. Webster) 認爲此一條款就是締結於一八一五年， 支配歐洲政治三十年之久的四國同盟 (Quadruple Alliance) 的來源。韋氏曾說：「在事實上這就是針對法國的一個國際聯盟，大小國家均指望此一聯盟的保護。這是卡斯利所發明而設計，由他強置於盟國，也許是他最大的成就和榮譽。」⑮

一八一五年十一月二十日簽訂第二次巴黎條約的同一天，英、奧、俄、普簽訂了四國同盟條約，四國同意「定期重新開會，其目的在磋商他們共同的利益，以及爲了考慮每一時期認爲對各國的平靜和繁榮，及維持歐洲和平最有利的措施。」這就是奠定歐洲協調基礎最有名條約的主要規定。⑯

---

⑮　Ibid., p. 42.

⑯　Ibid., p. 43.

干涉在世界政治史中是極爲普遍的事實，「干涉」(intervention) 一詞也可以廣泛的用來分析國際政治，可是對於此一名詞的內涵却無一致的意見。楊奧蘭 (Oran R. Young) 認爲「干涉是指越過邊界的有組織和有系統的活動，旨在影響該目標的政治權力的結構」。

干涉的性質和形式在事實上與國際體系本身的性質和形式有關，干涉的概念不能認爲是靜態的，它是一個動態的概念，當國際體系的權力結構的改變時，干涉的形態亦隨着而改變。

在國際政治中決定干涉的頻繁程度，有幾項因素，也就是說，在什麼樣的機會之下會引起干涉的行爲。

第一個決定干涉機會的因素是國際體系中干涉者之間實際權力懸殊的時候，一般而言，權力愈懸殊，干涉的機會愈大，如果權力的分配相當均衡，則容易引起國家之間的直接對抗 (direct confrontation)。 因爲在權力懸殊時，較弱的一國沒有力量來制止或防備強國的干涉活動。

第二個決定干涉機會的因素是國際體系中的結構與實際權力分配的情形。單極的體系比多極體系容易發生干涉事件，因爲在單極的體系中，小國沒有力量來阻止大國的干涉，例如羅馬帝國四周的國家阻止羅馬帝國的

　　卡斯利的主要考慮是維持歐洲的和平，而根據他的判斷，大國的武裝干涉危及和平尤勝於各國的內部革命。⑰ 因此，在維也納會議以後，東方俄、普、奧三國和西方的英、法兩國對於歐洲協調具有不同的看法。東方三國是君主專制政體，其目的在鎮壓革命以維持正統主義，而西方兩國是巴力門式的民主政體，反對干涉小國內政，而將歐洲協調視為維持和平的工具。湯姆遜 (David Thomson) 在「拿破崙以後的歐洲」(*Europe Since Napoleon*) 一書中說：

> 在保守的大國看來，「歐洲協調」是防止革命的水壩，而英國認為只是一座水門而已，允許適量的民族和自由主義的流水通過。
> ⑱

（續）干涉其力量極為有限。

　　第三個決定因素是國家在國際體系中的內部生存能力 (internal viability)，國家的生存能力愈小，愈容易受到外國的干涉，十九世紀中，鄂托曼帝國 (Ottoman Empire) 和中國的積弱不振。內部問題為列強干涉機會的主要因素。

　　最後，干涉的機會隨國際體系中國家相互依賴的程度而不同，相互依賴的程度愈高，國際政治中干涉的機會愈多。

　　在西方的歷史經驗中，關於干涉有幾項重要的觀察，首先，很明顯的，在西方的歷史中，干涉是任何競爭性國際體系所運用的工具之一。

　　其次，當黨派的分裂，或者是因為宗教和意識形態的關係而分別向其他國家要求支持和同情時，干涉變得愈加頻繁和危險。

　　第三、在國際體系中，社會和政治的基本差異產生意識形態和利益的衝突，這些衝突本身引起干涉。

　　關於「干涉」請參閱下列二文。

　　Oran R. Young, "Intervention and International System", *Journal of International Affairs*, (1968) Volume XXII, Number 2, and

　　Max Beloff, "Reflection on Intervention", *Journal of International Affairs* (1968) vol. XXXI, Number 2.

⑰　Thomson, op. cit., p. 120.

⑱　Grant & Temperley, op. cit., p. 144.

　　法國因爲在大革命之後，徘徊在「帝國」和「共和國」之間，所以
對干涉的意見在程度上與英國不同，因此，格蘭特 (A. J. Grant) 和鄧
波雷 (Harold Temperley) 在他們合著的「十九和二十世紀的歐洲」:
(*Europe in the Nineteeth und Twentieth Centuries*) 一書中說:

> 一八二〇年後，公會制度在實際上已變成君主們鎭壓人民自由的
> 「工會」，對於此一制度的繼續，巴力門的英國不能予以同意，
> 而巴力門的法國僅能勉強的參與。❿

　　在英國學者的著作中，似乎將「歐洲協調」歸功於英國當時的外相
卡斯利，可是「歐洲協調」在另一方面看來是反動的工具，而梅特涅變
成了其代表人物。政治家旣然同常人一樣沒有預知的能力，這是人類最
大的弱點；但作爲政治家，只能就當然國際的政治氣候作最佳的判斷，
針對國家利益，作最考慮周到的決策。梅特涅所處的是一個過渡時期，
他無法預知將來，在他的回憶錄中他表示已盡了最大的努力。他說:

> 我生命所屬的時代已經過去，那個時代是世界歷史的新紀元；這是
> 一個過渡時期！在這樣的時期，舊的大廈已經摧毀，而新的尙未出現；
> 而必須建立起來，屬於這個時代的人們扮演建築師的角色。

> 我留給後起者不是一件已經完成的工作，而是領導他們邁向我所想
> 締造，以及我無意締造的那個眞相的一絲線索。❷

　　梅特涅的保守主義哲學(philosophy of conservatism)是如何維持歐
洲大陸權力平衡的理論，梅氏認爲國內事務和國際事務是不能分開的，
一個國家內部所發生的事對其他國家而言亦有同樣的關切，所以其他國
家有權加以注意，甚至針對某些國內發展的事件，採取協調的行動。

　　俄皇亞力山大一世對這種理論採取最極端的立場，而主張君主之間

---

❿　Richard Metternich, op. cit., see Explanatory, p. 11.

❷　Thomson, op. cit., pp. 114–15.

組織一個常備同盟，來弭平任何地方所暴發的革命，梅特涅拒絕這種理論的極端翻版，因爲他仍然關切歐洲全盤的權力平衡。不過他們兩人認爲政府所採取的行動不僅是垂直的而且是橫式的相互協助。

民族主義者和自由主義者都反對梅特涅的主義，而主張統治者應與被統治的人民特別密切和相互的關係。他們要求政府的行動完全是垂直的，也就是他們認爲政府的存在端賴民族的團結和統一；政府應該表達整個民族的希望，並爲整個民族的利益而服務。他們反對政府之間採取橫式的相互干涉行動，因爲這種行動違犯了民族的獨立和自決，而且是爲外國政府而犧牲了人民的希望和利益。

民族主義或自由主義和保守主義對於歐洲的秩序和政策是兩種迥然不同的概念，在一八一五年和一八四八年之間，二者在梅特涅和歐洲革命者之間作持續的戰鬥而沒有妥協的可能。

有鑑於滑鐵盧戰後的歐洲國際情勢，梅特涅的結論是：復辟的王朝必須彼此合作支持，否則即將次第的被消滅。哈布斯堡傳統的敵人——法國剛被打倒，防止法國再起的防衞措施已在維也納建立起來，但是他知道某些遲早會爆發的爭端，法國的外交一定會加以利用。這些爭端存在於奧國與其東鄰，土耳其和俄國之間；存在於奧國和日爾曼及意大利諸邦中的敵人，普魯士和皮特蒙之間。這些爭端必須儘速和平地予以解決，而解決這些爭端的方法就是像早先擊敗拿破崙的一種「歐洲協調」。雖然拿破崙直接的威脅已經消滅，但歐洲協調仍然有存在的必要，由大國們定期集會商討如何解決危機及歐洲和平的爭端，梅特涅所設計的這種「會議體系」正顯示着保守主義力量的目標和方法以及自由和民族主義與日俱增的緊張局勢。[21]

---

[21]　B. D. Gooch, op. cit., pp. 71-72.

第二節　經由會議體系建立國際秩序

　　從一八一五年到一八四八年，這是梅特涅的時代，他在維也納重建歐洲的工作中扮演了主要的角色，在其後的三十多年中，復努力於維持此項解決。他相信：他的奮鬥代表着積極和開明的價值，反對罪惡的和毀滅性的革命火燄，當自由和民族主義在以後的歲月中獲得勝利時，梅特涅在十九世紀許多歷史學家的眼光中代表着進步的阻礙。自一九〇〇年以後，對這位奧地利首相所作和平的努力，似乎褒多過於貶。

　　梅特涅評估奧地利在歐洲的地位，發現自然的敵人多而朋友少。為了應付這種情況，他所設計的政策三十多年來一直是在防止她的敵人作公開和有實效的反對，早年他在萊茵地區和布魯塞爾，對法國的革命和一般的革命已懷有深刻的敵意。在日爾曼，奧國的對手很明顯的是普魯士。在巴爾幹和波蘭，其另一個敵人是俄國。當時沙皇的大軍駐紮在波蘭，而自認為是日爾曼幾個小邦的保護者自居。法國在萊茵區的野心經常是他的隱憂，而英國的嫌惡鎮壓革命是另一個不安全的根源。梅特涅竟然能夠安排奧國自然敵人普魯士和俄國參加他反對革命的共同政策和維持現狀是他的勝利，他建立了足夠控制大部分歐洲的一個集團。梅特涅在歷屆大會中的行動顯示他利用對革命的恐懼來抵消鄰國的自然敵意，從而確保奧國的安全和歐洲的普遍和平。他能提供足夠的彈性，所以法國有時亦能合作，雖然英國不能同意，也不公開反對他的「體系」。㉒

　　關於「梅特涅體系」，學者亦有不同的看法。根據季辛吉的分析，當和平的來臨時奧地利帝國處於嚴重的困境，梅特涅所面臨的問題是：

㉒　Kissinger, op. cit., pp. 191–204.

如何經由堅持正統主義來擊退革命的浪潮。在和平時期，一切都依賴着這位奧地利政治家對社會基礎的性質的概念，對英國的保守份子而言，社會問題是調整的問題：也就是以適時的政治讓步來保護社會領域，可是對大陸的保守派人士而言，政治讓步等於社會投降，英國保守政治家格拉漢爵士 (Sir James Graham) 說：政治家的智慧在於能認識適當的時機作讓步。梅特涅甚至在晚年當他的時代形將過去時仍反對這種看法。他說：「我對於政治家手腕的概念完全不同。一位政治家的眞正長處在於如何管理以避免必須作讓步的一個局勢。」

這並不是意味着保守的政治家必須反對所有的改變。梅特涅曾說：作爲一個保守份子，既不需要回到過去的時期，也不需要反動，而是作小心翼翼的改革。眞正的保守主義暗示着一項積極的政策。可是改革必須是秩序的產品 (product of order)，而不是意志的產品。因此梅特涅所代表的是永恒的原則，而不是一個體系。他肯定卓越的知識是國家眞正基礎；他自命爲醫治社會有機體病態的醫生，認爲革命是一種疾病，而保守主義是眞理。梅特涅的格言是：「政策不是根據小說，而是歷史；不是根據信心，而是知識。」梅特涅將對人民的叫囂讓步比之於資本的浪費，他認爲在激動的情緒中無法想到改革，在這種局勢中，智慧在於維持，因此他與日俱增的堅決反對作任何改變，因爲改變象徵着對壓力低頭的可能性。

事實上英國參加歐洲協調的態度是非常謹愼的。不可否認的，歐洲協調的原則在實際應用時，除非有仔細的和警覺的提防，可能會嚴重的危害個別國家的政治自由。卡斯利自始就發覺沙皇建議中潛伏的危險。一八一五年十二月。他在發給駐各國使節的通函中說：「按照目前歐洲的情形，英國應盡本份將她所受到的信心轉變爲對和平的重視，運用對列強息爭的影響力，而不是在各王朝的任何結合中率先來制止其他國

家。」[23]

一八一五年四月底，四國同盟的簽字國同意與法國代表在秋天舉行一次會議，主要的任務是結束對法國的軍事佔領，並檢討國際秩序的進展，這是在拿破崙戰爭之後，歐洲政治家在正常的和平情況之下所舉行的第一次會議，梅特涅在籌備期中曾數度表示：他堅持大會應該只關切結束對法國的「軍事保護」（military tutelage）並設法維持大國之間的團結。[24]

此次會議其後決定於一八一八年九月在艾克斯-拉-夏伯爾(Congress of Aix-la-Chapelle)舉行，俄、普、奧三國君主親自出席，此外尚有英國的卡斯利、惠靈頓、奧國的梅特涅、普國的哈登堡、以及法國首相黎塞留公爵（Duke of Richelieu）邀請黎塞留出席，主要是使他能夠提出請願書；使法國能解除維持佔領軍的恥辱和費用。惠靈頓公爵提出意見「在不危害法國本身和歐洲和平的情況下，佔領軍可予撤退。」大會接受了公爵的忠告，因為巴黎條約規定，如果盟國同意，「法國的軍事佔領得在三年底停止。」同時，法國再度正式加入歐洲國際社會，因此一八一五年的四國同盟轉變成為一八一八年的「五國道義同盟」（Moral Pentarcy）。另一方面，盟國於十一月十五日簽訂了一項秘密的議定書，同意重新一八一五年的安排，「以最有效力的方法以防法國可能受到新的革命動亂威脅的致命影響」。[25]

沙皇在會議中提出了很多理想主義者的計劃，如組織一個反對革命的聯盟、裁減軍隊、設立歐洲聯軍以惠靈頓為統帥而總部設於布魯塞爾。卡斯利和梅特涅說服沙皇，這些詳細計劃時機尚未成熟。重要的是要求

---

[23] Marriott, op. cit., p. 42.

[24] Palmer, op. cit., p. 172–75.

[25] Marriott, op. cit., pp. 43–44.

「同盟的道義團結」("moral solidarity of the Alliance")。

十一月四日，梅特涅以私函致普魯士的威格斯坦親王(Prince Witt-
genstein) 轉請普王注意革命的危險， 如果普王實行他於一八一五年五
月對其臣民的承諾， 頒佈一項憲法， 此舉將威脅整個日爾曼各邦的君
主。㉖

很明顯的，梅特涅為了鎮壓和反動的旨趣有意利用歐洲協調，來干
涉其他國家的內政，在當時認為反動的革命在法國、日爾曼、意大利，
尤其是西班牙，已經有相當的進展。英國政府堅決反對將干涉的原則擴
張到獨立國家的內政，卡斯利在大會中極力反對，他的影響力發生了決
定性的作用。 英國駐維也納大使司徒華爵士 (Lord Stewart) 在寫給李
佛波爵士 (Robert B. J. Liverpool, 1770-1828) 的信中說，「英國的份
量在會議中是很大的⋯假使不是我和惠靈頓爵士孜孜不倦的努力⋯很
明顯將不會有所進展。」㉗

在過去，歷史批評家慣於指責卡斯利希望「將英國繫在神聖同盟的
尾巴上，這種指責是有欠公平，卡斯利參加『歐洲協調』是事實的；就
當時的情況而言，與歐洲協調分離，不僅是對歐洲文明犯了大罪」。可
是沒有人比卡斯利更明白：在這個實驗之中潛伏着危險，也沒有一個人
比卡斯利更辛苦的將同盟的運作限制在明確和有益的範圍之內。㉘

列強惟恐繼續駐軍法國可能影響法國的士氣，黎塞留特別認為駐法
外軍將反映路易十八的弱點，煽動者可能利用外國駐軍為藉口，製造問
題。普魯士提出折衷建議，將軍隊移駐比利時，隨時可奉命開進法國。

㉖ Palmer, op. cit., p. 176.
㉗ Marriott, op. cit., p. 44.
   按英國駐維也納大使司徒華為卡斯利的弟弟，卡斯利子爵原名為
Robert Stewart.
㉘ Ibid.

英國堅決反對，奧俄兩國沒有堅持，終於根據一八一八年十月九日所簽訂的艾克斯-拉-夏伯爾條約(Treaty of Aix-la-Chapelle)，保證盟國駐軍在十一月三十日前撤退。❷⁹

季辛吉對這次會議有極爲睿智的分析，他說：

艾克斯-拉-夏伯爾會議，是歐洲列強在和平時期中的第一次會議外交，戰爭的目標是決定性的，卽擊敗敵人；可是和平的目標是權變的，在於調整均勢中各份子之間的歧見。平靜的和風比暴風更難推測，在和風中更易覆舟，政治家的手腕和機智必須集中於幾乎不能覺察到的改變，這種改變累積起來的效果可能打破均勢。

第二次巴黎條約之後，英奧兩國是維持現狀的強權，以一個強人的中歐作爲歐洲平衡的先決條件，所面臨的是俄國擴張的威脅。沙皇亞力山大一世的宗教昇華變成了干涉的藉口，沙皇希望作歐洲和平的主宰者，雖然梅特涅和卡斯利同意俄國是潛在的敵人，但對抗的政策却迥然不同，對卡斯利而言，舉行會議這個事實是誠意的象徵，而誠意是歐洲和諧的充份動機；可是對梅特涅而言，會議僅是一個架構必須經由外交技巧賦予內涵。對前者，團結是和諧的原因；對後者，團結是道義一致的表現。

這種分歧反應國家內部結構和地理位置的差異。英國作爲一個島國，且深信其內部制度無瑕可擊，所以採取不干涉他國內政的政策。奧地利是一個位於中歐的多元帝國，意識到她制度的時代錯誤，必須防止「變形」(transformations)。英國地處歐陸之外，可以犯一次錯誤的估計；可是奧地利却沒有這種邊際安全 (margin of safety)。卡斯利也許忘記了島國享有安全感而指責梅特涅膽怯和過於謹愼，英奧兩國雖有歧見，但基本利益是相同的，目標也相同，只是方法的問題。卡斯利將這

---

❷⁹　B. D. Gooch, op. cit., p. 73.

此會議作爲外交功效的證明，消弭誤解和再度表現誠意的利益；而梅特涅的動機更爲複雜；他希望好好的利用這此大會，開始建立一個道義架構來應付不可避免即將來臨的社會競爭。

艾克斯-拉-夏伯爾會議是和平時期經由會議體系來組織國際秩序的第一次嘗試，可是達成團結的願望並不是那麼簡單，這次會議不僅反映盟國對國際秩序持有不同的解釋，而且反映卡斯利觀點與英國內部結構的不相容性，使他處於困難和悲劇的境界，卡斯利是會議體系創始者之一，但他的見解不能爲英國內閣和人民所了解，他們認爲干涉其他國家內政威脅歐洲普遍的生息休養。對卡斯利而言，同盟是歐洲團結的表示，對英國內閣和英國人民而言，一個同盟必須針對某一國，而他們所能想像的敵人除法國之外別無他國。

卡斯利認爲同盟的基礎以政治利益爲前題；而梅特涅的原則是將歐洲組織起來作社會奮鬥，集體安全需要作普遍的干涉，扼殺地方糾紛。卡斯利企圖利用會議表示「歐洲政府的一個新發現」（"a new discovery in the European government"）。而梅特涅反對給予俄國發言權，或者是奧國政策需要獲得俄國的同意。卡斯利認爲這次大會是國際秩序的新紀元；而梅特涅辯護這次大會是代表着條約關係的神聖原則，指出沙皇的宗教狂深藏野心和不安的種子。

大會的成就是消弭了對法國的疑懼，雖然秘密的重訂了四國同盟，但正式邀請法國加入同盟，因此法國也正式參加了歐洲協調。自此以後，歐洲列強的共同行動是根據「一個道義一致意見」（a moral con-sensus），法國加入同盟之後，發生了一種惡性循環，英國逐漸減少對歐洲承諾，英國的孤立主義傾向愈大，梅特涅愈要限制沙皇，而愈要奉承沙皇。卡斯利愈難參予共同行動。

英國與奧國之間的問題是：英國對國際事務的概念是防禦性的：惟

有在過度危險的情況下才願意從事合作行動；奧國的政策是預防性的，決定性的戰役是第一次而不是最後一次，其努力是在防止過度危險的發生，兩國之間這是無法溝通的鴻溝。❸

在一八一九年底之前，梅特涅利用四國同盟作爲與英國的橋樑，以政治方法來擊敗俄國的影響力，他也利用神聖同盟，萬一社會鬥爭的局勢不能控制時，指望沙皇的支持。奧國地處中歐的地理位置反而變成了梅特涅的外交資產，其先決條件是列強之間的歧見大於任何列強與奧國之間的歧見。所以在國際危機中，奧國變成了樞紐性的國家。當時的普魯士是奧國的衞星國。

一八二〇年啓開許多動亂中的第一個動亂使國際關係作了根本的改變。是年一月，西班牙派往南美叛亂殖民地的軍隊中發生第一次動亂，迅速蔓延。西班牙國王於三月七日不得不宣佈一八一二年的極端自由的憲法。這不是一件孤立事件，旨在推翻現有秩序，導致沙皇要求解釋「同盟」的企圖。三月三日俄國發出照會，邀請盟國討論對付西班牙的共同步驟。

十多年來，西班牙一直是英國的盟邦，卡斯利當然不允許法國作爲四國同盟的代理人來出面干涉，更不能接受俄國軍隊出現在西班牙。❸英國內閣質詢卡斯利英國對西班牙的政策，五月五日，卡斯利發表「國務報告書」(State Paper)，這是英國十九世紀外交政策的基礎。他說：

在這個同盟之中，正如其他所有人類的安排一樣，最能危害，甚至摧毀其眞正用途的莫過於將它的責任和義務超出其原來的概念和所了解的原則範圍的任何企圖。此一聯盟旨在克服和解放法國軍事統治下歐洲大陸的一大部分，在制壓征服者之後，將和約

---

❸　Kissinger, op. cit., pp. 214–30.

❸　Ibid., pp. 247–49.

所建立的國家領土置於同盟的保護之下。從無企圖將其作爲世界政府，或者是爲監督其他國家內政的聯盟。㉜

英國的承諾僅限於防止拿破崙和他的王朝再回到法國，和以武力維持維也納的領土安排二十年，他認爲西班牙革命是內部問題，不會危害到其他國家。他並不認爲英國同意以武力鎮壓革命的任何企圖都是正當的，他向與會的大陸各國外交官解釋稱：英國現在的王朝和憲法是由於內部革命的結果，因此她不能夠否認其他國家改變他們政府形式的同樣權利。尤有進者，英國政府如無其國會和人民的支持不能探取行動，除了他已經解釋者之外，在維也納沒有承諾任何義務，英國將履行這些義務，別無其他義務。㉝

梅特涅作爲大陸的政治家認爲社會不安定是主要威脅，企圖將它作爲國際問題來處理；而卡斯利只承認以公開侵略行動所表現的政治威脅，英國的承諾僅限於企圖破壞歐洲均勢的攻擊。根據季辛吉的分析，這種分歧由於歷史性的發展成分多於憲政原則，尤其是英國已經完成了民族國家的締造。在歐洲大陸上，自由主義是在法國大革命所揭櫫的原則下從事作戰的，理論的協議代替了政治忠誠。在英國，將法國革命視爲拿破崙，自由主義是在功利主義者的政治經濟的形式土生土長的。在歐洲大陸上，民族主義和自由主義這兩個孿子運動以推翻國際秩序的方式來達到它們的目標，在英國，追求改革是國內問題的範疇。

梅特涅的處境頗爲困難。他一方面當然不願給予沙皇派遣軍隊橫越歐洲的權利，一方面惟恐沙皇一時興起而作爲革命的支持者，結果是類似艾克斯-拉-夏伯爾會議的折衷辦法：他同意亞力山大一世的原則，而

㉜ James Joll (ed.), *Britain & Europe: Pitt to Churchill (1793-1940)*, (Oxford: Clarendon Press, 1961), p. 71.

㉝ Grant & Temperley, op. cit., p. 171.

以不切實際爲理由拒絕採取聯合行動。換言之，他能夠將團結的原則和不干涉主義結合起來；一方面支持英國而另一方面顯示對沙皇的「忠誠」。七月二日發生了一件大事，結束了所有的幻想，那不勒斯發生革命，梅特涅已無法避免以歐洲的規模來撲滅意大利的革命。❸

　　那不勒斯的柏貝將軍（General Guglielmo Pepe）領導陸軍叛變迫使國王斐廸南一世（Ferdinand I）勉強的頒佈了「西班牙式的憲法」，那不勒斯的革命對奧地利前途的影響遠超過西班牙的兵變。因爲那不勒斯是意大利半島上最大的王國，與奧地利有特別的條約關係，此項條約禁止未經磋商改變它的制度。如果柏貝將軍成功，哈布斯堡王朝在意大利的霸權將受到民族主義和自由主義的挑戰；而且革命的精神可能蔓延而越過阿爾卑士山（The Alps）。雖然其後的報告顯示，領導分子是溫和的莫拉主義者（Muratist），梅特涅必須與那不勒斯的革命來鬥爭，因爲他政策的支柱已經受到威脅。❸

　　對卡斯利而言，問題很簡單，旣然那不勒斯的革命威脅奧地利，則由奧地利將其擊潰。如果必須採取軍事干預，應該基於自衛權，而不是一般的干涉權，因此他敦促梅特涅單獨採取行動。可是對梅特涅來說，問題不是那麼簡單，如果將奧國的大軍進入意大利，而使俄國在歐洲採取自由行動，甚至作爲「民族主義」的保護者是不可思議的事。但是如果要盟國採取共同行動將促使英國脫離同盟，而使奧國更要依賴沙皇的「善意」。梅特涅旋即向意大利各邦發出通牒，宣佈：如果必要，奧地利將以武力保衛意大利的平靜。八月九日，法國發出照會，同意奧國干涉，但只是因爲技術上的理由，奧國地處中歐，最適合作爲歐洲共同行動的代理人，但是法國要求召開五強會議，其理由是：單憑有形的武力

---

❸　Kissinger, op. cit., pp. 249–251.

❸　Palmer, op. cit., pp. 191–92. and Kissenger, op. cit., p. 251.

而無道義的支持將使「罪惡」更爲嚴重。

梅特涅惟恐英國脫離同盟使奧國的政策缺乏彈性，俄國獲得行動自由將破壞奧國在歐洲的地位，因爲卡斯利已拒絕爲西班牙問題召開會議，所以梅特涅遂建議：奧皇與沙皇舉行會晤，此一策略旨在使沙皇同意奧國干涉，孤立法國而使奧國能和英國維持關係。但沙皇並非如此容易對付，他藉口參加波蘭的國會而予以婉拒，梅特涅的處境是：英國——可靠的盟國不能援助；而俄國——最危險的敵人却叫着要伸出援手。梅特涅遂採取頑強的「後衞行動」(rearguard action)；旨在保持與英國的同盟，而在不開罪沙皇的條件下來制衡俄國。如果迫不得已要和法俄之間爭吵，則寧可和法國來爭吵。梅特涅遂在俄國堅持之情況下，逐步撤退。他於八月二十八日，向沙皇呼籲，強調盟國在艾克斯-拉-夏伯爾會議中的團結，而不須再開正式大會。沙皇堅持於十月二十日在特洛巴(Troppau)開會，來和「罪惡」作戰。九月底，梅特涅妥協，向英國大使司徒華(Sir Charles Stewart)表示：奧國不能在一個敵對的俄國在她背後的情況之下，在意大利採取行動，要求英國派代表作爲觀察員身分參加，卡斯利惟恐他的不妥協會使梅特涅屈服，而別無其他選擇，遂同意派司徒華爲觀察員，英國觀察員象徵性的出席仍然是有影響力的，如果要攤牌，英國會站在奧國一邊。法國發現在西方國家中憲政原則的相同，遂同意依英國之例，出席特洛巴會議，扮演觀察員的角色。㊱

特洛巴會議雖然是五強會議，實際上是二皇會晤，這是梅特涅的勝利。他的出現在特洛巴是作爲歐洲的良知，道義原則的保護者，他在那不勒斯征服了沙皇。奧地利再度成爲樞紐性的國家，梅特涅利用國際危機鞏固了奧國的國際地位。十月二十三日第一次的全體會議中，梅特涅提出奧地利的立場，肯定任何國家均無權干涉其他國家的內政，除非這

㊱ Kissinger, op. cit, pp. 251-58.

些國內事務在國外發生影響力。但是相反的，每一個國家都有干涉的權利，當其他國家內部的轉變威脅其結構時。梅特涅的目的在以「英國」的格言使他的意大利政策合法化。十一月二日，俄國提出備忘錄：認為干涉不是根據自衛權，而是根據一八一四年至一八一五年之間的條約。十一月五日，梅特涅拒絕俄國對這些條約的解釋，他強調：只有這些條約的文字有拘束力，而條約的精神却依賴情勢而定，雖然如此，奧地利準備為歐洲的幸福，接受非常寬大的解釋，同意俄國的原則是奧地利的讓步，不是邏輯的必須。梅特涅的折衷計劃同意未來的協議有三項原則。第一，為了英國的緣故，干涉的運用是最後的手段；第二，此項協議是結束任何改革計劃的方法；第三，達成國內和平的措施應由合法統治者的智慧來決定。其後決定召喚那不勒斯國王出席辯護。這是一個兇狠的建議，如果斐廸南一世不能離開那不勒斯表示其行動已不自由；如果他能出席，他一定會要求奧國以極端的條件出面干涉。邀請國王出席此一行動，一定會招致那不勒斯國內溫和分子和極端分子之間的強烈衝突，不費一兵一彈就可削弱其國力。

梅特涅預料沙皇的顧問艾斯屈里（Capo d'Istria）起草協議的權利，無論如何英國決不會同意一項普遍化的干涉權利，法國亦將隨英國而行動。因此梅特涅設法使英法代表完全不知道他的談判，他兩度鼓勵英國大使司徒華回到維也納探望他已懷孕的夫人。十一月十九日在全體會議中，發現已經擬好的「初步議定書」（Protocole Preliminair）包括着梅特涅的折衷計劃：英法代表拒絕簽字。㊲

卡斯利眼看到他所珍惜的會議體系用來達成他所認為不可能的目標時，非常憤慨，他對俄國駐英大使賴文（Count Lieven）說：「皇帝的政策是一個空洞的希望，最重要的是英國所不能追求的一個美麗的幻影

㊲ Ibid., pp. 258-65.

…現在建議來制壓革命，可是只要這個革命尚未以更清晰的形象出現…
英國不準備與其作戰。」❸十二月十六日給他弟弟司徒華的電訊中，重
申英國的立場：將國家從同盟中驅逐，並以武力來改革它們的制度違反
國際公法而且違反現行條約。梅特涅和卡斯利意見不一致，梅特涅逐漸
與英國的關係脫離，卡斯利的抗議結束了「初步議定書」。但不能阻止
艾斯屈里於十二月八日所起草的通牒，在這個通牒之中，再度肯定干涉
淵源於一八一四年——一八一五年條約的結構，使事情更壞的是，甚至
暗示英國的同意。❸這就是著名的特洛巴議定書：說明特洛巴會議目的
是：

> 列強正使用一項無懷疑餘地的權利，對經由叛變所推翻政府的國
> 家採取共同措施，即使是被認為是一個危險的例子，可能對所有
> 憲法和合法政府可能產生一個敵對的態度。使用此項權利變成一
> 項緊迫的需要，因為那些置身於此種情況的人士尋求將他們自身
> 招致的罪惡擴及他們的隣國；並且在他們周圍促進叛亂和混亂。❹

---

❸ Ibid., p. 35.

❸ Ibid., pp. 265–66.

❹ 原文為：

> ... The powers are exercising an incontestable right in taking
> common measures in respect to those States in which the overthrow
> of the government through a revolt, even if it be considered simply
> as a dangerous example, may result in a hostile attitude toward all
> constitutions and legitimate governments. The exercise of this right
> becomes an urgent necessity when those who have placed themselves
> in this situation seek to extend to their neighbors the ills which
> they have brought upon themselves and to promote revolt and
> confusion around them ...

See Viost, op. cit., p. 219.

以上宣言為一八二○年十二月九日所發出。有若干歷史學將將誤將
一八二○年十一月十九日在全體會議中所公佈的「初步議定書」視為特洛
巴議定書，例如 J. A. R. Marriott 說

　　這些處置行動引起了卡斯利著名的抗議，正式譴責神聖同盟的原則，並明確的說明了英國的態度，他說：

　　　英國堅決保證支持維也納會議所建立的領土安排…但是對於每一國家的內政我們毫無關係。我們既不能夠分擔也不能夠批准由一個盟國進行干涉來平定另一盟國版圖內的內部動亂，雖然我們可能不認為會被邀請來拒絕這種干涉。對於任何這樣的原則，我們自己永遠不會有所承諾，因此概言之，我們必須對此表示抗議。[41]

　　季辛吉認為特洛巴會議是梅特涅外交技術的最高點，他設法孤立法國，鼓勵法國觀察員駐奧大使卡拉曼 (Duke of Caraman) 提議請沙皇出面調停，而觸怒沙皇，因為亞力山大一世反對正統君主和革命分子之

<hr>

（續）　　一八二〇年十一月十九日，東歐三國公佈特洛巴議定書 (Protocol of Troppau)。此一文件包含着神聖同盟的基本理論。

　　　凡是由於革命而已經改變政府的國家，其結果威脅到其他國家時，事實上即停止為歐洲盟國的成員，並將繼續排斥在外，直等到他們的局勢對法律秩序和穩定提出保證時為止…假使，由於這種改變，其立即的危險威脅其他國家，列強將以和平的方法，或者，假使需要的話，以武力將他們結合在一起，將犯罪的國家帶回到這個偉大同盟的懷抱中來。

　　　其原文為：

　　"State (it declared) which have undergone a change of government due to revolution, the result of which threatens other States, ipso facto cease to be members of the European Alliance, and remain excluded from it until their situation gives guarantee for legal order and stability... If, owing to such alterations, immediate danger threatens other States, the Powers bind themselves by peaceful means, or, if need be, by arms, to bring back the guilty State into the bosom of the Great Alliance."

　　See Marriott, op. cit., p. 46.

　　Carlton J. H. Hayes 亦認為這是特洛巴議定書的主要內容。

　　See Carlton J. K. Hayes, *Modern Europe to 1870*, New York: Jericho Farm Afton, 1953, p. 597.

[41]　Marriott, op. cit., p. 47.

間的調停。當法國拒絕簽署「初步議定書」而又參予邀請那不勒斯國王
出席會議不啻是得罪了英俄兩國。神聖同盟的原則變成了梅特涅恢復社
會均勢的方法，難怪季辛吉認為梅特涅變成了沙皇的「首相」。他說：
「如果亞力山大在特洛巴會議結束時有一位首相的話，這是梅特涅，而
不是艾斯屈里。」⓬

　　特洛巴議定書赤裸裸的供認干涉的原則，當然被崇高的原則所支持
着。根據宣言，一定要有法庭的存在，不然的話，如何一個國家能被判
決有罪呢？法庭具有制裁，而它的法令由歐洲警察來執行，那不勒斯國
王斐廸南一世 (Ferdinand I) 奉召將到神聖同盟的裁判所說明他與暴亂
臣民交往的經過，而由奧地利扮演歐洲警察的角色。⓭

　　一八二一年一月的拉巴哈會議主要表現梅特涅在特洛巴所建立的歐
洲政府。局勢完全在他控制之下，大部分因為梅特涅已經控制了亞力山
大一世。普王沒有參加，外相潘斯多夫 (Christian von Bernstorff) 實
際上是梅特涅的附屬品。英國代表司徒華再度被鼓勵回到維也納探望夫
人，回到拉巴哈時基本的決定已經達成，等於是特洛巴會議的戲劇又重
演了一次。法國代表也不能發生作用，在這樣的情形之下，決定很迅速
的達成。沙皇於一月八日抵達，一月十日梅特涅就能報告：「今天，除
非地崩潰天塌下來 … 我們已經贏得這場競賽。」梅特涅派那不勒斯駐維
也納大使羅福 (Fabrizio Ruffo) 為發言人於一月十三日在全體會議中
宣讀由梅特涅和甘茲 (Chevalier Friedrich von Gentz) 所擬就的演說：
在這篇意大利歌劇方式的演說中，那不勒斯國王請盟國邀請他按照「正
義、智慧和寬容的格言」扮演安撫者的角色。梅特涅回答稱：盟國樂於
「援助國王陛下對他人民的感情再度提出一次要求。」

⓬　Kissinger, op. cit., p. 268.
⓭　Marriott, op. cit., p. 46.

司徒華在拉巴哈表演了與特洛巴同樣可笑的角色。英國國會即將開會，反對黨猛烈評擊干涉他國內政，卡斯利於一月十九日發表通電表示英國立場，反對普遍干涉的權利，卡斯利在下院最後一次演說中，最後為「同盟」辯護，他希望同盟能繼續鞏固歐洲的和平，可是歐洲的團結註定失敗，因為對英國人來說：以同盟來鞏固歐洲和平是一個矛盾的名詞。

二月二十八日拉巴哈會議正式結束，三月七日奧軍摧毀了那不勒斯軍隊，三月二十四日奧國大軍在幾乎沒有傷亡的情形下進入那不勒斯城，刺刀上面帶着象徵和平的橄欖樹葉。❹ 正統主義獲得了勝利，在那不勒斯再度建立了一個政權，在受到責罰和滌除罪污之後，「這個犯罪的國家回到了偉大同盟的懷抱中。」❹

當奧軍南下時，在三月十二日皮特蒙(Piedmont)發生革命。顯示梅特涅所稱：革命均有連帶關係是正確的，皮特蒙是唯一不在奧地利影響之下的意大利國家。國王依曼紐爾一世被逼退位，九萬俄軍作為奧國的後備部隊以防法國的干涉企圖。四月八日，奧軍完全擊敗了皮特蒙軍隊，奧國在兩週之內鎮壓了兩個革命，沒有影響帝國的道義和物質資源而鞏固了在意大利的地位。梅特涅的政策是：如果能達到實質則可放棄形式。

奧國內部有一批人士以史坦鼎(Count Johann Stadion)為首批評梅特涅允許俄國參與對皮特蒙之役危害奧國的主權，而且是不必要的將奧國由英國的盟國變成了俄國的衛星國，這次一項諷刺，當梅特涅獲得勝利時，與內閣發生了困難。梅特涅於四月二十二日答覆史坦鼎說：「假使我不是能使俄軍進退自如的大師，你認為我應該使他們開始行動嗎？」此項似乎自驕的肯定正說明了梅特涅的動機：他承認要擊敗皮特

❹　Kissinger, op. cit., pp. 271-79.

❹　Marriott., op. cit., p. 47.

蒙和那不勒斯的革命並不需要顯示這麼大的權力，但是真正的危機不是在意大利而是在其他地方。梅特涅此舉旨在向歐洲表示：急進分子正面臨仍能採取最自由行動二強的反對。

一八二一年四月間梅特涅完成了他另一外交絕技，奧地利在歐洲的領導沒有受到挑戰。他說：「俄國沒有領導我們，而是我們在領導皇帝亞力山大。」梅特涅發出了一個通電，為期五個月的大會在實際上已構成了歐洲的政府。❹

一八二一年五月五日，也就是拉巴哈會議結束前一週，拿破崙逝世於聖赫勒那島，拿破崙捲土重來的恐懼已經消失，拿破崙的逝世象徵着一個時代的結束。聯合起來擊敗他的同盟也巧合的隨之瓦解，雖然在這個世紀中，列強尚繼續舉行會議，可是很少有真正「協調」的跡象，以後各種問題的解決反映歐洲列強之間彼此勾結，梅特涅體系的最後一次薔洛那 (Congress of Verona) 會議象徵着四國同盟的結束。❹ 當時的歐洲政治家所面臨的歐洲局勢非常嚴重。

意大利繼續在動盪不安之中，可是梅特涅和神聖同盟已經從阿爾卑士山和墨西拿海峽 (Straits of Messina) 貫徹了他們的意志。奧地利似乎愉快地控制着意大利半島；但是，問題存在着。

一八一五年後，在歐洲國家中，以西班牙受到反動的震撼最為嚴重，在包本王室中，斐廸南七世 (Ferdinand VII, 1784-1833) 也許最受人輕視的一位君主，集頑固、迷信、殘酷和享受主義於一身。

一八一二年，西班牙國會已經起草了一部憲法，以一七九一年法國憲法為模式，基於主權在民的原則，國王的權力退隱在野，而國會變成至高無上的權力機關。這是君主立憲政體的開始，斐廸南七世於一八一

---

❹ Kissinger, op. cit., pp. 279-82.

❹ B. D. Gooch, op. cit., p. 79.

四年繼承他父親的王位時，曾受到西班牙人無限熱誠的歡迎。可是這位
旣不堅強又不聰明的國王在復辟後，旋卽廢除憲法，解散國會，恢復宗
敎法庭、召囘耶穌會會員（Jesuits）、恢復貴族特權、制止新聞界並殘酷
的迫害所有依附拿破崙的人士，實施了六年恐怖統治，孤立的反抗遭受
到野蠻殘忍的鎭壓。一八二〇年，革命的旗幟飄揚在卡廸玆（Cadiz），
殘酷的斐廸南竟是懦弱無能，卑鄙的宣告投降。於是西班牙再度恢復了
一八一二年的憲法，一院制的國會賦有至高無上的權威，行政部門完全
從屬於國會，國王的權威削滅無遺，設立了一個急進的政府，解散了宗
敎法庭。

　　在滑鐵盧戰役之後的歲月中，歐洲任何國家均不得自認爲是孤立的
單位，神聖同盟正在密切的監視着西班牙事件的發展，當革命逐漸傳播
到葡萄牙和意大利時，神聖同盟的焦急與日俱增。

　　一八〇七年，葡萄牙王室曾將政府遷至巴西。拿破崙戰爭之後，前
攝政王卽現在的約翰六世（John VI）拒絕囘到歐洲，他任命在葡萄牙的
前英軍司令貝拉斯福爵士（William Carr Beresford, 1768-1854）爲攝政
並宣佈葡萄牙與其屬地組成聯邦，改爲葡萄牙、巴西和艾爾迦維聯合王
國（United Kingdom of Portugal, Brazil and the Algarves）。葡萄牙實
際上已變成巴西的屬國，里斯本方面對於此種屬國的地位感到不滿。一
八二〇年，葡萄牙因受到西班牙的刺激而發生叛亂，攝政王被黜，約翰
六世在不得已之情形下囘到歐洲。其子彼德羅（Dom Pedro, 1798-1834）
在巴西攝政，並奉召儘一切可能爲巴甘沙王室（House of Braganza）保
存巴西。「萬一任何不可預期之情況使葡萄牙和巴西的聯合成爲不切實
際時 … 則可自立爲王。」這種不可預期之情況終於發生。一八二二年，
巴西人拒絕接受西班牙國會的命令，宣佈獨立，以彼德羅爲立憲皇帝。
在葡萄牙本國，政治鐘擺猛烈的搖擺不定，先是在一八二一年，約翰六

世滿足的接受了一部自由的憲法。可是在一八二三年，他受其西班牙王后以及次子米其爾 (Dom Miguel, 1802-1866) 的壓力，同樣滿足的接受了一個反動的政府。❸

在拉巴哈會議中傳來希臘革命的消息。一八二一年三月，希臘發生革命，反對鄂托曼帝國 (Ottoman Empire) 的統治，這不僅是一個民主的革命或者是要求頒佈憲法而已，而是一個民族的革命，是一個希臘基督教徒企圖推翻屬於異教的回教專制統治的運動。❹ 希臘問題在本質上其重要性不僅是鄂托曼帝國的生存問題，對奧地利和英國有極爲重要的含義，梅特涅外交的主要任務是說服歐洲強權了解維持奧地利這一個「補綴的帝國」(patchwork empire) 符合各國的利益，布萊克 (Eugene C. Black) 將奧地利和土耳其比作兩個相依爲命的「醉漢」。在十九世紀的空間上蹣跚而行，如果其中有一個倒下，另一個也無法生存。❺

沙皇可以讓梅特涅在意大利半島自由行動，可是梅特涅決不能讓沙皇在巴爾幹自由行動。對於希臘革命，卡斯利發現不干涉政策無法解決問題。海島國家此時需要同盟，甚至在含意上要訴諸神聖同盟，因此梅特涅和卡斯利恢復「老協調」(old concert) 共同來對付亞力山大一世。❺

梅特涅知道其時在聖彼得堡主戰派當權，沙皇已被孤立，惟恐沙皇一時興起改變主意，向土耳其發動十字軍，卡斯利甚至比梅特涅對希臘人更表同情，一再堅持要有拘束，甚至親自致函沙皇，強調需要維持「歐洲體系」(the European system)。很明顯爲了英奧合作，梅特涅與卡斯利會晤的時機已經成熟，一八二一年秋天，英王喬治四世 (George IV)

---

❸　Marriott, op. cit., pp. 48-50.

❹　Grant & Temperley, op. cit., p. 142.

❺　See Editorial Note, in Eugene C. Black (ed.), op. cit., p. 70.

❺　Kissinger, op. cit., p. 285.

正式訪問漢諾威王國（Hanoverian Kingdom）。外相隨行，初步安排，英王和外相準備將行程擴大，訪問維也納。適英王患風濕，乃特別邀請梅特涅於十月十三日抵達漢諾威（Hanover），旋卽與卡斯利廣泛的討論東方問題，他們同意應該將俄國對土耳其根據條約所要求的權利和希臘的叛變和他們的同情者予以區分，俄國有權恢復希臘教會和保證東正教的自由，但敦促沙皇不要向土耳其作戰，也不要鼓勵希臘成為一個民族國家，當離開漢諾威時雙方均很滿意卡斯利認為已經爭取了梅特涅支持他的不干涉政策。而梅特涅將全部希望寄託於卡斯利個人，知道他是英國內閣中唯一希望歐洲團結的人，而希望卡斯利能親自參加未來的會議。一八二二年六月六日，梅特涅函請英王和卡斯利到維也納討論歐洲一般的問題。梅特涅特別請求卡斯利親自參加，他在信中說：「俄國將企圖以更大的活動在西方重新獲得逼使俄國政策在東方所失去的東西。」「假使你使我失望，我將單獨作戰，這將不是一個勢均力敵的戰役」，梅特涅希望英奧兩國意見一致在未來的會議上擊敗沙皇。卡斯利很難拒絕這樣迫切的邀請，而倫敦此時的政治生活極為複雜，英國政府並不希望英王參予會議。卡斯利因歐洲和平問題和國會開會的雙重壓力，身心交瘁，於八月十二日自殺。八天之後，此一「可怖的消息」抵達維也納，梅特涅眞正的為卡斯利的逝世而悲傷，他說：「這是件大不幸的事，此人特別對我而言是不能替換的……卡斯利是他國家中唯一有外交經驗的人，他已經學會了解我，如今，在任何人能給我同樣信任程度之前需要數年之久」。[52]

卡斯利的繼承者是喬治・肯寧（George Canning, 1770–1827）無論是在外交部和下院都是老政敵，可是，肯寧完全承繼了卡斯利所制定的原則，這一事實在當時和以後沒有充分被人了解。

---

[52]　Palmer, op. cit., pp. 206–12.

　　卡斯利的功勳不可磨滅，十年來他在歐洲大陸的事務中扮演主要的角色。戰後的歐洲大部分是由他所形成的，他深深了解：英國和歐洲最高的利益在於安全和休養，他相信神聖同盟干涉獨立國家內政勢將危及於此，因而他儘力拒絕干涉，而僅部分獲得成功。但是他維護英國所代表的原則沒有受到損害，而將執行此項原則的任務交給了肯寧。卡斯利事先擬就了一個詳細的備忘錄，其後經內閣批准後，變成了他的「訓令」。該項備忘錄確實證明了卡斯利的賢明，以及他的政策與肯寧實際所採的政策是一致的，葡洛那會議議程上主要的問題本來是東方問題。

　　英國當時最高目標在制止沙皇亞力山大一世單獨干涉，並防止俄國利用希臘叛變的機會在巴爾幹半島進行其傳統的野心。在討論意大利問題時，英國不支持任何一方，因為支持任何一方等於就是承認其自始就抗議的一項程序。❺❸

　　一八二二年九月中旬，沙皇率領羣臣蒞臨維也納，十月二十日會議地點遷至葡洛那(Verona)。參加會議的有俄普奧東方三國君主，英國的惠靈頓，法國外相蒙莫倫 (Vicomte de Montmorency) 在會議中主要討論的不是希臘問題而是西班牙問題。亞力山大很久以來就認為應將西班牙的叛亂予以弭平，並準備將俄國大軍進入薩丁尼亞的基地區域，從該處一方面可以進軍西班牙，一方面如果必要也可以攻擊在法國的共和分子的起義。雖然梅特涅同意在西班牙恢復專制主義，可是俄國大軍出現在奧地利的西邊，尤其是在北意大利最使他寢食難安。希臘的局勢惡化暗示着可能需要俄軍，但是梅特涅惟恐沙皇在巴爾幹採取積極的政策。❺❹

　　會議之初，法國要求盟國支持她干涉西班牙，十月三十日，惠靈頓向大會宣告肯寧的訓令：如果決定計劃以武力或脅迫方式進行干涉，無

---

❺❸　Marriott, op. cit., pp. 46-50.

❺❹　B. D. Gooch, op. cit., pp. 79-80.

論情形如何，英國決不參與，這一訓令不啻是枚炸彈，阻止整個同盟在西班牙進行武裝行動。⑤惠靈頓於十一月三十日離開篩洛那，大會實際上已經結束，梅特涅和沙皇等一直停留到十二月十八日。梅特涅於一八二一年初夏，曾描寫他自己說：「我感覺到好像我是處於一個蛛蜘網的中央…蛛蜘網看來是美麗的，巧妙的編織而成，能夠抵擋輕微的攻擊，但經不住一陣風」，來自巴爾幹的風考驗這個精心結構。⑤⑥

肯寧認爲舉行公會可以解決條約問題，可是列強定期開會的制度是高度危險性的。首先，英國的人民不喜歡作爲巴力門國家的代表與專制國家秘密談判。投票時，專制國家的票數會超過英國。其次，公會制度旨在建立武裝干涉其他國家內政的制度。由於其政府的形式，英國是一定會反對的。第二，小國沒有代表參加，他們的權利易被忽視或被拒絕。如果公會的宗旨僅限於「道義上團結」的政策，了解小國的希望，揚棄武力的使用，肯寧將不予反對，可是一八二二年時，公會制度的發展根本不是肯寧所期望的，因此肯寧認爲最好是反對此種制度。而他的反對是完全成功的，從一八二五年後，公會制度已經不予信任。對歐洲的政策，正如肯寧所說的，「每一個國家爲其自己，而上帝爲我們全體。」⑤⑦

關於歐洲干涉以比利安半島 (Iberian Peninsula) 肯寧率直的宣佈：「雖則英國不是革命之友，她斷然堅持民族有權爲自己建立他們認爲最佳的任何方式的政府，並自由的管理他們自己的事務，只要他們讓其他民族管理他們自己的事務。」可是法國已經藉口西班牙發生黃熱病，在邊境動員了十萬大軍以建立一個「防疫線」(cordon sanitaire)。

肯寧的抗議爲時已晚，法國斷然進行干涉。一八二三年四月，法軍

---

⑤　Grant & Temperley, op. cit., p. 143.

⑤⑥　Kissinger, op. cit., p. 286.

⑤⑦　Grant & Temperley, op. cit., p. 143.

在安哥勒公爵 (Duc d'Angoulême) 率領之下進入西班牙，重新建立了斐廸南七世的絕對權威。

　　旣然沒有力量挽回法國佔領舊西班牙，肯寧更具決心阻止法國的干涉擴張到新大陸。他寫信給代表英國出席衞洛那會議的惠靈頓公爵說：

　　　　每天愈來愈使我確信：在牛島目前情況之下，在這個國家目前情況之下，美洲問題較諸歐洲問題對我們的重要性已不成比例；如果我們不及時把握將它們轉變對我們有利，則我們終將悔憾損失了一個永遠永遠不再挽回的機會。

　　肯寧這種觀點只是重申小彼特 (William Pitt, the Younger, 1759-1806) 的意見而已，遠在一七九〇年，彼特曾說：西屬美洲的解放必然是一項引起本國每位部長注意力的問題，這個問題自肯寧擔任外相的第一天起直到獨立的最後完成爲止一直引起他的注意。因此，「在新世界要求恢復舊世界平衡的召喚」不是突然的靈感，這是肯寧政策的主要部分，長遠以來所計劃的也是堅決遵循的政策。遠在一八〇八年，西班牙殖民地在英國保護之下的分離就是卡斯利和肯寧心中的理想。

　　多年以來，西班牙在治理其美洲屬地時經驗到與日俱增的困難。一八一七年，西班牙以五百萬美金的代價將佛羅里達 (Florida) 售與美國以購買和平，可是一般局勢的改進僅是臨時性的。同時，西屬美洲的無政府狀態使英國的貿易受到嚴重的損害，對英國船舶數不清的侵犯從西班牙無法獲得賠償。一八二三年，肯寧派遣領事到西班牙殖民地以保護英國的貿易，法國率直的表示：雖然西班牙能制壓其叛亂的殖民地，假使她能夠的話，其他國家無需越俎代庖。❺❽

　　原來英國和美國對拉丁美洲的政策有很多共同點：兩國均希望與新解放的西班牙殖民地繼續新的而獲利很多的貿易。但有一點不同，英國

---

❺❽　Marriott, op. cit., pp. 50-52.

對實際承認這些新的共和國和巴西帝國躊躇不定。卡斯利曾努力調停其盟邦西班牙和她的殖民地，希望能公開貿易，他在調停失敗之後，曾準備承認拉丁美洲國家，如果卡斯利在一八二二年沒有自殺身死，英國可能已經承認這些新共和國，當然也不會再有門羅主義。

一八二三年八月二十日，肯寧與美國、西班牙向神聖同盟呼籲，肯寧在面臨歐洲尤其是法國干涉的情形之下，遂轉向美國，與羅希(Richar Rush)於一八二三年八月二十日會晤，提出下列幾項英美諒解的建議：

(1) 對我們而言我們沒有託辭，我們認為西班牙恢復其殖民地已無希望。

(2) 我們認為承認它們為獨立國家的問題是一個時間和情況的問題。

(3) 可是，我們決不有意阻礙它們與母國之間經由友好談判的安排。

(4) 我們自己無意具有他們的任何部分。

(5) 我們不能漠不關心的看到他們的任何部分轉移到任何強權。

羅希表示如果英國立即承認這些新國家，他準備接受肯寧的建議，不然他將這些建議送回美國予以考慮。肯寧感到失望之餘，決定單獨行動，他本來想要利用拉丁美洲問題和美國外交政策來粉碎神聖同盟，現在不願再等待美國的合作，遂通知法國大使：如果企圖限制英國與拉丁美洲的貿易，或者是任何國家干涉西班牙與其殖民地之間的競爭，則英國將承認西班牙殖民地的獨立。肯寧的備忘錄實際上就是對法國和歐洲的最後通牒，不要干涉拉丁美洲。

亞當斯國務卿(Secretary Adams)反對接受肯寧的建議，他認為肯寧試圖要求美國公開保證不在西班牙的新大陸中獲得新的領土，例如古巴，如果我們相信亞當斯的日記，他說服了門羅總統(President Monroe)和他的政府，拒絕接受，而採取獨立的立場來反對歐洲干涉新世界。門

羅總統遂決定將此一原則包含在下一次的國情咨文中，一八二三年十二月二日，向國會提出的國情咨文中，門羅總統宣佈：

（1）參與歐洲列強有關他們自己的政治或戰爭並不符合美國的政策。

（2）美國將認為歐洲列強干涉美洲的政治制度或者是在這些洲獲得任何新的領土的努力為一項不友好意向的表示。**⑤⑨**

這就是著名的門羅主義的根源（Monroe Doctrine），一八二四年初，肯寧寫信給巴哥特（Sir Charles Bagot）說：

> 我很少懷疑：總統（指門羅）知道我們的心情而受到鼓勵，而提出了有關南美國家的宣言 … 我們揚基合作者極端自由主義（ultra-liberalism）對我們艾克斯-拉-夏伯爾盟友的極端專制主義（ultra-despotism）的影響正是我所需要的平衡。

恰好一年之後，肯寧寫給另一位朋友說：

> 此事已經完成 … 此項將使整個世界表面為之改變，幾乎與發現此一大陸一樣重大的行動已經開始奔放。同盟各國會感到煩惱，但他們不敢作嚴重的抗議，法國也將坐臥不安；不過就南美洲而言，她會趕緊以我們作榜樣。**⑥⓪**

英國和美國的行動是有決定性作用的，在一八三〇年時，在南美洲的西班牙帝國已不復存在。

在葡洛那會議中，梅特涅曾希望：奧英兩國共同關切俄國勢力在土耳其的擴張可能作為恢復兩國合作的基礎。可是法國在西班牙的主動粉

---

⑤⑨ Samuel Flagg Bemis, *A Diplomatic History of the United Stated*, Third Edition (New York: Henry Holt and Company, 1953), pp. 202-08.

⑥⓪ Marriott, op. cit., p. 52.
　　揚基（yankee），英俗，指美國人而言。

碎此一希望，而且破壞了在特洛伯會議後英法外交合作的可能性，就歐
洲而言，英國現在是孤立，或者正如梅特涅所說的，「島國的」外交。
因此，英國更敏悟到與美國合作的重要性。在法國輕易地在馬德里恢復
專制主義之後，門羅主義脫穎而出成為此一合作的結果，在這一年之
中，英國的外交政策鮮有勝利，因而肯寧試圖以美國的宣言作為他自己
的成功，雖然門羅主義的最後形式是針對着英國和神聖同盟。**❺**

　　肯寧對葡萄牙的行動也是迅速而具有決定性的。在葡萄牙、米其爾
所領導的反動派指望法國的支持；自由派指望英國的援助，英國在自由
派要求之下，派遣了一個分艦隊到塔加斯 (Tagus)，「在葡萄牙整個民
族的眼前證實在兩個王室之間有密切的關係和善意存在着。」米其爾以
此為藉口於一八二四年初發動政變，實際上廢黜了他的父王約翰六世，
後者逃到英國戰艦，設法恢復權力。一八二五年，肯寧擊敗了米其爾和
其法國盟友，也最後的解決了葡萄牙與巴西之間長期的困難。英國終於
勸使約翰六世承認巴西獨立，由其子彼德羅為王，約翰六世終生保留皇
帝的頭銜。一八二六年約翰六世逝世，葡萄牙再度發生派系鬥爭。西班
牙和法國準備祖護反動派系出面干涉，肯寧迅速行動，制止了法西兩國
的干涉，保全了自由主義的憲法。**❻**

　　此後，神聖同盟維持現狀，反映俄普奧三國反自由主義和反民族主
義的政策，既然沒有英法兩國，不能稱為是有效的歐洲體系，四國同盟
已經死亡，歐洲的公會政府等於是針對各項危機間歇性的反動而已。沙
皇亞力山大一世於一八二五年逝世。梅特涅繼續指導奧地利的政策直至
一八四八年，沙皇的理想已經消逝，民族主義和自由主義的原則雖然在
一八一五年歐洲正統王朝復辟運動中受到了暫時的挫折，逐漸奠定了基

---

❺ B. D. Gooch, op. cit., p. 88.

❻ Marriott, op. cit., p. 53.

礎。英國自始至終堅持這兩個原則；一八三○年後，法國也擁護這兩個
原則。一八四八年後，民族主義和自由主義的勝利在望，希臘的革命是
最好的說明。

第三節　希臘革命：東方問題的序幕

　　大約在希臘革命時，在外交慣例中開始有所謂「東方問題」，可是
此一極端困擾的問題自十四世紀中葉時即已存在，其時鄂托曼土耳其人
(Ottoman Turks) 插足博斯普魯斯海峽 (Bosphorus) 的歐洲海岸。[63]

　　土耳其曾經威脅着歐洲，在十六世紀時被哈布斯堡所制止，其後，
歐洲國家的勢力逐漸增加，而鄂托曼帝國却進入日益衰弱的過程。侵略
的主動最初由土耳其人手中轉入哈布斯堡王朝，繼又轉入俄國人手中。
俄奧二強逐漸合作向鄂托曼帝國的領域進展。整個十八世紀可以說是俄
奧聯合向鄂托曼帝國侵入的時期。[64]

　　對俄國而言，君士坦丁堡 (Constantinople) 不僅是這個帝國的都城
而已；是兩個海峽的哨兵和保護者，此一城市在土耳其手中阻碍了俄國
通向歐洲水域的道路，職是此故，俄羅斯的野心是轉向控制博斯普魯斯
海峽和達達尼爾海峽 (Dardanelles)，而以君士坦丁堡為目標。[65]

---

[63]　Ibid., op. cit., p. 55.

[64]　Albrecht–Carrié, op. cit., p. 40.

[65]　Marriott, op. cit., p. 56.

　　　博斯普魯斯海峽連接瑪爾瑪拉海 (Sea of Marmara) 共十九哩長，最
　　寬處為二又四分之一哩，最窄處為七八七碼，水深一二○呎至二八八呎，
　　是黑海出地中海必經的水道，君士坦丁堡在海峽南端，為控制船隻出入的
　　要地。

　　　達達尼爾海峽連接瑪爾瑪拉海與愛琴海，長三七哩，最窄處僅一哩，
　　平均寬廣為三至四哩，平均深度為二○○呎。

俄羅斯帝國的擴張自然的在歐洲以瑞典和波蘭爲犧牲者；在中東以鄂托曼帝國 (Ottoman Empire) 爲犧牲者；在遠東則以中國爲其侵略的對象。彼得大帝 (Peter the Great) 於一七二五年謝世後，在統治者中有著名的女皇凱塞琳二世 (Catherine II) 脫穎而出。她是日爾曼人，成爲俄國儲君的王妃後，嫺習俄語，皈依東正敎，一七六一年她的丈夫精神錯亂的彼得三世 (Peter III) 繼任爲沙皇之後，凱塞琳成爲實際的統治者，翌年彼得三世卽告謝世，她就變成了俄國歷史上著名的凱塞琳大帝 (Catherine the Great, 1762-1796)，在位三十四年，她以鐵腕統治着俄國，完成了彼得大帝的工作。

在凱塞琳大帝時代，俄國追趕逃走的波蘭人侵犯了土耳其的領土，而與鄂托曼帝國陷於戰爭之中，此一戰爭自一七六八年開始一直到一七七四年。鄂托曼帝國惟恐俄國兼併波蘭之後，破壞了東方的權力平衡，法國急於要維持均勢而保護波蘭的自由，因此鼓勵土耳其政府，可是鄂托曼帝國裝備不良，蒙受了一連串的失敗。最後俄土兩國訂立了庫恰克・凱納琪條約 (Treaty of Kuchuk Kainarji)，這是俄羅斯帝國擴張和鄂托曼帝國式微的里程碑，該約視定：（一）土耳其正式將亞索 (Azov) 和附近領土割讓給俄國並放棄黑海北部所有土地的主權；（二）鄂托曼帝國保留瓦拉琪亞 (Wallachia) 和摩德維亞 (Moldavia) 和希臘，但承諾從事改革；（三）俄國獲得在鄂托曼的水域中商船的航行權；（四）土耳其承認君士坦丁堡城中某些敎會的保護者。一七九二年的一項協定將達尼斯特 (Dniester River) 河劃定爲兩國疆界。

凱塞琳大帝對鄂托曼帝國的政策產生了三個重要結果。第一，俄國在南歐獲得了自然的疆界，也變成了黑海的主要強權，其商船可由兩峽進入地中海，而與西歐貿易，獲得了第二個「開向西方的窗戶」("window to the west")。其次，從此之後，俄國被認爲鄂托曼帝國中

被壓迫的東正教諸部族的盟友。最後，該約特別條款給予俄國在君士坦丁堡內某種教會保護者的地位，其後變成了俄國保護鄂托曼境內基督徒權利的藉口，因而干涉土耳其內政。⑥

凱納琪條約可以說是俄國在東南歐進展的起點，凱塞琳二世於一七八三年兼併克里米亞，建築要塞。一七九二年，由於雅西條約（Treaty of Jassy），俄國的邊疆擴展到達尼斯特（Dniester），獲得了重要的要塞奧沙柯夫（Oczakov）。

在凱塞琳統治時期，俄國的進展是很驚人的，亞力山大一世恢復她的政策，計劃將歐洲土耳其分裂為許多小國，而在俄國的霸權之下，建立一個聯邦。如果必要的話，收買奧地利，給予瓦拉琪亞、土耳其所屬克魯亞希亞（Croatia）、波希尼亞（Bosnia）的一部分，伯爾格來德（Belgrade）和雷格沙（Ragusa）；而俄國希望獲得莫德維亞、卡特羅（Cattaro）、哥甫（Corfu），尤其是支配兩海峽的君士坦丁堡。

此一偉大計劃因為拿破崙戰爭而未能實現，拿破崙長遠以來就想征服東方，他在法國崛起時就深信：他的最高目標——征服英國的關鍵在埃及。一七九七年，拿破崙取得艾奧尼亞島（Ionian Isles）是達成此一目標的第一步，假使取得埃及，就可作為進攻英屬印度的基地。拿破崙與沙皇亞力山大一世在蒂爾錫（Tilsit）談判的動機就在此，因為英國四周皆是海洋，難以攻陷，唯有在陸上攻擊。拿破崙希望俄國協助他到君士坦丁堡，而波斯允許法軍假道，攻擊英屬印度。拿破崙在蒂爾錫所透露的野心計劃未能實現。拿破崙和亞力山大一世之間的友誼經不住大陸體系（continental system）的緊張關係。特拉法爾迦（Trafalgar）戰役是滑鐵盧的前奏，而滑鐵盧粉碎了拿破崙的夢想。⑥

---

⑥ Hayes, op. cit., pp. 325–26.

⑥ Marriott, op. cit., pp. 57–58.

　　十八世紀末葉，近東問題變成了現代形式的問題，主要的有三項因素：鄂托曼帝國的式微，巴爾幹半島上許多在帝國中被統治的基督教部族興起，以及這兩個因素對大國政策的影響。在一七八八年到一七九一之間，奧地利和俄國協調着攻擊土耳其，而俄國以土耳其帝國內基督徒的保衞者自居，當時的小皮德曾譴責俄國的進展危害土耳其的完整，國會雖然不支持他這種觀點，可是他爲以後的繼承者定下了英國對近東政策的規模，幾乎有九十年之久，他的繼承者採取親土和反俄的政策。奧地利在一七九一年他對土耳其表示溫和的態度，幾乎將所有侵佔的土地歸還土耳其，而且從此以後設法保護她。此時英國和奧國以土耳其的積弱不振爲憂。

　　在十九世紀初葉，俄國開始向南方的黑海沿海窺視，她的注意力集中在其最後目標——君士坦丁堡。奧地利埋伏在俄國的側翼，不允俄國向土耳其下手。英國在遠遠的監視着，決定保護東地中海的商業和君士坦丁堡。❻❽

　　鄂托曼帝國沒有捲入在一八一五年結束的歐洲大變動之中，拿破崙之進入埃及不過是一個流產的經驗，可是俄國沙皇和土耳其皇帝在一八〇六年至一八一二年的戰爭中續有進展，根據一八一二年兩國所訂布加勒斯特條約 (Treaty of Bucharest)，俄國攫取了貝沙拉比亞 (Bessarabia)。維也納會議，順從沙皇亞力山大一世的願望，並沒有討論「歐洲病夫」(Sick Man of Europe) 的遺產問題。❻❾

　　亞力山大一世的夢想較爲實際，拿破崙失敗之後，俄國重溫在近東的政策。

　　土耳其人無論在種族、信仰和政治方面與歐洲的國際社會迥然不

---

❻❽　Grant & Temperley, op. cit., p. 202.

❻❾　Albrecht-Carrié, op. cit., p. 41.

同，可是建立在歐洲土地上的鄂托曼帝國垂六百年之久。土耳其的佔領
旣不是政治的、經濟的或宗教的，而純粹是軍事的；他們征服了塞爾維
亞人、希臘人、保加利亞人和羅馬尼亞人等，可是沒有將這些人民吸
收，而這些人民也沒有吸收土耳其人。當帝國在十九世紀式微時，這些
人民再度出現於政治舞臺，相繼建立了獨立的王國。

最早脫穎而出的是塞爾維亞人 (Serbians)，在一八〇四年，他們樹
起反抗的旗幟，英雄地從事間歇性的奮鬥，直至一八一七年，他們從土
耳其人獲得了實質上的讓步。蘇丹 (Sultan) 的主權雖然未曾受到損害，
但是塞爾維亞人在奧勃倫維治王室 (Obrenovitch House) 的統治下獲得
了相當的自治權。

在塞爾維亞人中，奧勃倫維治 (Milosh Obrenovitch) 親王是親俄，
而指望俄國的同情和援助，而俄國迫不急待的希望能援助巴爾幹半島上
的斯拉夫人 (Slav peoples)。俄國人與斯拉夫人不僅在種族上而且在宗
敎上有密切關係，因此俄國以斯拉夫部族 (Slav nationality) 的鬥士和
東正敎 (Orthodox Church) 的保護者自居，而且自命爲拜占庭帝國
(Byzantine Empire) 的合法繼承者。**⑩**

古希臘的文明是整個西方文明中的支配因素，也是希臘人引以爲傲
和最有價值的文化資產，旨在復興希臘的秘密革命組織。「朋友協會」
(Philiké Hetairia，Association of Friends) 於一八一四年經亞力山大
的默許，成立於敖得薩 (Odessa)。沙皇的謀士艾斯屈里亞就是希臘卡費
爾特 (Carfiote) 人。此一協會在一八二〇年時，已有二十萬會員，其宗
旨在驅逐土耳其，重建希臘帝國。**⑪**

一八二一年，希布西蘭蒂親王 (Prince Alexander Hypsilanti) 爲此

---

⑩ Marriott, op. cit., pp. 55-56.

⑪ Albrecht-Carrié, op. cit., p. 41 and Marriott, op. cit., p. 59.

一運動的領袖。希氏曾爲沙皇外交大臣的副官，他在二月間，以基督教的名義，向沙皇呼籲說：「皇帝陛下拯救我們！將我們的宗教從其逼害者拯救過來，歸還我們的寺院和我們的祭壇，神聖的光芒從這些祭壇放射到你所統治的民族。」[72]

亞力山大一世作爲神聖同盟的創造者應該有何反應呢？這不是一個源出於中產階級要求政治自由的革命，而是具有宗教基礎的民族運動。希布西蘭蒂的函件於三月十七日到達拉巴哈，比皮特蒙革命的消息只遲三天。問題是沙皇是否應該在巴爾幹扮演梅特涅在意大利所扮演的角色。[73]

一八二　年二月，希布西蘭蒂在莫德維亞舉起了希臘獨立的旗幟，當歐洲的外交家們正在拉巴哈集會討論對付西班牙、葡萄牙和意大利南部革命精神的最佳方法時，希臘起義的消息對他們而言不啻是晴天霹靂。

沙皇亞力山大一世的處境非常尷尬。作爲希臘正教的保護者、被壓迫部族的鬥士以及土耳其敵人的傳統友人，他自然的會代表希臘人進行干涉。可是另一方面，他又是神聖同盟的創始者，特洛巴議定書的簽署人，又是梅特涅的夥伴，沙皇自然是革命原則不共戴天的敵人，而且希臘的叛亂可能正是俄國達成野心的機會。[74]

梅特涅且在一八〇八年就宣佈，保全鄂托曼帝國是奧地利的基本利益，否則奧地利帝國的南疆不得寧靜，可是阻止沙皇入侵土耳其不是易事。當時奧地利的主要軍力在意大利。欲與具有十萬大軍的俄國來作戰在任何情形之下是不可想像的事。

---

[72]　Kissinger, op. cit., p. 287.

[73]　Ibid.

[74]　Marriott, op. cit., p. 59.

梅特涅外交的技術是利用干涉意大利的原則作爲不**干涉**巴爾幹的原則，他向沙皇提出了一個備忘錄：

> 此一爆炸性事件無疑的是一項仔細計劃的結果。其目標是指向這些陰謀份子最害怕的權力：在一個保守體系內兩位君主的聯合…這是丟進奧俄兩國之間的一個火炬…以製造希臘東正教最有權力的君主和其人民之間的不和諧…來逼使他（指沙皇）從西方撤退，將他完全扼住在東方。⑦⑤

換言之，利用使梅特涅在意大利採取行動的同樣的同盟來防止沙皇在巴爾幹採取行動。爲了在西方援助奧地利的特權，沙皇被要求揚棄俄國一世紀來在東方的政策。友誼提供了武力所不能供給的「桎梏」。沙皇告訴梅特涅說：「多瑙河流域大公國的革命只是一場新起的大火災。這是希望頓挫使用神聖同盟所宣佈基督教原則所引起的。」⑦⑥

不久俄國陸軍將希布西蘭蒂解職，訓誡他不能以陰謀來爭取自由，要他停止活動，叛亂者向蘇丹投降。沙皇的態度決定了希臘的命運。一八二一年，希布西蘭蒂的軍隊受到土耳其軍隊的重創，他自己逃到匈牙利，當局奉梅特涅命令將他逮捕下獄，於一八二八年死於獄中。⑦⑦

拉巴哈會議鎮壓了三個革命，其中兩個革命的鎮壓是根據干涉的理論，而希臘的革命是根據不干涉的理論，而這兩種理論都是應用神聖同盟箴言予以合法化的。來自巴爾幹的一陣風並沒有吹垮梅特涅的「蛛網」。

希臘的革命戰爭爲十九世紀的歐洲史增添了重要一章，一個爲自由和民族性原則的戰爭引起了西歐，尤其是英國和法國的同情，而且也暴

---

⑦⑤　Kissinger. op. cit., p. 288.

⑦⑥　Ibid., p. 289.

⑦⑦　Ibid., p. 289 and Marriott, op. cit., p. 59.

露了英國和俄國在近來潛在的競爭，更無用說敵意了。

　　橫跨歐亞非三洲的鄂托曼帝國的基礎已經動搖，希臘的革命對帝國的結構是致命的打擊。土耳其政府的反應是採取鎮壓政策。一八二一年復活節，君士坦丁堡的希臘大主教和幾位主教被吊死在教堂的大門，這是向東正教傳統保護者的挑戰。⑱

　　莫德維亞的起義雖然曇花一現，但激起了希臘本土的革命情緒，而形成了東方問題的中心，希臘人在摩利亞（Morea）暴動，殺害回教徒。土耳其在其他地方採取報復行動，屠殺基督教徒，歐洲各國對希臘革命翕然同情。一八二一年五月底，土耳其在摩利亞的控制已告結束，希臘革命從摩利亞蔓延到希臘大陸和附近島嶼。⑲

　　是年夏天，沙皇舉棋不定，他要保留梅特涅的友誼而不受到他大臣們的譴責，一方面他期望盟國的團結。君士坦丁堡發生的事件似乎使戰爭不可避免，俄國駐土大使史却羅加諾夫（Baron Stroganov）奉命與土耳其政府談判，雙方關係逐漸緊張，六月五日俄國大使離開君士坦丁堡，退到黑海沿岸的一個港口向俄國政府提出了很長的一個報告，指責土耳其的殘暴。艾斯屈里的答覆很專橫，要求立即重建被毀的東正教會，如果土耳其政府拒絕證明其不適合與基督教國家來往，俄國將保護基督教徒，其時俄國大使險被暗殺，於八月十日赴敖得薩宣戰似乎是不可避免的次一步驟。

　　梅特涅深知沙皇個性，他將頑固的堅持他所採取的路線：一旦訴諸戰爭，將戰爭轉變為一個十字軍，所以梅特涅不惜一切代價防止亞力山大改變路線。梅特涅安排大批警察，針對敏感的沙皇，發出許多報導稱：巴黎的「中央革命委員會」（Central Revolutionary Committee）煽

⑱　Kissinger, op. cit., p. 290.

⑲　Marriott, op. cit., p. 61.

動摩利亞的叛亂，旨在破壞同盟。

鄂托曼帝國的毀滅將使英國失去對地中海以及近東的控制。巴爾幹的問題是所發生同時威脅英國和奧國的第一個問題。七月十六日，卡斯利事先未曾與梅特涅安排，直接向沙皇建議，在此危機中保持昔日的同盟，卡斯利的論調將同盟作最廣泛的解釋，土耳其如何能夠受到它所沒有參加條約的保護，也忘記了昔日不干涉的原則。

沙皇無法抗拒兩個盟國的「猛攻」，遂於八月二十九日函覆卡斯利表示：「我將盡量容忍。」雖然如此，緊張的因素仍存在着，幾乎所有的俄國外交官要求採取決定性行動，沙皇面告英國大使，他們有整個的多天來避免戰爭的災難。

卡斯利認為情勢嚴重不能委諸於大使們，於是一八二一年十月底，卡斯利和梅特涅在漢諾威會晤，擬訂維持歐洲均勢的共同行動的計劃，整個秋天，局勢繼續惡化，沙皇已不耐煩，準備以同盟名義出兵。十二月五日，梅特涅向沙皇呼籲，指出東方的危機是代表邪惡的原則在它失敗之前的最後衝刺，整個日爾曼的寧靜是由於沙皇在拉巴哈會議的態度所致，雖然誇大，但是沙皇聽得進去。一八二二年一月二十八日梅特涅進一步建議將土耳其問題和希臘問題分開以圖打開僵局。土耳其違反與俄國的現存條約，俄國有權作片面的堅持；而希臘問題是歐洲共同的關切，值得開大會討論。梅特涅的建議有四個要點：（一）恢復希臘教會，（二）保護希臘宗教，（三）承認犯罪和無辜的希臘人之間的區別，（四）從多瑙河的公侯國撤退。梅特涅以支持俄國要求的方式來引誘亞力山大放棄干涉希臘的特別權利。

整個二月間，沙皇仍然在思考之中，英國大使斯却福(Percy Smythe Strangford)在君士坦丁堡的談判因土耳其的不妥協已告失敗，戰爭似乎不可避免，艾斯屈里似乎已經勝利。沙皇派前駐西班牙大使塔提契夫

(M. Taticheff) 爲全權代表赴維也納與梅特涅談判, 携有艾斯屈里的訓令, 堅持俄國保護鄂托曼帝國中的基督教徒, 以及土耳其爲希臘的宗主國, 而亞力山大一世却囑咐塔提契夫強調俄國與盟國團結一致採取行動的決心。這種雙重而不相符的訓令給予梅特涅機會, 旣然要求團結, 等於給奧國否決俄國的行動。梅特涅說服塔提契夫以沙皇的訓令作談判的基礎, 在建立團結的關係之後, 梅特涅逐一的否決了俄國的要求。他不贊成俄國「保護」希臘; 也不贊成土耳其的宗主權; 並不贊成盟國採取聯合軍事行動, 因此, 俄國大使塔提契夫面臨的是一場空。

梅特涅的努力幾乎被土耳其政府破壞, 土耳其發出了一個毫不妥協的照會, 不僅拒絕俄國的要求, 而且指控俄國煽動希臘革命, 語氣強硬似乎給予俄國宣佈斷絕關係的藉口。梅特涅假裝與俄國團結一致的方式來避免這種進退維谷的局面, 他向俄國代表塔提契夫宣讀土耳其的照會和奧國的答覆, 表示將這種照會轉達俄國有損奧國的尊嚴, 他與俄國表示合夥的行爲消除了俄國宣戰的藉口, 塔提契夫表示: 土耳其的橫蠻不會影響俄國冷靜的決定。

梅特涅代表雙方談判, 首先起草了塔提契夫給艾斯屈里的正式報告, 解釋不可能獲得奧地利勉強同意他的訓令, 然後以另一函呈遞沙皇, 敦促他於八月間舉行歐洲的會議。梅特涅並爲奧皇起草一函給沙皇, 宣佈如果土耳其拒絕滿足俄國根據現行條約的要求, 奧國決定與土耳其斷絕關係; 假使所有的盟國均表同意。有鑑於卡斯利的不妥協態度, 這是非常安全的允諾, 並預定於六月間在維也納舉行部長級會議以決定盟國的意向。艾斯屈里的企圖已告失敗, 希臘的問題已與土耳其問題分開, 消弭了俄國的野心。❽⓿

梅特涅主要的關切不再是艾斯屈里, 而是卡斯利的不妥協, 且了

---

❽⓿ Kissinger, op. cit., pp. 291–305.

道：「卡斯利將永遠不會了解問題的核心。皇帝亞力山大並不願意捲入土耳其，而艾斯屈里在西班牙問題中看到在土耳其將事態發展到嚴重關頭的方法 … 這又是一件事情，卡斯利與我進行的方式完全不同 … 卡斯利將寫備忘錄以表示這種荒謬事情永不合理；而我在另一方面只僅於我自己送出一個小小的請束，甚至加上『是否奉陪』…如果能拯救亞力山大和其理性的本原，這將是請束而不是備忘錄。」⑧

這是梅特涅與卡斯利不同之處，梅特涅希望建立一個繼續不斷的友誼架構：至少要有潛在的盟友。奧國的冒險是瓦解，因此要建立一個金色的橋樑；在卡斯利，因為有英倫海峽的天塹，英國可以按自己的條件參加盟國，唯恐陷於孤立，他的政策在指出俄國主張的不合理，如果失敗以優勢的武力對付之。

五月初土耳其也表示願意息爭，接受了梅特涅的「四點」原則。土政府的態度結束了沙皇的猶疑不決，英國大使斯却福將土政府的態度直接傳達給聖彼得堡，雖然土耳其沒有說明履行的時機，沙皇也順水推舟，一方面表示願與盟國團結，一方面以土政府履行諾言為恢復外交關係的充份理由，來解除了自己的尷尬局面。⑧

卡斯利逝世之後，他的繼承者肯寧也繼續執行小皮德的政策，對希臘人表示友好，其主要目標在維持土耳其帝國，所以希望土耳其政府迅速和平解決，不然俄國將乘機混水摸魚。肯寧惟恐俄國人「一口吞下希臘，再一口吞下土耳其。」自始至終，他的政策在避免這兩個軍事行動。

一八二二年一月間，希臘已片面宣佈獨立，頒佈了憲法，但是列強尚在猶疑之中，沒有承認其為交戰團體。因此對於希臘海軍妨礙中立國商業問題，既不能從君士坦丁堡方面，也不能從在摩利亞的臨時政府獲

⑧　Ibid., p. 305.

⑧　Ibid., pp. 305-08.

得賠償，這種局勢對英國及其他海洋國家與日俱增的感到不便，而希臘革命潮流高潮興起，一八二四年一月，英國浪漫派著名詩人拜倫 (Lord Byron) 也參加了革命行列。

一八二四年一月， 土耳其皇帝邀請屬國埃及的總督穆罕默德阿里 (Mehemet Ali, the Pasha of Egypt) 援助。阿里派其子艾伯拉希姆 (Ibrahim) 率領遠征軍從亞力山大港 (Alexandria) 出發，於四月間征服了克里特島 (Crete)。 一八二五年二月在摩利亞登陸，同時強大的土軍在雷斯查巴夏 (Reschid Pasha) 率領之下，進攻米索朗希 (Missolonghi)。希臘革命，如果沒有歐洲的干涉，勢必失敗。

一八二五年十二月， 亞力山大一世逝世， 承繼者是尼古拉一世 (Nicholas I, 1796-1855)， 是一位與亞力山大完全不同性格和不同訓練的人物，缺乏理想主義、神秘主義和西方文化的虛飾。尼古拉一世是一位十足的莫斯科人，他並不關心希臘人，可是不願土耳其對俄國反覆無常。

新沙皇登極，肯寧派惠靈頓公爵為特使到聖彼得堡。一九二六年四月， 英俄締結了彼得堡議定書 (Protocol of Petersburg)。 向土耳其政府聯合提出調停； 希臘雖然繼續向蘇丹朝貢， 實際上已經獨立。 三月間，尼古拉一世已向蘇丹提出最後通牒，蘇丹延至十月七日接受了最後通牒，並簽訂了阿克曼公約 (Convention of Ackerman)。 蘇丹同意從兩個公國撤軍，並向塞爾維亞作了重大的讓步。

英、法、俄三國於一八二七年七月六日簽訂了倫敦條約 (Treaty of London)。 三國同意，如果土耳其政府拒絕立即休戰即採取武力，時希臘在戰爭中失利，雅典在六月間投降，艾伯拉希姆有意將倖存的希臘人運至亞洲和非洲，而將順從的埃及農民運到摩利亞。謠聞傳至歐洲，各國為之震駭，而加速了外交步調。

是年八月，希臘接受了倫敦條約簽字國的調停，但土耳其政府予以拒絕，從埃及運來了大批增援部隊，土耳其的艦隊亦停泊在納華里諾灣 (Navarino)。

當時英國在李文特的艦隊司令柯靈頓海軍上將 (Admiral Codrington) 奉到訓令：「截斷運送人員或武器駛向希臘的所有船舶」而不要「惡化爲敵對狀態」。作爲軍人而不是政治家，柯靈頓將軍發現此項訓令很難解釋。英法兩國艦隊司令通知艾伯拉希姆，任何船隻均不得駛離納華里諾港。艾伯拉希姆企圖規避這些命令而未果，當着英法兩國盟軍艦隊司令之前，以摩利亞地方可憐的殘餘者報仇雪恨，兩個艦隊司令規勸艾氏，土耳其射擊英國旗艦「達德曼斯」號 ("Dartmouth") 上的小船，英法的旗艦反擊，戰役逐擴大。在一八二七年十月二十日，日落之前，納華里諾灣都是土埃的沉船。

此役之前，肯寧已於八月八日逝世，繼任者惠靈頓公爵對納華里諾灣「不幸事件」表示遺恨。土耳其繼續鎮壓希臘人，尼古拉一世逐於一八二八年四月宣戰。俄軍於五月間渡過普洛斯河 (Pruth)，佔領兩個公國，俄國海軍進入達達尼爾海峽。

卡斯利和肯寧兩人耐心和巧妙的外交成果因而消失，他們的目標是援助希臘獨立，而不讓俄國人進展到君士坦丁堡，現在希臘仍在土耳其皇帝掌握之中，而土耳其的獨立却受到沙皇的威脅，出乎沙皇意料之外，土耳其頑強抵抗，一直到一八二九年八月，俄軍始迫近安德里諾堡，一月之後，簽定了和約。

英法不願坐視俄國擔任近東的主宰者，與阿里和艾伯拉希姆談判，要求埃及軍隊撤出摩利亞，埃軍撤退後，要塞由法國佔領。其後根據一八二八年十一月和一八二九年三月在倫敦所簽訂的兩項議定書，摩利亞和希臘諸島置於列強保護之下，希臘獲得自治，爲朝貢國，由列強選擇

一位君主統治。

根據一八二九年九月十四日簽訂的安德里諾堡條約(Treaty of Adrianople)，土耳其政府確認這些安排，因此實際上承認了希臘的獨立。莫德維亞和瓦拉琪亞兩個公國在俄國保護之下獲得自治，俄國在土耳其境內的商人由俄領事實施排他性的管轄權。所有中立國的船隻在黑海和多瑙河得自由航行，蘇丹並承認俄國佔領喬治亞 (Georgia) 和高加索 (Caucasus) 的其他各省。

其後英、法、俄三強決定希臘應爲獨立君主國。一八三三年一月二十五日，巴伐利亞的鄂圖親王 (Prince Otto of Bavaria) 登極爲希臘國王。 九二二年的倫敦條約，希臘的疆界是由阿塔灣 (Gulf of Arta) 向西延展至佛羅灣 (Gulf of Volo) 之東，在這條人工的疆界之外，在艾比洛斯 (Epirus)、在特賽萊 (Thessaly)，和在馬其頓 (Macedonia) 有大批希臘人，殷切的期望能與王國內的同胞統一起來。**[83]**

一八二二年以後， 梅特涅對歐洲局勢的掌握鬆弛下來， 開始很緩慢，其後速度逐漸增加。這並不完全是由於憲政主義，自由主義和民族主義興起的問題， 甚至在純外交的範疇中， 不可能使兩個迥然不同的同盟體系——神聖同盟和四國同盟永久的一致，因爲這兩個同盟各有其存在的理由；四國同盟——其後的五國同盟主要的關切在保持領土的現狀，而神聖同盟強調對其他國家的內政必須採取「族長政治」(Patriarchy)，兩者的宗旨是完全不相容的。梅特涅的政策自一八二二年衛洛那會議到一八四八年三月初他走下歐洲政治舞臺爲止是一個繼續不斷的後衛行動，來拖延，掩護和以理搪塞歐洲協調和其所代表的原則。**[84]**

歐洲在十九世紀演變的過程中，自由主義和民族主義控制着它的方

---

[83] Marriott, op. cit., pp. 60–65.

[84] Kann, op. cit., pp. 77–78.

向。在梅特涅控制之下，靜靜的在醞釀着。一八四八年的革命雖然首先爆發於意大利， 是年一月底在那不勒斯爆發， 接着於二月初又在杜林 (Turin) 起事， 普遍蔓延，其後法國發生二月革命之後，傳遍歐洲。正如梅特涅在一八四七年所說：「世界在患病，此疾每天在蔓延之中。」

一八四八年二月二十二日，法國發生革命，法王路易菲力浦於二十四日宣佈禪位於他的孫兒，法國國會在羣衆的壓力下，拒絕法王的決定而於同日組織了臨時政府，改制共和，是謂法蘭西第二共和，溫和的共和主義者拉馬丁 (Alphonse de Lamartine) 出任臨時政府的外長。

法國二月革命的消息是點燃中歐革命的火花，其時梅特涅已屆七十五歲的高齡，自覺不可能作有效的改革，除非陸軍能保持現狀。對於梅特涅來說，這最後的一局已經失敗，從布達佩斯 (Budapest) 到布拉格 (Prague) 所提的要求無非是自由主義和民族主義的願望，這些給予維也納的自由主義者莫大的鼓勵；五月十二日示威遊行者與軍隊發生衝突。梅特涅辭職，加入了路易菲力浦的行列，逃亡外國。⑧⑤

梅特涅最後被迫離開舞臺時，哈布斯堡王室對這位忠誠服務的老臣是非常吝嗇的，幾乎沒有給予協助。梅特涅逃亡時僅有現款英國金幣五百元的鈔票，他在奧地利和波希米亞的財產不久卽被新國會所查封，在好友郝格爾男爵 (Baron Hugel) 等的協助下才能成行。這位前帝國總理偕同夫人乘黑夜驅車到費玆堡 (Feldsburg)， 利用化裝和假護照經長途跋涉，到達荷蘭時才鬆下一口氣，最後渡過海峽於四月十九日抵達倫敦。⑧⑥

代表正統主義一生與自由主義鬥爭的梅特涅離開了歐洲大陸，到達

---

⑧⑤ Albrecht-Carrié, op. cit., pp. 67–69.

⑧⑥ Andrew Milne, *Metternich*, (London: University of London Press Ltd., c. 1975), p. 162.

了自由主義的英國。可是一八四八年的革命並沒有威脅歐洲的安定，秩序迅速恢復，這次動亂表面上留下的痕跡並不深刻，奧國地處中歐是遭遇暴風雨最顯著的地方，可是奧地利仍然主宰着日爾曼邦聯，甚至整個中歐。但是一八四八年的革命是一個重要的步驟，在自由主義和民族主義持續的過程中決不是徒然的。❽

對這位在拿破崙戰爭後主宰歐洲命運的梅特涅作一個公正而平衡的評價是很不容易的事，因爲歷史學家對他有各種不同的反應，重點亦不同，兩次大戰以前和以後的歷史學家對他有極爲不同的評論。

既然梅特涅的政策在於壓制學生的「異端」──自由主義和民族主義，因此最激烈的批評來自那些奉獻於這兩個完全相同的「異端」的歷史學家。

在十九世紀末葉和二十世紀初葉德國歷史學家的眼中，梅特涅在阻止日爾曼民族性成長的過程中扮演了一個眞正的惡魔樣的角色，爲了時代錯誤的哈布斯堡帝國的利益，梅特涅成爲反對進步的象徵。在二十世紀中，對梅特涅最惡毒的批評是拜勃爾(Viktor Bibl)作爲一位自由主義者，拜勃爾認爲梅特涅充分了解他的政策對哈布斯帝國有重大的損害，但爲了主子和他自己的地位而貫澈他的政策，拜勃爾完全拒絕梅特涅的原則。而且作了許多爭議性的結論：由於其短視，梅特涅應爲一八四八年的二月革命完全負責，由於他在日爾曼和意大利政策的錯誤導至奧地利在索爾弗利諾 (Solferino) 和薩多瓦 (Sadowa) 的災難，最後由於他遲遲不願觸及東方問題而導至世界大戰。❽

將第一次世界大戰的責任加諸於梅特涅是不公平的，例如，凱恩就認爲奧地利之所以捲入第一次世界大戰，是梅特涅以後的決策者，沒有

---

❽　Albrecht-Carrié, op. cit., pp. 80-81.

❽　Milne, op. cit., p. 170.

「蕭規曹隨」的結果。凱恩指出:

> 梅特涅畢竟成功地維持奧地利大國的地位，可是從一八一二到一
> 八二二年中，哈布斯堡帝國指望達到英國維多利亞後期的地位，
> 爲維持和平而作爲歐洲調停者和主宰者的光榮時期已經逝去。奧
> 地利違反了梅特涅的初衷被迫從歐洲中樞的地位轉而爲一種奧、
> 普、俄三國的協商體系。⑧⑨

事實上，在德意志統一之後，奧地利的政治家以一個破舊的多元帝
國，以德國爲後盾，在巴爾幹從事擴張，與俄國發生正面衝突，而走向
第一次世界大戰，一個舊帝國將新型的帝國——德意志——拖入了大戰
的漩渦。就保守主義而言，大多數的歷史學家亦不願接受拜勃爾的極端
立場。而認爲在一八一五年的情況中，預期每種保守政策是當然的事，
引起批評的並不是梅特涅所採的保守路線，而是梅特涅的保守政策是涸
竭的而不是動態的。可是梅特涅在一八二〇年對亞力山大明白的說:

> 政府在建立穩定原則的過程中，絕不排除發展凡是好的事，因爲
> 穩定並不是停止不動。⑨⑩

就梅特涅廣泛的目標，達成大國對維也納解決的各項原則作全部的
承諾而言，梅特涅是一個失敗者。就他的外交目標而言，梅特涅僅是部
分失敗而已；雖然他不能消除領土擴張或社會革命等觀念，可是爲哈布
斯帝國獲得一個時期的和平所擬定的政策而言，他是非常成功的。因爲
自一八一五年到一八四八年的三十年中，奧地利沒有參予大的戰爭，也
沒有失去領土，保守主義獲得了相當的成功，雖然並沒有整個控制歐
洲，梅特涅認爲這是歐洲和平的先決條件。⑨①

---

⑧⑨　Kann., p. 78.

⑨⑩　See Milne, op. cit., p. 170.

⑨①　Ibid., pp. 98–99.

梅特涅是馬基雅費利主義（Machiavellism）的信徒，他狡猾多變，權謀術數，為了達到目的而不擇手段，梅特涅的當代人物，漢諾威（Hanover）駐維也納使節哈登堡（Carl August von Hardenber, 1750-1822）對梅特涅有十分了解的批評。哈登堡說：

「對其能力的優越具有高度的意見…他在政治中喜愛策略手段而認為這是不可或缺的，既然他沒有足夠的勢力來動員他國內的資源…他就試圖以狡猾來替代力量和人格…最適合於他的是假使有一個幸運的意外事件──拿破崙的死亡或俄國的大成功──製造一種他能夠使奧地利扮演一個重要角色的局勢。」❽

二次大戰後的歷史學家如凱恩和季辛吉等均代梅特涅辯護。凱恩指出梅特涅的外交技術中最重要的是彈性，以及他應付自由主義和反動力量的技巧，而且強調滑鐵盧之後，歐洲享有四十年的和平是梅特涅的貢獻。凱恩分析梅特涅的外交，認為梅特涅的理論在基本上是幾個簡單概念的結合和解釋，他在國際關係中相信正統原則。類似季辛吉的分析：有限衝突的國際秩序常常可以由爭執中的強權經由談判來調整，對梅特涅而言，此一概念雖沒有這麼廣泛，但不僅是神聖權利的專制主義的恢復而已。在拿破崙戰爭後，恢復國際秩序必須有一致的意見，也就是列國之間的「折衷妥協」；梅特涅是幸運的，在此一時期之內，強權之間意識型態的差異有限而可以達成折衷妥協。

折衷妥協是梅特涅原則中第二個原則──「均勢」──的特徵，當時歐洲五強之間的均勢也不是一個新的原則，梅特涅應用此一原則的方式卻是新穎的，從權力政治的範疇中延伸到意識型態差異的範疇中：英國的意識型態是憲政主義（constitutionalism）和功利主義（utilitarianism）；亞力山大一世的是形而上開明的專制主義（metaphysically inspired

---

❽　Kissinger, op. cit., p. 11.

enlightened absolutism）和帝國主義的混合物。法國是在不確的國內政治中作恢復帝國的運動；普魯士在日爾曼的範圍中追求優勢；而奧地利是在「統一的分權的國家」（"unified decentralized state"）架構中維持其調停者地位的努力。

為了均勢而作調停者的身分唯有在兩項因素中才能發揮其功能，這兩項因素與前述的有關，但並不類似，那就是「安全」（security）和「穩定」（stability），對梅特涅而言，安全不僅需要作軍事準備，而且需要大國之間的折衷妥協。他充分了解一個強權的絕對安全在純軍事的條件中是對其他國家的一項威脅，他的概念尚不能認為是現代意義的所謂集體安全，梅特涅的安全概念主要是限於大國之間的一致意見。

更引起爭議的是「穩定」的概念，此一概念的解釋和應用造成了梅特涅在自由陣營的惡名聲，認為他是盲目的恢復舊政權，直接和間接的限制人類的自由，社會解放和自由的機會。實際上梅特涅從沒有將穩定視為現狀（status quo）。他也沒有反對逐漸改革的觀念，而這種改革主要用在他所長的國際政治的領域中。

梅特涅外交中最重要的特徵是彈性（flexibility）。在梅特涅傑出的外交技術和慧眼之中，如果沒有這種彈性，他整個的政治理論將變得非常脆弱。梅特涅是發覺圍堵法國機會的第一人，也是同意摧毀拿破崙的最後一個人。他之所以如此，因為他感覺一個在外交政策上受到節制的拿破崙將足夠強大的來制止革命的浪潮，而比拿破崙渺小的繼承者必將陷於政治真空的狀態，此一信心被拿破崙百日帝政所摧毀，此項信心是否正確並不重要；而重要的是：梅特涅願意將正統的概念調整為穩定而不是復辟。[93]

一八〇九年，梅特涅巧妙的操縱奧地利向法國宣戰，可是在失敗之

---

[93]　Kann, op. cit., pp. 73-77.

後，改變態度採取懷柔政策，堅決的贊成拿破崙和瑪莉露易絲的婚姻。在一八一三年，他最初玩弄等待的策略，其後在德斯登 (Dresden) 與拿破崙會談之後，他又領導奧地利從中立的角色而參加盟軍的陣營。甚至在來比錫戰役之後，他仍希望與拿破崙和解，主要的是惟恐一個過於強大的俄國。⑨

梅特涅在談判碩蒙條約時，雖然接受英國長期監視法國的觀點，但是他惟恐拿破崙被排黜之後，革命的力量和狂熱會再度爆發，所以梅特涅施展他溫和的影響力，試圖說服拿破崙接受合理的條件。夠諷刺的是哈布斯堡王室可能挽救包那伯特 (Bonapart) 王室，並不是因爲婚姻關係，而是梅特涅認爲拿破崙是歐洲社會秩序所不可缺少的人物。⑨

在一八一五到一八二二年大國會議時期梅特涅整個外交政策之中，最重要的是他所表現的彈性。雖然歐洲協調對那不勒斯和西班牙所採取的壓迫措施有所批評，可是不能忽視的是：此一政策是所付出的代價，因爲梅特涅要與英國合作來圍堵俄國。在一八二一年，梅特涅寫道：「假使我不是能使俄國部隊進退自如的大師，你認爲我該促使他們起動嗎？」⑨事實上，這不是無聊的自誇。

歷史學家的疑問是：梅特涅在建立奧地利對內政策和意識型態的結盟對維持此一帝國到一九一八年是否眞正有所貢獻，或者從長程的觀點看來，可能縮短了帝國的壽命。這是一個極爲複雜的問題。歷史學家迄今爲止尚未找到滿意的答覆。

俄國和奧國這兩個問題與至高無尙的和平的追求具有密切的關係，也是對梅特涅任何評價的決定性的考驗。根據一項假定（此項假定迄未

⑨　Spiel, op. cit., p. 198.

⑨　B. D. Gooch, op. cit., p. 55.

⑨　Kann, op. cit., p. 77.

證實）：　梅特涅的政策對維也納會議到一九一四年第一次大戰爆發這個
期間國際關係的路線大半要負起責任，其議論是：梅特涅的體系如果沒
有維持整整一個世紀的和平，至少維持了沒有重要戰爭的一個時代，其
他的學派拒絕給予梅特涅這種光榮。他們的根據也是同樣無法答覆的議
論，卽歷史因果的範疇是無法證明的。

　　從全體看來，第一次世界大戰前，歷史學家對梅特涅的外交政策探
取不友好，甚至敵對的態度。這是由於幾項因素：西方的自由主義，德
意志第二帝國的民族主義拒絕梅特涅的理論和設計。此外，吾人應該明
瞭，在一八四八年左右和一九一四年以前卽已死亡的成年人並不會感覺
到他們生長在一個和平的時代，對他們來說，克里米亞戰爭，普奧戰
爭，和普法戰爭都是大的戰爭，只有兩次世界大戰的悲劇才改變了這種
印象。在我們時代中陰森森的血淋淋的畫面使歷史學家以有利的色彩來
描繪梅特涅。這種心理的改變說明那些認爲梅特涅對和平有長遠貢獻的
動機，這種情形旣不能證明，也不能反駁前述的爭論。但是有一件事情
是確定的：梅特涅自己要求和平，是基於現狀的和平，以談判來調整這
種現狀，在處理國際關係中。梅特涅給予吾人活生生的教訓是：適度的
成功，失敗中表現百折不撓，不管意識型態的衝突以堅定的目的作爲達
成折衷妥協的眞正前題，基於理性而不是基於情感的一致意見。**㊼**

　　格蘭特（A. J. Grant）和鄧波雷（Harold Temperley）認爲梅特涅
對後世最大的貢獻是留下了一個國際會議的傳統，他們說：

　　　　在擊敗拿破崙之後，歐洲列強企圖爲和平建立一個建設性的協
　　　　議，這是歐洲有史以來最偉大的嘗試，其重要性也可說是爲歐洲
　　　　各國的關係啓開了一個新紀元。此一國際性實驗雖然瓦解，但我
　　　　們不能漠視其結果的重要性。歐洲沒有大戰垂一個世紀之久，直

㊼　Ibid., pp. 80–82.

到一八五三年才有較爲重大的戰爭，領土的解決爲歐洲政治的基礎凡三十年，公會政府制度在其第一個十年結束之前雖已遭受破壞，可是留下了一個國際會議的傳統，二十世紀從十九世紀繼承了這個傳統。 ❾❽

格蘭特和鄧波雷二氏將「歐洲協調」稱之爲「國際政府」(international government)。 他們說：根據四國同盟條約第六條的規定， 締約國同意定期舉行會議以討論共同利益的問題，「最後一條播下了未來國際政府的種子。」事實上，二氏將「歐洲協調」稱之爲「國際政府第一次嚴肅的實驗」(the first serious experiment in international government)。 ❾❾

梅特涅的自我寫照也許是他一生悲喜劇的最好說明，勝過任何歷史學家對他的評價。 在執政三十九年之後， 梅特涅對那些反對分子對眞正社會力量的愚昧無知感到遺憾，因爲這些社會力量將產生可怖的大犧牲。梅特涅寫道：

三十九年來，我扮演着擊退浪濤的大岩石的角色…直到它們（指浪濤）成功地吞噬了它（指岩石）爲止。可是，其後它們並沒有寧靜下來，因爲引起它們騷動的並不是那塊岩石，而是它們固有的動盪不安的本性。除去阻碍（指岩石）並不能改變局勢 …（一八四八年）三月十日，除一個人的消逝之外，一切都沒有改變。❿⓿

一八五一年，梅特涅正式接受邀請，返回他的祖國奧地利，也恢復了他的財產，是年九月，囘到了他的倫威格別墅 (Rennweg Villa)。 ❿❶

---

❾❽　Grant and Temperley, op. cit., p. 133.

❾❾　Ibid., pp. 143–44.

❿⓿　Quoted in Kissinger, op. cit., p. 196.

❿❶　Milne, op. cit., p. 180.

梅特涅夫人梅蘭尼公主 (Princess Melanie) 深爲感動。因爲風景依然，故園歡迎舊主。她說：「我們發現別墅正如我們離開時一樣」。她滿足而愉快的又說：「滿園的花卉似乎都在歡迎我們的歸來。」⑩ 而梅特涅享受着哲人帝王那樣的聲望。在來訪的賓客名單之中有來自普魯士的俾斯麥，時年三十六歲，這位未來德意志帝國的總理正到達了他一生事業的轉捩點，俾斯麥以普魯士駐日爾曼國會代表的身分來拜會梅特涅夫婦，主人和來賓都沒有想到統一民主的日爾曼自由主義的夢境。不過，梅特涅對這位青年人的忠告是：保持普魯士爲一個「滿足的國家」 (satiated state)。⑩

一八五九年六月十一日，梅特涅與世長辭，就在幾天之前，作家胡勃納 (J. A. Hubner) 紀錄他最後與這位老人會晤的情景。當來賓辭去時，梅特涅沉思瞑想地說：「我曾爲秩序的一塊岩石。」他喃喃反覆的說：「秩序的一塊岩石。」⑩

梅特涅的喜劇是他曾爲拿破崙戰後，正統主義秩序的岩石，他的悲劇是：民族主義和自由主義的雙生浪潮吞噬了這塊巨石。洶湧澎湃的時代的潮流，並不是一塊岩石能阻擋的。在他身後，一切都在改變。

歷史學家稱梅特涅是「歐洲的駕駛者」。梅特涅自始至終，駕着正統主義的馬車，作撤退時的「後衞行動」，歷史的巨輪壓碎了這輛馬車。不過借用軍事的術語，這是一次漂亮的「後衞行動」。

---

⑩ Palmer, op. cit., p. 327.

⑩ 這是一八五〇年八月六日，梅特涅於回國途中在萊茵河口的約翰紐茲堡 (Johannisberg) 會晤了俾斯麥，一年以後，他們在維也納曾重聚。
Ibid., pp. 325–26.

⑩ Milne, op. cit., p. 181.

第 二 編

民 族 主 義 時 代

第三章 歐洲協調的崩潰

第一節 埃及問題：希臘獨立的後遺症

希臘獨立戰爭中，土耳其皇帝邀請埃及巴夏阿里援助，其結果證實了一句西方的格言：「在政治上，給人恩惠是輕率之舉，接受恩惠更屬危險。」假使不是列強的干涉，阿里父子毫無疑義的已經挽救了鄂托曼帝國瓦解的命運，對這樣卓越的功勞，克里特島似乎不足以酬謝。

阿里這個人，一半是沒有受過教育的野蠻人，另外一半是一個完美無缺的政治家，加起來是一位了不起的天才。從一八〇五年到一八四九年之間，這位卓越的阿爾巴尼亞的冒險家是埃及實際上的統治者，在這個時代的後期，他是歐洲政治上決定性因素之一，他重新組織埃及的政府，重建陸軍和海軍，有志完成三項的任務：使埃及稱霸於阿拉伯（Arabia）和蘇丹（Soudan）；使埃及實際上脫離土耳其而獨立；以埃及作墊腳石來征服敘利亞、小亞細亞，也許是整個鄂托曼帝國。

在一八二三年，他已經制服了阿拉伯和蘇丹；從一八二四年到一八二九年，忙碌於摩利亞（Morea）；一八三一年，他派遣勇不可當的兒子

艾伯拉希姆遠征敍利亞， 在巴勒斯坦和敍利亞連戰皆捷， 直迫小亞細亞，擊潰土耳其軍隊，脅迫君士坦丁堡。●

一八二九年後至少十年之中，俄國對土耳其暫時的放棄了向君士坦丁堡實施壓力和儘量兼併土地的政策。 原來尼古拉一世於一八二九年任命了一個由俄國政治家組織的委員會來研究土耳其帝國崩潰以後的結果，此一委員會所提的報告，與俄國傳統的政策相反，認為要維持土耳其帝國的完整。假使土耳其進一步瓦解，俄國當時無法影響在巴爾幹半島所出現的小而強有力的國家，所以委員會建議根據與土耳其現有的條約作經濟控制與和平的滲透。 尼古拉一世雖然悶悶不樂， 但是接受了這個報告， 所以在今後十年中， 俄國的政策是維持現狀和土耳其的完整。❷

事實上英俄兩國在希臘動亂時已獲致協議，設法保全在衰落中的鄂托曼帝國。 法國雖然不希望摧毀這個帝國， 可是在埃及却有實際的利益，協助阿里從事改組的顧問，除希臘人外，多半是法國人。當阿里從英國方面得不到反應時，主要的向法國尋求有力的支持，法國當然希望利用此項情勢的可能性，來擴張在埃及的影響力。❸

一八三二年，情況危急時，土耳其皇帝迫不得已，要求列強援助，其時，英國在國內正忙於改革法案 (Reform Bill) 在國外正忙於比利時問題，而無暇東顧。而法國在埃及有傳統的興趣，尤其是拿破崙主義者認為阿里是拿破崙政策在埃及的繼承者，所以當時只有俄國人願意援助土耳其。❹

● Marriott, op. cit., pp. 167-68.
❷ Grant and Temperley, op. cit., p. 205.
❸ Albrecht-Carrié, op. cit., p. 51.
❹ Marriott, op. cit., p. 168.

土耳其皇帝已經請求英國援助，可是帕瑪斯登 (J. T. Palmerston, 1784-1865) 不願援助土耳其。這是一個非常大膽而非常危險的政策，土耳其皇帝在絕望之餘，轉向傳統的敵人求助。他的謀士說：「一個行將淹死的人也會纏住毒蛇（求助）。」一八三三年二月，「行將淹死的人」終於正式向「毒蛇」要求援助。二月二十日，俄國海軍停泊在君士坦丁堡。這是在土耳其允諾之下的惟有一次俄國海軍出現在此一都城。四月間，六千俄國軍隊在君士坦丁堡對面的亞洲沿岸登陸。❺

英法有鑑於局勢之嚴重，向交戰雙方實施壓力，希望能達成和平。一八三三年四月三日簽訂了庫塔雅公約 (Convention of Kutaya)。土耳其將整個敍利亞 (Syria)、米索不達米亞 (Mesopotamia) 的一部分和阿登那 (Adana) 的重要部分讓予阿里。

阿里已經收買，可是欠俄國的債尚未償還。俄國人實際上已軍事佔領了土耳其。是年四月，奧洛夫伯爵 (Count Alexis Orloff) 以特命全權大使和駐鄂托曼帝國俄軍總司令的身分抵達君士坦丁堡。他的使命是利用每一個機會，說服土耳其皇帝相信鄂托曼帝國拯救的希望是絕對的信任俄國的友誼；他明白的指出俄國的唯一目標在保持鄂托曼帝國的完整，最重要的是拒絕任何集體干涉君士坦丁堡的建議。

經過長期的談判，終於一八三三年七月簽訂了恩克爾斯凱萊西條約 (Treaty of Unkiar-Skelessi)。此一著名的條約使俄國在君士坦丁堡的影響力到達了頂點，將鄂托曼帝國置於沙皇軍事保護之下；保證俄國軍艦自由通過兩個海峽，關閉了其他列強進入黑海的門戶。

這些條款引起英法兩國極大的不安，帕瑪斯登爵士明白表示：一有機會，這些條款必須予以廢除，而這個機會旋即來臨。一方面，阿里的野心只是受了輕傷，並沒有死亡；另一方面，土耳其皇帝決心挽回失

---

❺　Grant and Tem perley, op. cit., p. 206.

去的聲望和領土，而禮聘普魯士的毛奇（Count Helmuth von Moltke, 1848-1916）來重組陸軍； 與英國和其他列強締結商約並努力將西方的文明引進土耳其帝國。

一八三九年春天，土耳其皇帝派遣遠征軍，企圖收復敍利亞，不幸海陸軍均告失利，土耳其艦隊司令阿梅德巴夏（Ahmed Pasha）向阿里投降。正當帝國的命運最暗淡的時候，老皇瑪罕莫德（Sultan Mahmud）心力交瘁而亡，由年僅十六歲的太子阿布都・梅琪（Abdul Medjid）繼承大統。

法皇路易菲力浦（Louis Philippe）當時極力鼓勵阿里，與這位埃及冒險者締結堅強的同盟似乎可以重振法國在近東的聲望，法國已經佔領了阿爾及利亞，與西班牙聯合在一起，如果在蘇伊士地峽開鑿運河，可以抵消英國控制通往印度的開普航線(Cape Route)，而將地中海轉變爲法蘭西的內湖。

可是英國在一八三九年已先下手爲強，佔領了亞丁（Aden）。 英國的利益不允許鄂托曼帝國的崩潰，也不允許俄國將土耳其轉變爲被保護國，或者是法國將埃及建立爲被保護國。當時帕瑪斯登爵士擔任外相，他輕視路易菲力浦，而又不信任沙皇尼古拉一世。就當時的情況而言，有兩件事情殊爲重要：阿里必須迫使他「撤退到他的老巢──埃及」，對於土耳其的保護必須是「歐洲的」，而不是由俄國單獨予以保護，這兩點是帕瑪斯登近東政策的基礎。❻

阿里因他兒子的節節勝利而感到驕傲，陶醉在勝利之中，認爲可以保持他的戰利品和他的權力。可是他作了嚴重的錯誤估計，他認爲可以公然反抗土耳其，甚至歐洲，但是有一個人他不能公然向其挑戰，那就是帕瑪斯登。

---

❻ Marriott, op. cit., pp. 168-70.

　　如果帕瑪斯登在一八三二年躊躇，他在一八三九年立卽採取行動。其時，法國在秘密支持埃及，尼古拉一世在玩弄詭計，而奧地利膽怯而猶疑着。但是帕瑪斯登有兩項資產：他自己的決心和英國的海權。雖然法國拒絕合作，英國立卽開始封鎖亞力山大港。帕瑪斯登的答覆是建議列強在維也納舉行會議，談判拖延着，俄國干涉而法國故意就擱。帕瑪斯登發現有理由懷疑法國在施惠於土耳其，遂在沒有法國的情形之下，於一八四〇年七月十五日，與奧、普、俄三國簽訂了倫敦公約。❼

　　倫敦條約就是根據帕瑪斯登的近東政策爲基礎。根據倫敦條約，土耳其皇帝同意授予阿里世襲埃及巴夏的地位，在其有生之年，由他來治理敍利亞南部，由英俄普奧其他四個締約國將這些條件強置於阿里，阻止埃及與敍利亞之間的往來，保衞君士坦丁堡和維持鄂托曼帝國的完整。❽

　　帕瑪斯登此舉等於是將法國排斥在歐洲協調之外。當帕瑪斯登將公約的消息通知法國外相吉佐 (Anglophil Guizot) 時，吉佐表示將法國排斥在外是「一項非常的侮辱」("A mortal affront")。法國總理鐵爾宣佈：英法兩國的良好關係已經粉碎，旋卽進行軍事準備。法國整個新聞界爲之憤慨。帕瑪斯登不爲所動；英國駐巴黎大使鮑威爾 (Ambassador Bulwer) 奉到訓令：「以最友好和非攻擊性的態度」，通知鐵爾 (Adolphe Thiers)：「假使法國挑戰的話，我們將不會拒絕應戰。」帕瑪斯登深知鐵爾其人，結果，鐵爾奉准辭職，由吉佐繼任。❾

　　阿里拒絕接受這些條件，因此列強貫澈主張，以武力強迫阿里接受。英國海軍在奧地利巡洋艦支援之下，直逼亞力山大港，強迫阿里交

---

❼　Grant and Temperley, op. cit., pp. 207-08.

❽　Marriott, op. cit., p. 170.

❾　Grant and Temperley, op. cit., p. 208. and Marriott, op. cit., pp. 170-71.

出土耳其投降的艦隊和接受四國條約的條件。此時法國始接到邀請，參與全面的和平解決。因此，英、俄、法、奧、普五強於一八四一年七月十三日締結第二次倫敦條約。阿拉伯和敍利亞歸還土耳其；阿里在土皇宗主權之下為埃及世襲的巴夏。從歐洲的觀點看來，最重要的是：土耳其在和平狀態之中，兩個海峽向所有的外國軍艦關閉。❿ 根據此一條約，列強和土耳其提出保證，不允許「屬於外國戰艦」進入兩峽。俄國仍認為可以維持恩克爾斯凱萊西條約的原則，而有意與英國表示友誼，而認為英國是一個可以捉弄的對象。可是事實上，尼古拉完全錯誤，土耳其皇帝將尼古拉視為一個土霸，在危險時不得已而順從他，而現在懇求公正無私的英國予以協助。尼古拉一世並不覺察情況，而希望與英國恢復良好關係和對將來取得一項諒解。一八四一年英國自由黨下臺，皮爾(Sir Rebert Peel, 1788-1850) 組閣，而由艾勃廷(Earl of Eberdeen)繼任為外相。

一八四四年，尼古拉一世與艾勃廷的著名的談話中，表示土耳其人行將壽終正寢，他們的帝國已在瓦解之中，應為之準備後事。他有意取得君士坦丁堡，而由英國取得埃及或克里特島。沙皇說，他準備遵守權力平衡而讓英國獲得公平的補償。⓫

英國的政策獲得了勝利：不平衡的恩克爾斯凱萊西條約已經撕毀，土耳其從阿里的公開敵意和沙皇的「友誼」中挽救過來；法國沒有與歐洲協調決裂，也沒有作為埃及排他性的保護國，英國的意志在維護歐洲的團結和歐洲的和平。

兩次倫敦條約是英國的勝利，也是歐洲協調的勝利，這應歸功於帕瑪斯登爵士，他在近東採取的行動符合英國外交政策最佳的傳統。肯寧

---

❿ Marriott., p. 171.

⓫ Grant and Temperley, op. cit., pp. 209-210.

繼承了小皮德的衣鉢，而帕瑪斯登是蕭規曹隨，繼續執行肯寧的政策。
正如小皮德一樣，肯寧所把握的眞相是：英國對鄂托曼帝國命運的利益
決不亞於俄國，而遠勝過任何其他歐洲列強。職是之故，他堅持一項原
則：不能讓俄國排他性的關切近東問題。惠靈頓公爵曾一度揚棄了肯寧
的原則，公爵在一八二九年所犯的過錯使尼古拉一世蒙受其利，食髓知
味，在一八三三年進行更爲膽大的實驗。

帕瑪斯登扭轉了大局， 如果不是他及時採取行動， 黑海將仍然是
「俄羅斯湖」("Russian Lake")。俄國海軍將進窺東地中海，兩次倫敦
條約對尼古拉一世是明白的暗示：在近東問題的最後解決中，英國必須
表示具有影響力的意見。

尼古拉一世也能體會此一眞相。一八四四年夏天，沙皇蒞臨英國訪
問，開誠佈公的與英國政治家討論有關東方問題時，他堅持：萬一土耳
其帝國遭受不可預見的災難，俄國和英國對於應循之途徑必須有一致的
意見。如果尼古拉一世遵守他自己的意見，克里米亞戰爭就永遠不會發
生。

第二次倫敦條約之後，東方問題進入冬眠狀態。阿里從活躍了四十
五年的政治舞臺上消逝，年輕的土耳其皇帝解除了外患，而有機會來整
頓內部，大規模的進行軍事改革和重組地方政府，並且實施宗教平等的
觀念。在土耳其皇帝保護之下，回教徒、猶太教徒和基督教徒一視同
仁，這些改革，尤其是宗教改革深爲帝國中不開明份子所不滿，而各教
派對於這些利益也並不感到愉快，教派之間的鬥爭更爲劇烈，各宗派向
外發展， 尋找保護者。東正教以沙皇爲對象， 天主教徒指望法國的保
護，而少數新教徒向英國呼籲。希臘民族和拉丁民族之間的爭吵也是導
致歐洲史上著名的克里米亞戰爭的因素之一。⑫

---

⑫ Marriott., pp. 172–73.

第二節　克里米亞戰爭：摧毀歐洲協調

克里米亞戰爭（Crimean War）在十九世紀的歐洲史中佔有一個特殊的地位，軍事方法與拿破崙時期相似。雖然已經使用汽船，可是尚未了解其重要性。電報已經可以通達維也納，尚不能送達君士坦丁堡和克里米亞（Crimea）。軍隊的糧秣和衞生幾乎是中世紀的。這是沒有現代科學資源所協助的最後一個戰爭。假使此一戰爭所用的方法和工具對現代學者是奇特的話，它的目的和它的外交似乎尤有過之而無不及。在戰爭的原因中，與屬於十字軍時代的宗教問題有關。[13]

鄂托曼多元帝國中宗教非常複雜，引起紛糾而導致歐洲三個強權的戰爭，這是拿破崙戰爭後所爆發的第一個有重要影響的戰爭。耶路撒冷（Jerusalem）是基督徒的聖城，而基督徒中又有各種宗派，在回教徒的眼中，西方的基督教徒是法蘭西人在鄂托曼帝國中已經獲得代表和保護基督徒的權利。基督教的兩派，希臘的東方正教和羅馬天主教互爭聖城的管理權，而彼此敵視着，所謂僧侶們的爭鬧變成了導火線。[14]

克里米亞戰爭的因素殊為複雜，這是宗教、經濟、政治和個人野心相互作用的結果，而其中以巴爾幹半島的情況最為重要。土耳其的病況逐漸嚴重，帝國中被統治的臣民宗教意識逐漸濃厚。巴爾幹半島非常不穩定，任何時間都有爆發革命的可能性而會嚴重的影響權力平衡，對土耳其的恐懼已經過去，而恐懼着在巴爾幹取而代之的強權。[15]

一八五〇年，路易拿破崙（Louis Napoleon）以很大的熱誠密切的

---

[13]　Grant and Temperley, op. cit., p. 210.

[14]　Albrecht-Carrié, op. cit., p. 85-86.

[15]　Grant and Temperley, op. cit., pp. 211-12.

注意近東羅馬天主教徒的問題。一八五二年，法國駐君士坦丁堡大使拉伐耶(M. de Lavalette) 奉到訓令，堅持拉丁僧正在巴勒斯坦 (Palestine) 聖地的守護權 (guardianship)。自十六世紀以來，法國卽在鄂托曼帝國中享有特權，但是在十八世紀末葉，拉丁僧正們疏忽他們在巴勒斯坦聖地的守護責任，而被希臘人所取代。一八五〇年，路易拿破崙當選爲法蘭西共和國的總統後，極希望獲得法國天主教徒的支持，因此熱衷於拉丁僧正的問題而堅持他們應該恢復聖地的守護權。一八五二年十二月，路易拿破崙稱帝後，企圖利用東方問題來顯示他的智慧和恢復法蘭西的光榮。**⓰**

　　對歐洲而言法蘭西第二帝國的建立是一個分裂性的事件，在滑鐵盧獲勝的四強以神聖的三位一體的名義保證將包邢伯特家族 (Family of Bonaparte) 永遠排斥在法國最高權力之外。路易拿破崙的政變不僅毀滅了法國的憲法，而且向歐洲的憲法挑戰。從沙皇的觀點看來，可能承認一位「路易拿破崙，法蘭西人的皇帝」("Louis Napoleon, Emperor of the French")，但是如果皇帝的頭銜爲「拿破崙三世」("Napoleon III")，暗示着一個朝代的存在，也就是說簽署一八一五年條約的包本王室爲篡位者。

　　尼古拉一世拒絕按照歐洲皇室的習慣稱呼這位新皇帝爲「我的皇兄」("My brother")，而稱之以「偉大的好友」("great and good friend")。拿破崙三世讓步，接受了俄國大使的國書，歐洲之接受了第二帝國意味着「和平」保證的表面價值。**⓱**

　　自從彼得大帝以來，俄國在近東有兩項崇高的目標：對土耳其皇帝

⓰　Marriott., op. cit., p. 174.

⓱　Robert C. Binkley, *Realism and Nationalism*, (New York: Harper & Row, Publishers, c. 1985), pp. 164–65.

基督教臣民的實際保護權；控制博斯普魯斯和達達尼爾兩個海峽。一八三三年當土耳其皇帝簽署恩克爾斯凱萊西條約時，俄國人實際上已經達到了這兩個目標，可是帕瑪斯登已將該約撕毀。[18]

現在，俄國的貿易逐漸提高，從黑海輸出穀物，而從外國輸入生產品，這些生產品大部分來自英國，俄國的貿易顯示兩個海峽通行權的日益重要，在整個事件中，俄國的主動結果引起了其他國家不利的反應。[19]

無論是法國保護埃及或者是俄國保護土耳其，將危及英國在近東的利益，英國深深的了解近東問題的重要性和危險性。拒絕俄法兩國排他性的主張是英國在十九世紀前七十五年中外交政策的基礎。

拿破崙三世代表拉丁僧正的要求也受到其他天主教國家如奧地利、西班牙、葡萄牙、比利時、那不勒斯和薩丁尼亞的支持，其後土耳其皇帝在實質上已經承認。尼古拉一世對此項特權的讓與特別表示憤慨，要求土耳其政府立即取消，土耳其政府陷於困境。[20]為了避免此種尷尬的局勢，土耳其皇帝採取一種特別的辦法：將公開的御賜護照頒發給天主教僧侶，將一種不公開的御賜護照發給東正教僧侶，而暗中通知沙皇，這種辦法決不是澄清問題，而是故意製造列強之間的歧見，這是土耳其政府外交政策的一項詭計。[21]

一八五三年三月，沙皇派曼斯契柯夫親王 (Prince Menschikoff) 到君士坦丁堡，所負擔的任務不但對聖地問題獲得滿意的解決，而且要求土耳其皇帝在一項正式條約中承認沙皇保護土耳其帝國中東正教的臣民。沙皇此項主張是凱納琪條約以及俄土之間所訂其他條約的過分的延長。

[18] Marriott, op. cit., p. 174.
[19] Albrecht–Carrié, op. cit., p. 86.
[20] Marriott., p. 174.
[21] Albrecht–Carrié, op. cit., p. 86.

對英國來說，這項要求是完全不能承認的，帕瑪斯登認爲：任何君主均不會以條約的方式將大部分臣民的保護權授予另外一個君主，也就是說，從此以後一千四百萬希臘人將以沙皇爲他們至高無上的保護者，而他們對土耳其皂帝的忠順僅是名義而已。

俄使曼斯契柯夫以極端傲慢的態度強逼土耳其皇帝接受無法承認的要求，可是曼斯契柯夫這位咆哮如雷的軍人所遇到的是外交能手。四月五日英國駐土大使史却特福爵士 (Lord Stratford de Redcliffe) 回到君士坦丁堡，整個外交局勢迅速的完全爲之改觀。

尼古拉一世一向希望與英國一致的態度來解決東方問題，他在一八五三年一月和二月間曾兩度召見當時英國駐聖彼得堡人使賽蒙爾 (Sir Hamilton Seymour)。沙皇再度表示極希望對土耳其問題達成協議，「不然，這個病大（指土耳其帝國）將突然死在我們手中，他的遺產將陷於混亂和瓦解的情況。」他準備了一項特別的計劃，將塞爾維亞、保加利亞和多瑙河的大公國建立爲獨立的國家，置於俄國的保護之下；而英國獲得通往東方的道路，得兼併埃及、克里特島和塞普魯斯。他表示：俄國並不希望永久佔領君士坦丁堡；任何其他列強均不得加以佔領。可是英國大使拒絕承認鄂托曼帝國的瓦解就在目前，或者討論與沙皇瓜分遺產的問題。

史却特福大使勸告土耳其政府就聖地問題使俄國人滿意，但是土耳其政府所作的讓步並不能改進外交局勢，相反的，土耳其政府愈表示息爭的態度，曼斯契柯夫變得愈險惡。史却特福爵士遂忠告土耳其政府拒絕俄國保護基督敎臣民的要求。五月二十二日，曼斯契柯夫和使館人員憤而離開君士坦丁堡。一個星期以後，土耳其政府照會列強，宣稱：「聖地問題已經使各方面滿意的方式結束；可是曼斯契柯夫不表滿意，要求土耳其政府一項條約以保證土耳其皇帝給予其希臘臣民的各種權利

和特權。」當時，土耳其政府雖然了解必須採取防禦措施，但尚未放棄和平的希望。

和平的希望愈來愈爲暗淡。七月二十一日，高斯柴柯夫親王（Prince Gortschakoff）率領的俄國陸軍已越過普魯特河（Pruth），佔領莫爾德維亞和瓦拉琪亞兩個大公國，俄國遂通告列強：此項佔領並不是戰爭的行爲，只是作爲俄國公正要求讓步的「實質的保證」。

十月五日，土耳其政府要求俄國在十五天內從兩個大公國撤退。十月二十三日，土耳其宣戰。其時，英國海軍已奉命駛抵普斯博魯士海峽，俄國解釋此項命令已經是一八四一年倫敦條約的技術違犯。

無論如何，俄國和西方列強尚處於和平狀態，沙皇宣佈，雖然土耳其已經宣戰，俄國無意在兩個大公國採取攻勢。可是，土耳其軍隊猛攻多瑙河，十一月三十日，俄國黑海艦隊採取報復行動，將西諾普灣（Bay of Sinope）的土耳其海軍分艦隊完全摧毀。「西諾普大屠殺」（"Massacre of Sinope"）揭開了克里米亞戰爭的序幕。

一八五四年一月四日，盟國海軍駛進黑海，所奉訓令是「邀請」在黑海的全部俄國船隻撤進港口，甚至在這個時候，西方列強尚未進入戰爭狀態。二月二十七日，英法兩國憑藉着奧地利支持的承諾，要求俄國「將她與崇高的土耳其政府現時所從事的討論限於純粹的外交範圍之內。」並要求俄國「同意於四月三十日前完全自莫爾德維亞和瓦拉琪亞兩省撤退」。俄國拒絕此項最後通牒，西方列強遂即宣戰。

俄軍已於三月二十三日渡過多瑙河，包圍西里斯居亞（Silistria），可是在六月二十三日，俄軍突然放棄包圍，而於七月間，開始從兩個大公國撤退。在八月第一週的最後一天，普魯斯河以西已無俄軍足跡，歐洲干涉的表面和立即目標似乎已經達成，可是盟國在六月間已作重大決定，「攻擊俄國在東方的心臟——那個心臟就是賽巴斯托普（Sebastopol)。❷

　　盟國希望俄軍不得不留在兩個大公國，俾能將其實力一舉而擊潰，可是俄軍於兩個大公國撤退後，盟國遂決定進攻賽巴斯托普。俄軍不但不撤退，而且獲得了增援，不然的話，將不會有克里米亞戰爭。❸

　　克里米亞戰爭本身始於一八五四年九月，盟國陸軍五萬餘人於十四日在賽巴斯托普以北的歐伯托里亞灣（Bay of Eupatoria）登陸，十九日開始向俄國的東方心臟進軍。二十日，曼斯契柯夫將軍以四萬大軍，試圖在賽巴斯托普以北約十五英里的阿爾瑪河（Alma），阻止盟軍的前進。經三小時劇烈戰鬥之後，俄軍潰敗，盟軍雖然獲勝，也受了重創，指揮第八軍的雷蘭爵士（Lord Raglan），雖然在缺乏運輸和霍亂猖獗的情形之下，希望乘勝進攻賽巴斯托普。假使法將聖阿諾(Saint-Arnaud)聽從他的意見，必然可以一舉而攻陷此一要塞，不幸聖阿諾身罹重病，否決了他的建議，準備對賽巴斯托普作正規的圍攻，因此有歷史著名的「克里米亞多天」（"Crimean Winter"）的來臨。❹

　　正當士兵們在戰場上艱苦作戰之時，外交官們正忙碌於維也納，十二月二十八日，盟國聯合奧地利交給俄國包括四點的備忘錄。

　　第一、俄國停止對摩爾德維亞、瓦拉琪亞和塞爾維亞排他性的保護，土耳其皇帝給予這些大公國的特權今後由五強集體保證之；

　　第二、多瑙河航行自由；

　　第三、俄國在黑海優勢結束；

❷　Marriott, op. cit., pp. 175-78.

❸　A. J. P. Taylor, "Crimea: The War That Would Not Be Boil" in Eugene C. Black (ed.) *European Political History, 1815-1870: Aspects of Liberalism*, (New York: Harper & Row, Publishers, c. 1967), pp. 163-64.

❹　Marriott. op. cit., pp. 178-79.

第四、俄國放棄保護土耳其基督教臣民的所有權利；五強合作從土耳其皇帝獲得對各種基督徒社區宗教特權的確認和遵守，而不侵犯君權的尊嚴或獨立。

一八五五年三月十五日，當考慮這些條件的會議正式揭幕時，發生有深遠影響的兩件大事：第一是薩丁尼亞的參戰，第二是沙皇尼古拉一世的逝世。

薩丁尼亞的參戰談判進行很緩慢，但最後有若干因素促其成功，英國並不樂於法國在克里米亞派遣更多的軍隊，薩丁尼亞的軍隊可以有平衡的作用，尤其重要的是利用薩丁尼亞作威脅俾便向奧地利施展壓力，因為爭取奧國的援助更為重要。奧地利政府於一八五四年十二月二日，承諾與英法締結攻守同盟。不過，以英法保證奧國在意大利的屬地為條件，這消息自然非加富爾所歡迎，形勢倒轉，西方國家轉而向加富爾施展壓力。㉖

一八五五年一月二十六日，加富爾與英法兩國簽訂一項公約，允許薩丁尼亞參加同盟。對西方列強而言這是吉祥之兆，這也是現代意大利外交史上最重要的一個步驟。此一條約引起皮特蒙的劇烈反對，可是在四月底，一萬八千意大利部隊在馬莫拉將軍（Alfonso La Marmora）指揮之下已經在開赴克里米亞的途中，加富爾對意大利軍隊的臨別訓諭中說：「國家的前途在你們的行軍糧袋之中。」在壕溝中一位士兵的反映是：「意大利將在此泥淖中脫穎而出。」

薩丁尼亞的參戰對盟軍是及時的鼓舞。對於那些希望儘早獲得和平的人士而言，尼古拉一世的逝世似乎是一個更令人愉快的預兆。可是新沙皇亞力山大二世（Alexander II, 1818–81）統治之下的俄國並不溫順，

㉕ Ibid., p. 179.
㉖ Albrecht-Carrié, op. cit., p. 91.

主要的難題在限制俄國海軍在黑海的優勢，談判因爲這個問題而在四月底破裂。

戰爭形將結束，可是在一八五五年春夏，賽巴斯托普周圍仍有劇烈的戰鬥，盟軍終於九月九日經三百四十九天的圍攻之後，佔領了在火光燭天中的賽巴斯托普要塞，薩丁尼亞的軍隊對勝利有很大的貢獻，加富爾計劃終於實現，在克里米亞戰壕的泥淖中，現代意大利建立起來。

拿破崙三世急於要求和平，他在戰爭中獲得了他所要求的一切，法國軍隊贏得了勝利的光榮，　拿破崙三世的心已經在忙於歐洲未來的計劃，他的視野朝向俄國也朝向意大利。❷

在整個戰爭過程中，奧地利維持中立，其所作的干涉也不是決定性的，奧國始終沒有超過軍事動員的限度。奧地利於一八五五年底終於向俄國提出最後通牒，此一最後壓力促成了俄國接受維也納所提的四大目標。❷

一八五六年一月十六日，沙皇亞力山大二世接受了「四點」作爲談判的基礎，　二月一日，　五強代表在維也納簽訂了包括這些條件的議定書，一八五六年三月三十日在巴黎簽訂了和約。其主要條款如下：

第一、土耳其政府經六強（包括薩丁尼亞在內）的邀請正式「參加公法和歐洲協調」，列強分別的尊重和集體的保證「鄂托曼帝國的獨立和領土完整」。

第二、土耳其皇帝宣佈他有意「不分信仰或種族」來改善他臣民的情況；列強放棄單獨的或集體的干涉土耳其內政的權利。

第三、黑海予以中立化，其海域和港口向各國商船開放，但永久的禁止軍艦；俄國或土耳其均不得在沿海建造兵工廠。

---

❷　Marriott, op. cit., pp. 180–81.

❷　Albrecht-Carrié, op. cit., pp. 91–92.

第四、卡斯 (Kars) 歸還土耳其，克里米亞則歸還俄國。

第五、多瑙河的航行，在一個國際委員會控制之下，以平等的條件向所有國家的船隻開放。

第六、俄國將貝沙拉比亞 (Bessarabia) 南部割讓給摩德維亞，而摩德維亞和瓦拉琪亞兩個大公國仍在土耳其的宗主權之下，俄國放棄對這兩個大公國排他性的保護權，締約國集體保證它們的特權；它們將享有「一個獨立和全國性的行政，具有信仰、立法和商業的完全自由，並將有一支國軍。」在每一個大公國之內舉行全國性的會議「以決定這兩個大公國明確的組織」。

第七、塞爾維亞的自由將獲得同樣的保證。

英法奧三國於四月十五日簽訂了巴黎條約，同意聯合和個別的保證鄂托曼帝國的獨立和完整。㉙

在公正的歷史法庭之前，克里米亞戰爭能否予以辯解？毛里爾爵士 (Sir Robert Morier) 在一八七〇年批評稱：這是歷來「所從事的唯一完全不需要的現代戰爭」，也許最能表達當時的意見。索斯柏里爵士 (Lord Salisbury)，在二十年後，以古典的言語，表示他的意見說：英國在賽馬中賭錯了馬。㉚

儘管拿破崙三世在克里米亞戰爭中收穫很多，可是法國的歷史學家卡萊 (René Albrecht-Carrié)，仍然貶低克里米亞戰爭的結果。他說：

東方問題再度以意想不到的方式出現，引起歐洲的注意，此一問題後來竟演變為歐洲三個重要國家的戰爭，因為這次戰爭是不必要的，所以才被譏為「僧侶的吵鬧」("a quarrel of monks")。㉛

㉙ Marriott, op. cit., p. 182.

㉚ Ibid., p. 177-78.

㉛ Albrecht-Carrié, op. cit., p. 91.

　　歷史學家常常將克里米亞戰爭視爲東方問題的一部分。所以將其認爲是一個沒有意義而不必要的戰爭。除此之外，葛奇(Brison D. Gooch)亦說：「主要政治家沒有一位需要這戰爭，而最後都悲劇性的被逼在展開東方問題另一個階段中作戰。」㉜

　　克里米亞戰爭最明顯的結果是再度延長了鄂托曼帝國的壽命，土耳其皇帝在不受干涉的情況下，有機會整頓內政，列強明白的放棄了干涉的權利。㉝因此，從表面上看來，克里米亞戰爭似乎是東方問題的一個結果，所謂東方問題是鄂托曼帝國式微的問題以及歐洲列強在此一區域內的利益的衝突，如果將克里米亞戰爭視爲純粹的束方問題，則此一戰爭的意義有限。

　　泰勒(A. J. P. Taylor)對這種傳統的觀點並不滿意，他認爲基本的錯誤是將克里米亞戰爭視爲分期付款的東方問題。他對傳統的歷史解釋提出挑戰，泰勒特別提醒：克里米亞戰爭的意義惟有將其視爲歐洲問題的一部分才能了解，克里米亞戰爭結果變成了排斥俄國的歐洲戰爭。

　　將俄國排斥在歐洲之外二十年是此一非決定性對抗的決定性結果，而俄國的放逐在外，德意志和意大利的統一始可實現，這兩個「自由主義」國家的建立始能夠抵擋法國的壓力或俄國稱霸歐洲。

　　泰勒認爲克里米亞戰爭是初期的冷戰，兩個不同的世界體系，彼此不相了解，蹣跚而行，雙方避免正面衝突，而在邊緣地帶作戰，這是因爲俄國缺乏力量而西方缺乏信心。「雖然克米里亞戰爭似乎是非決定性的，而產生了大的決定」，沒有這場戰爭，德意志和意大利均不能統一；沒有這場戰爭，歐洲永遠不會知道「自由主義的時代」("the liberal

---

㉜　Brison D. Gooch, *Europe in the Nineteenth Century*, (London: The Macmillan Company, c. 1970), p. 396.

㉝　Marriott, op. cit., p. 183.

era")。 這一個寧靜的時代於一九一四年結束， 在未來的幾世紀中， 人們將認爲這是「正常的時代」("normal times")正如野蠻人囘憶奧古斯多大帝時代羅馬帝國的和平與安全一樣。

在英國時常將克里米亞戰爭視爲東方問題的戰爭，爲保全通往印度道路的一個戰爭；在時間和空間上這都是錯誤的，此一戰爭與印度的安全鮮有、或者是毫無關係。其時蘇伊士運河尙未開鑿。克里米亞戰爭主要的是爲了歐洲的考慮——爲反對俄國而並不是爲支持土耳其而戰，爲了權力平衡，爲了「歐洲的自由」而戰；更積極的說，此一戰爭旨在以歐洲協調來代替以一個強權來命令問題的解決。

自從一八一五年以來，英國的政治家一直認爲：假使法國不再主宰歐洲，俄國將取而代之。正如拿破崙曾說：在五十年內，整個歐洲不是變成共和，就是變成哥薩克 (Cossack)。所以英國的政策一方面是：維持法國爲一大國而不至於危害歐洲，使法國足夠強大來制衡俄國，而不至於意圖稱霸歐洲。英國政策的其他因素是：鞏固中歐的獨立俾能使中歐能自己抵擋哥薩克和共和黨，這就是爲什麼將普魯士和奧地利描寫成爲大不列顚的「自然盟邦」("natural allies")的意義所在。只要「梅特涅體系」能發生作用，中歐就可獨立於法國和俄國，維持歐洲的權力平衡可以使英國對歐洲無需作承諾。

一八四八年的革命結束了此一政策，梅特涅的垮臺對英國的立場是一個極大的打擊，一八四八年的革命似乎使法國比以前更爲強大，削弱了普魯士，威脅着奧地利作爲大國的地位。

在俄國援助之下，歐洲擊敗了一八四八年的革命對英國的輿論有深淵的影響。在一八四八年之前，對俄國的恐懼只是一種外交上的推測；並無「俄羅斯妖魔」("Russian bogey")其事。一八四八年之後， 英國自由主義者開始將俄國視爲歐洲的暴君。可是直到一八五三年春天爲

止，在英國恐懼法國的心理仍佔優勢。相信英國人對比利時的擔憂超過對土耳其的擔憂是沙皇尼古拉一世於一八五三年五月間，當戰爭的危機開始爆發時所以採取輕率和挑撥性行動的因素之一。

克里米亞戰爭的「主犯」是拿破崙第三。沙皇和英國政府都不要戰爭，可是拿破崙第三卻需要一個戰爭，並不一定是克里米亞戰爭，而是一個能打破歐洲現有結構的戰爭。因此，英國爲了維持權力平衡和保衞歐洲的自由而捲入戰爭；拿破崙三世爲了要推翻權力平衡和清掃法國稱霸的道路而發動戰爭。從拿破崙三世的觀點看來，克里米亞戰爭並不是一個好的戰爭，在波蘭，在意大利或者是在萊茵的戰爭要好得多。但是有一個戰爭總比沒有戰爭要好。此外，拿破崙三世從其叔父的失敗獲得了敎訓，拿破崙三世認爲（雖然是錯誤的類推）：拿破崙一世最大的錯誤是和英國爭吵。成功的關鍵在於與英國同盟，而克里米亞戰爭給了拿破崙三世與英國締結同盟的機會。

西方的英法兩國單獨不能制服俄國，因此普奧兩國變成了決定性的「第三勢力」（"the third force"）。普奧兩國的中立政策使克里米亞戰爭變成了非決定性的戰爭。在一八五四年以前，尼古拉一世將普奧兩國視爲可靠的衞星國家，當沙皇依賴兩國的支持時，普奧不再是俄國的衞星國家。沙皇無法使拿破崙三世由於普魯士在萊茵的威脅，以及奧地利在意大利的威脅，而退出近東。

西方二強推測：「第三勢力」會參加他們這一邊，大舉擊敗俄國之日可期。當然歐洲所有強權的聯盟可將俄國逐出歐洲，甚至可能將其摧毀不復爲一大國。這樣波蘭可以復國，土耳其得以保全，路易拿破崙將變爲歐洲的主人。這種結果對普奧兩國而言比俄國人控制土耳其更爲不受歡迎。西方兩國需要一個決定；中歐兩國不希望有所決定，而完成了心願。普魯士最大的益處是：雖然關心歐洲一般的均勢，但對近東的事

務漠不關心。因此她的中立是眞正公平的中立,她唯一的目標是不要在普魯士的領土上作戰。這種中立無疑的有利於俄國而獲得俄國的感激;旣然普魯士對西方國家並無任何允諾,也沒有使英法失望。㉞

根據泰勒的分析,普魯士在克里米亞中的守中立是「眞正的公平的中立」。可是依照英國歷史學家邁里歐特 (J. A. R. Marriott) 普魯士的中立是否公正殊有問題,俾斯麥爲了統一德意志,預見與奧地利無法避免戰爭,必須要爭取俄國的友誼,俾斯麥在法蘭克福時就形成了此一政策。他說:「普魯士必須永遠不讓俄國的友誼逐漸冷淡,在大陸所有的同盟之中,她的同盟代價是最便宜的,因爲俄國的眼睛只轉向着東方。」因此,普魯士決不能與英法同盟,而參加克里米亞戰爭。俾斯麥在所著「反省和囘顧」(Reflections and Reminiscences) 一書也說:「我們對東方問題絕對沒有可能與俄國作戰作爲辯解的興趣,……我們不應該爲了恐懼法國或者是爲討英國和奧國的喜歡而無緣無故的攻擊迄今爲止尚是我們的朋友。」㉟

泰勒指出,奧地利的政策同樣是歷史上有益的敎訓。普魯士是因漠不關心而中立,而奧地利是因爲太深的承諾而守中立。奧地利有反對俄國的理由。俄國控制多瑙河口可以切斷奧地利主要的經濟通道,因此奧地利政策的實際目的是將俄國排斥在羅馬尼亞之外,而自己進入羅馬尼亞,可是尚有其他複雜的因素。假使奧地利參加西方這邊作戰,她將首當其衝;更壞的是,如果盟國獲勝,將俄國從歐洲排斥,拿破崙三世稱霸歐洲,民族主義將隨之興起。奧地利如果失去在意大利的土地,而贏得了羅馬尼亞,其代價太高,奧地利不敢偏袒俄國,甚至也不敢守絕對的中立,惟恐拿破崙三世激發意大利來反對她。結果,奧地利採取了所

㉞ A. J. P. Taylor, "Crimea", pp. 155-62.

㉟ Marriott, op. cit., p. 225.

有政策中最壞的政策，她拒絕守確實的中立而得罪了沙皇；她拒絕參戰而冒犯了西方。㊱

葛奇認爲：「奧地利的中立是一個反俄的行動」，有鑑於俄國最近在匈牙利爲奧地利而服務，奧地利的中立是接近背叛的行爲，如果奧地利作爲俄國積極的盟邦，也許不會成爲一個有限度的戰爭。」㊲葛奇進

㊱　Taylor, "Crimea", pp. 162–63.

㊲　Brison D. Gooch, op. cit., p. 400.

　　奧地利帝國統治之下的匈牙利臣民於一八四九年起來反抗，因俄軍的援助，奧地利再度征服了匈牙利人，對於俄國的援助，哈布斯堡並沒有表示感激，當時有反對接受俄援之議，認爲接受援助使哈布斯堡對她的救主負太多的債務，據說首相舒華茲堡親王 (Prince Felix Schwarenberg) 曾回答稱：「我們將以我們的無情使全世界爲之驚訝」，奧地利在克里米亞戰爭中的態度足可爲舒華茲堡所說的話辯解，因爲在政治中「感激」並沒有經常的分量。一八五〇年的危機提供了此一事變的絕好證明。

　　俄國佔領多瑙河畔的大公國正是抓到了奧地利的弱點，使她無法出黑海，但是奧地利又不願與俄國作戰，而更不願意與拿破崙三世這位冒險者聯合。因此，奧地利暗示西方列強，她將支持他們，要求定期從兩個大公國中撤退，根據這項建議，英法兩國立刻採取行動，要求俄國在一八五四年四月三十日之前從摩德維亞和瓦拉琪亞撤退。

　　俄國立刻拒絕此項最後通牒，當西方二強宣戰時，第一次明顯的指出奧地利所承諾的支持僅是外交而已。

　　可是，在外交方面，奧地利所表現的是精明和堅持。六月間，當俄國被迫撤出兩國大公國時，奧地利部隊旋即加以佔領，八月間，是奧地利擬就了「四點」(Four Points)， 交給俄國作爲締結和約的基礎，尼古拉一世拒絕接受，但是一八五五年三月二日，沙皇逝世。幾天之後，在維也納舉行會議，在所謂「四點」之中，其中有兩點對哈布斯堡帝國特別重要。第一點是：俄國對摩德維亞、瓦拉琪亞和塞爾維亞的保護將予停止，由五強集體保證土耳其皇帝給予這些地區中臣民的特權。第二點要求多瑙河航行自由。維也納會議在三月間舉行，高特契柯夫親王 (Prince Gortscha-koff)， 接受了這兩點， 當西方二強緊迫着要求其他兩點時，奧地利却背棄了他們。

一步分析，認爲奧地利的中立對其並不有利。他說:

「奧地利在守中立時不啻是表示她有潛在的瓦解的徵象，巴黎的政治家和國家被統治的臣民都看得很清楚」。⑱泰勒亦說: 「在克里米亞戰爭中有利害關係的是中歐，奧地利的外交孤立不啻是公開邀請民族主義運動重新興起」。⑲

對俄國而言，巴黎條約如果不是奇恥大辱，至少目前來說是劇烈的失望，一個半世紀以來，俄國始終追求着三項主要目標。在黑海水域和沿海建立海軍和商業的優勢；獲得通往地中海的自由通道；土耳其政府承認俄國爲土皇臣民政治和宗教自由的保護者的地位。巴黎條約不僅完全消除了瓜分土耳其的觀念，而且是自彼得大帝到亞力山大二世俄國政策最嚴重的挫折。

黑海的中立化對於作爲全世界主要海權國家的英國具有特別的利害關係。可是，從俄國的觀點看來，是不可容忍的干涉俄羅斯帝國的內部問題，因此俄國絕對的將把握第一個有利的機會，來擺脫巴黎條約的桎梏。⑳

(續) 　　英法兩國對奧地利的背棄殊爲憤慨，奧地利對共同作戰的原因，並沒有出力，但是以不正當的外交獲得了她所需要的，但是從這場危機中脫穎而出的奧地利，旣不光彩也無朋友。

　　在今後的十年中，奧地利遭遇到困難時，無依無靠。在這個時期中，俄國與普魯士，法國與薩丁尼亞之間却加強了關係；英國和法國之間也沒有衝突；唯有奧地利是孤立的。一八五九年，當拿破崙三世擊潰奧軍，以及在一八六六年普魯士最後將奧地利從日爾曼和意大利驅逐時，俄國人滿足地在冷眼旁觀。

　　Marriott, op. cit., pp. 234–35.

⑱ 　Brison D. Gooch, op. cit., p. 403.

⑲ 　Quoted from Brison D. Gooch, op. cit., p. 403.

⑳ 　Marriott, op. cit., p. 183–84.

　　根據泰勒的觀察，對俄國而言，克里米亞戰爭的意義，不止於此，他認爲擊敗俄軍，削弱俄國的權力才是克里米亞戰爭眞正的結果，而俄國的損失主要的是在賽巴斯托普的將近一年的攻守戰之中。因爲在賽巴斯托普的俄國陸軍不但沒有撤退，而且獲得了增援。在經年的作戰中，俄軍爲之筋疲力盡，盟軍亦悔恨未能在一八五四年登陸時，以奇襲方式攻佔賽巴斯托普，不然的話，將不會有克里米亞戰爭。因爲戰爭的精義並不是在佔領這一點或那一點，而是在消滅，或者至少是削弱敵人的軍力，在賽巴斯托普戰役中，盟國大大的削弱了俄國的軍力。經一個世代之後，俄國才能復原，因此歐洲得免於俄國的干涉。

　　盟國的希望是俄國不再存在，或者是變成英法世界中滿足的一份子，拿破崙三世準備接受此一希望的事實。當賽巴斯托普陷落時，拿破崙三世向英國政府提出一項計劃，將俄國逐出歐洲，將其摧毀不復爲一強權，並建議將波蘭重建爲一民族國家，此一計劃等於是使法國稱霸於歐洲，而英國政府的目標恰好相反，不願以法國的霸權來換取俄國的霸權。英國極希望戰爭繼續下去直到能達成「決定性」的結果爲止，在這種情形之下，獲致了一個典型的妥協，每一方面接受了對方消極性的目的，因此戰爭遂告結束並沒有達成積極的戰爭目標。

　　總之，克里米亞戰爭並不是一個沒有「決定」的戰爭，「沒有決定」本身就是一個「決定」。雖然俄國的力量沒有崩潰；俄國在歐洲的影響力得以減少。雖然法國的聲望增加，法國尚不能控制歐洲，拿破崙三世認爲他可放手以他自己的旨趣來重鑄意大利和德意志。可是，加富爾和俾斯麥才是克里米亞戰爭眞正的勝利者。

　　克里米亞戰爭永久的結果是羅馬尼亞的獨立，使多瑙河免於俄國或奧國的控制，俄軍於一八五四年七月從兩個大公國撤退後，奧軍加以佔領而希望將其兼併，但是他們不願支付法國的代價——放棄意大利，因

而也只好從兩個大公國撤退，羅馬尼亞遂變成一個眞正的獨立國，作爲在俄國利益和中歐利益之間的緩衝國。

泰勒認爲：歐洲的權力平衡得以加強，並沒有被推翻，自此之後，英國毋需干涉大陸的戰爭有六十年之久，兩個世代的和平是值得感謝的結果。❹

可是從歐洲協調的角度來看，歐洲權力平衡的「加強」或「推翻」，歷史學家仍然有不同的意見，這是因爲「權力平衡」的意義發生了改變的緣故。

在一八五二年時，權力平衡並不是指（正如一九一四年時所指）敵對國家之間平衡的結盟而言；而是指在未得其他國家同意時，任何國家不得作任何的擴張而言。而歐洲協調則是五個強權對某一國家的行爲給予同意的工具，在一八六〇年代之前，歐洲的任何大的領土變遷都是經過國際會議所批准的。如果「權力平衡」一詞意指一種領土的情勢，則歐洲協調是指一個立法的機構和一個會議的過程而言。

在一八五二年時，歐洲協調仍然是在實際有效的秩序中。倫敦會議決定了丹麥的王位繼承問題，消除了舒萊斯威格——赫斯坦人和丹麥人之間的糾紛。歐洲經由五強，決定了丹麥王位的繼承問題，丹麥憲法或丹麥王室法都不是決定何人擔任丹麥國王的最後依據。而歐洲協調是最後的決定者，可是十二年之後，同樣的因丹麥國王繼承的問題而召開的倫敦會議却完全失敗。在一八五二年與一八六四年之間，究竟是什麼樣的力量促使歐洲協調的分裂？❷

以上這種權力平衡的觀念事實上在一八四八至一八四九年的革命動

---

❹ Taylor, "Crimea", pp. 164–66.

❷ Robert C. Binkley, *Realism and Nationalism*, 1852–1871 (New York: Harper & Row, Publishers, c. 1935), pp. 162–63.

遜時期曾發揮了很大的影響力，使梅特涅離開政治舞臺之後，歐洲協調仍能運行。歐洲強權仍有維持普遍權力平衡的願望，並接受歐洲協調爲達成此一目的之途徑。在一八四九年時，甚至同情匈牙利革命的帕馬斯登，惟恐俄國干涉，不得不以權力平衡爲考慮，而主張維持奧地利帝國。他說：

> 奧地利在歐洲權力平衡中是一個最重要的因素，奧地利位於歐洲中央，一方面是防止侵蝕的障礙，另一方面是防止侵略。歐洲的政治獨立和自由，依照我的意見，與維持奧地利的完整作爲一個歐洲大國有密切的關係。❹

一八五〇年代中，拿破崙三世嚴重的動搖了歐洲協調的功能，尤有進者，一八四八年以來的民族主義與自由主義構成了梅特涅體系的嚴重挑戰。民族獨立和統一已被認爲比穩定或歐洲協調更爲重要，專制政府對領土疆界的聯合決議亦認爲是對民族主義和自由原則的破壞。這種種體認相率腐蝕着老舊體系的基礎，權力平衡的觀念也因爲這些力量而爲之改變，它不再以歐洲全面的穩定作出發點，而以每一個國家自己利益的考慮爲出發點，敵對同盟的權力平衡在逐漸形成之中。一八五四年至一八五六年的克里米亞戰爭即爲這種改變的轉振點，舊的歐洲協調包含着舊的權力平衡的觀念。歐洲協調力量的轉弱，舊的權力平衡觀念也隨之作適應性的調整，歐洲協調漫長的衰退期也是舊權力平衡觀念跨越至另一種權力平衡觀念漫長的轉變期。克里米亞戰爭是歐洲協調開始衰退的起點，也是舊權力平衡觀念開始轉變的起點。❹

法國外交在一八五〇年所引起的聖地問題是一個芝蔴大的小問題，可是像這樣的小問題竟然破壞了歐洲協調，此一事件證明新一代的政治

---

❹　Thomson, op. cit., p. 221.

❹　Ibid., p. 221-22.

家不能成功的操縱老一代所設計的政治機器；此一問題開始時是法國保
護宗教的利益，變成法俄之間的聲望問題；其後在一八五三年三月俄國
企圖利用保護僑民爲藉口來控制土耳其政府；在四月間變成了英俄爲了
權力平衡和土耳其主權的衝突。❹ 在整個衝突之中，英法兩個自由主義
的國家對抗專制主義的俄羅斯，而奧地利和普魯士另外兩個專制主義國
家爲了不同的理由而守中立，使俄國爲之震驚而憤慨，此一戰爭不但摧
毀了歐洲協調和權力平衡。這種聯盟關係，歷史學家稱之爲「克里米亞
聯盟」(Crimean coalition)，❹ 變成了俄羅斯帝國夢魘。

　　歐洲協調的基礎一經摧毀，以後的歐洲逐漸進入由一個國家主宰變
局的時代，法國縱橫捭闔於民族主義激盪的十五年，接着是俾斯麥控制
下的德意志帝國安排了以後穩定的二十年。

---

❹　Binkley, op. cit., p. 168.

❹　See A. J. P. Taylor, *The Struggle for Mastery in Europe; 1848–1918*
　　(Oxford: Oxford University Press, c. 1963), p. 258, p. 262, p. 314
　　etc.

第四章　意大利統一：民族主義和自由主義的同時完成

第一節　意大利統一的派系

　　歐洲現代民族主義與自由主義的發展到十九世紀中葉時到達了最高潮，而其精神充份的表現於意大利的統一過程中。在意大利，民族主義和自由主義可追溯到拿破崙戰爭初期，雖然有起伏盛衰，而是意大利統一運動中的兩個偉大力量。

　　一七九六年拿破崙征服米蘭，不僅喚起了意大利民族主義的情操，也震撼了意大利自由主義的精神，拿破崙將法國大革命的希望轉到意大利人民，加強了知識份子的信念：他們的國家應該和法國一樣，自由而統一。❶拿破崙征服米蘭是一個運動的開始，導致六十多年後意大利半島的統一和自由。

　　一八一五年後，意大利在正統主義籠罩之下，民族主義和自由主義遭到無情的摧殘和鎮壓，意大利淪爲一個「地理上的名詞」。包本王室

---

❶　Milton Viorst, *Great Documents of Western Civilization* (Philadelphia: Chilton Company, 1967), p. 273.

的斐廸南國王 (King Ferdinand) 在那不勒斯復辟，這位殘忍而陰險的
暴君在梅特涅掌握之下。教皇恢復了意大利中部，以中世紀那種不寬容
的精神統治着領地。梅特涅爲奧地利不僅獲得了倫巴底和威尼希亞，而
且控制着北部的各小邦，只有皮特蒙和薩丁尼亞雖然相當強大，但國王
仍然是專制君主，對自由主義者持懷疑態度，當時很少人認爲這是意大
利再生的力量。❷ 當時意大利的一線希望寄托在秘密會社，其中最著名
的是「燒炭黨」 (Carbonari, "Charcoal Burners")， 其宗旨爲意大利的
解放和建立憲政體制❸。燒炭黨的出現使半島上的人民意識到他們不僅
是羅馬人、突斯凱人 (Tuscan) 或倫巴底人 (Lombardian) 而已，他們是
意大利人。❹

　　一八二〇年， 那不勒斯爆發革命， 斐特南國王公佈一項民主的憲
法，自由主義獲得初度勝利。皮特蒙緊接着於一八二一年起義，並且獲
得王位繼承人（卽其後的艾爾勃特 (Charles Albert)）的同情和支持，
可是奧地利不久卽鎮壓了革命，廢止了那不勒斯的憲法，正統主義再度
統治着半島。 從皮特蒙逃出的革命志士在熱那亞會晤了年輕的馬志尼
(Joseph Mazzini)， 他們的悲傷和熱誠感動了馬志尼， 在這位年輕人的
心靈燃起了爲祖國自由而戰的願望，馬志尼的憧憬───一個自阿爾卑士
山到海洋的自由而統一的意大利在四十年後變成了事實。❺

　　經過這些實驗的挫折之後， 與專制君主作武裝鬥爭似乎是徒勞而無
功，因此革命轉入地下，秘密會社從事宣傳，鼓吹革命。一八三〇年的

❷　Grant and Temperley, op. cit., p. 159.

❸　Carlton J. H. Hayes, *Modern Europe to 1870* (New York: The
　　Macmillan Co, 1953), pp. 574–75.

❹　Viorst, op. cit., p. 273.

❺　Grant and Temperley, op. cit., pp. 159–60.

革命在意大利引發了起義行動，點燃了民族主義的火花。翌年，馬志尼在法國的馬賽 (Marseilles) 創立了「少年意大利」("Young Italy")。二年後，會員已經有六萬人之多，馬志尼說：「主義經烈士的鮮血灌漑之後將迅速茁長。」❻

所遺憾的是：當革命運動再度在意大利醞釀，展開了民族統一的新頁時，皮特蒙的國王艾爾勃特 (Charles Albert)，與僧侶和保守主義者聯合，所以被視爲反民族主義和反自由主義者，他藉正統主義來討好保守派人士，拒絕赦免一八二〇至一八二一年自由運動中的共犯，並拒絕馬志尼的建議，作爲一個「意大利的自由的拿破崙」。❼一八三〇年法國革命刺激意大利而發生了一連串的小規模起義，不幸相繼失敗，主要因爲意大利境內各邦的目標與利益不能協調。摩登那 (Modena) 的君主法蘭西斯四世(Francis IV)希望藉革命來擴張領土；絲商梅諾蒂(Menotte)希望以羅馬爲中心，達成民族統一的願望，唯一實際的成果是中部各邦政府的轉變，法蘭西斯四世逃離摩登那；瑪利・路易斯從巴馬逃亡，敎皇的使者也逃離勃洛加那 (Bolona)。許多城市升起三色旗，成立臨時政府，自由主義有獲勝的希望，可惜各邦彼此猜忌，缺乏團結，但是一八三一年的革命有兩項重要的含義：（一）正統主義缺乏人民忠誠的擁護，僅靠奧地利的支持，（二）民族主義和自由主義已在茁長，並已付之行動，但是區域主義仍然爲主要障礙之一，而各邦行動不能一致，因此革命終告失敗。❽

一八四七年之前，自由主義的願望已經瀰漫在中歐、意大利和法國

---

❻　Ibid., p. 160.

❼　D. Mack Smith, "Italy" in J. P. T. Bury (ed.) *The New Cambridge Modern History*, Cambridge: University Press, 1971. p. 554–55.

❽　Ibid., pp. 553–54.

發生二月革命之前，兩西西里王國 (Kingdom of Two Sicilies) 發生叛亂。一八四八年一月，兩西西里國王斐特南已被迫接受了一個自由主義的憲法。二月革命之後不久，薩丁尼亞—皮特蒙的國王艾爾勃特於一八四八年三月四日公佈了自由主義的憲法。梅特涅下臺之後，自由主義和民族主義革命的浪潮衝擊着意大利。在米蘭 (Milan)，經五天的巷戰之後，意大利人趕走了雷特玆克將軍 (General Radetzky) 所領率的一萬八千名奧地利軍隊，羣衆歡呼着將奧地利控制的倫巴底轉移到薩丁尼亞王國。在威尼斯，愛國的自由主義者馬尼 (Daniel Manin)，率領羣衆驅逐了奧地利駐軍，宣佈恢復威尼希亞共和國 (Venetian Republic)，爲了滿足意大利自由主義者和驅逐意大利北部的奧軍，薩丁尼亞國王艾爾勃特於一八四八年三月向奧地利宣戰。薩丁尼亞六萬陸軍不久就獲得了來自兩西西里、教皇國、杜斯肯尼和倫巴底的所派遣的增援部隊，當時熱烈的情緒顯示意大利似乎將獲得民族獨立和自由主的義政府。❾

可是這種景象只是曇花一現而已，教皇和兩西西里王爲革命者過度熱烈而震驚，惟恐國家的秩序不可收拾，而撤退了他們的輔助部隊。教皇庇護九世(Pius IX)，駁斥以戰爭作爲達成民族統一的方法，兩西西里國王斐廸南乘機廢除了他所頒佈的自由主義憲法而恢復了專制政治。一八四八年七月，雷特玆克將軍所統率的奧地利軍隊獲得了增援部隊，在柯斯托沙(Custozza) 決定性的擊敗了艾爾勃特的意大利軍隊，而達成了休戰，奧地利再度佔領了倫巴底。

意大利自由和統一的挫折引起了意大利極端主義者狂熱行動，教皇庇護九世惟恐遭到暗殺而逃亡。一八四九年二月，在馬志尼領導之下建立了一個共和國，急進的共和黨人在佛羅倫斯 (Florence) 和那不勒斯

---

❾ Hayes, op. cit., p. 670.

(Naples) 得勢，將杜斯肯尼和兩西西里改建爲獨裁的共和國。薩丁尼亞國王艾爾勃特受到共和黨人的威脅，與奧地利重啓戰端。一八四九年三月在諾華拉（Novara）一役爲雷特玆克將軍再度擊敗，被迫與奧地利簽訂了屈辱的和約，艾爾勃特禪位於太子是爲依曼紐爾二世（Victor Emmanuel II）。

　　一八四九年五月，兩西西里國王和杜斯肯尼大公爵雙雙復辟，威尼斯向奧地利投降，法蘭西共和國總統路易拿破崙順應法國天主教徒的懇求，爲了防止奧地利在意大利過於強大，派遣法軍於一八四九年六月推翻了馬志尼所建立的共和國，協助庇護九世復位。一八四九年夏天，整個意大利再度在傳統權力的控制之下。⑩

　　在整個中歐，自由主義在意大利最爲堅持和最有效力。意大利是第一個克服一八四八年的失敗和完成統一的民族國家，薩丁尼亞王國是此一新民族國家形將建立的基礎，在一八四八年時已經獲得了一個典型的自由憲法，而且具有在意大利半島上最有影響力的愛國志士，姑無論他們對理想的民族政府有何歧見，而一致同意此一政府的實質應該是自由主義，這是一羣劇作家、詩人和小說家，奉獻於意大利文藝復興（Risorgimento）的信念，他們在意大利自由主義中傳播愛國的熱誠，對於意大利統一的方式最初有三派不同的意見。但是自由主義是意大利政治聯合鬥士們所具有的最重要的共同特徵。⑪

　　共和派爲急進的自由主義者，其主要人物爲馬志尼，誕生於熱那亞（Genoa），父親爲大學教授，青年時即參加革命團體燒炭黨而被捕入獄。⑫ 經六個月鐵窗生活之後，即被放逐，流浪於歐陸，萍蹤飄泊數十

---

⑩　Ibid., p. 674.

⑪　Ibid., p. 734.

⑫　Ibid.

年之久。最初創立「少年意大利」其後擴大爲「少年歐洲」，而同時協助鼓吹成立「少年匈牙利」，和「少年波蘭」等，他不僅呼籲意大利民族之統一，而且倡導共和政體，數十年如一日，垂暮之年，尚在海上被捕，入獄兩月，逝世後，意大利國會一致決議，予以國葬。英國詩人斯文本恩 (A. C. Swinburne) 讚美馬志尼的詩句：

> 試剖割而審視予之心胸，
>
> 可見意大利雕刻在其中。⑬

這兩句最爲傳誦的詩句刻繪了馬志尼的民族精神，從馬志尼的思想中，可以看出民族形成之因素有地理、語文、歷史和上帝的意旨，馬志尼在描繪意大利民族國家的自然疆域時說：

> 在你們（意大利人）周圍，上帝早已樹立了崇高宏壯與固定明確的疆界；一方面有歐洲的高山羣峯，卽阿爾卑士山脈；另一方面有大海，廣大無比的海洋。試取一張歐洲地圖，將圓規兩規脚之一，放在意大利北部之巴馬 (Parma)，而將另一規脚放在發爾河 (Var) 河口，然後向阿爾卑士山方向畫出一個半圓圈，則終點將落在埃尙綏河 (Isonzo) 河口！此一疆界地域，蓋卽上帝所賜給你們的。⑭

吾人發現在馬氏的民族主義思想中有極爲濃厚的宗教色彩，上帝創造了人，也創造了民族，而每一個民族有其自然的生息繁衍的疆界，是上帝不可思議的設計；他說：

> 上帝本將我們地球上整個人類，劃分成爲顯明不同的集團……上帝之設計，至少就歐洲而言，可以看得清楚，因爲有無數深長的

---

⑬ 引自浦薛鳳：西洋政治思潮（臺北：正中書局，民國五十二年），頁一九九。

⑭ 同前註，頁二〇二～〇三。

河流與高峻的山脈，以及其他地理形狀為其疆界之標誌。可惜上帝此項設計，已遭許多惡劣政府先後加以破壞，而破壞之途徑，係出於征服，出於貪婪，出於妬忌。……但上帝之計劃終必澈底完成而毫無疑問。自然的劃分，以及各民族內在的自動趨向，勢將代替許多惡劣政府所支持之各種任意分劃，歐洲之地圖行將重製，由「自由之聲」所判別的各民族國家，必將在君權與特權階級國家之廢墟上，建立起來，在新起的各民族國家之間，將有和諧與友愛。❻

馬志尼除深信地理因素為劃分民族之重要標準之外，亦曾提及語文為民族形成要素之一，但並未十分強調，但他強調光榮的歷史，而且具有一種民族使命感。他說：

　　塵世之中許多城市，或則已經成為廢墟，或則行將成為廢墟，可是羅馬則係永恒卓立的城市，此乃上帝所命定，各民族所窺知。羅馬蓋負有使命，將統一和諧之原理傳佈全世界。❻

馬志尼的重要思想，即為自由，他是自由的民族主義者，他曾說：「無有自由，則道德即不存在。此蓋因為如無選擇善惡之自由，如無選擇為己謀利或為大眾謀幸福之自由，則毫無責任可言……無有自由，即無真正社會……凡聽憑一己之自由遭受侵犯者，乃是違反自己之本性，且是上帝命令之叛徒。」馬志尼之尊重自由，包括政治自由，反映在他的共和體制的理想之中。他明白的說：

　　自由必須為人所共有及為人所共見。上帝並不將主權委託任何一人掌握。凡主權在塵世間可以表現之部分，上帝已付託於人類，各民族國家，以及社會……如果一個階級或一個家族而能擅自掌

❻　同前註，頁二〇二。
❻　同前註，頁二〇三。

握權力，此必侵犯你們的自由。不得你們自己同意而具有統治你們的權力，在這種人們之前，你們怎可稱為自由？共和國乃是唯一合於法理合於邏輯的政體。⑰

馬志尼最著名的門徒是加里波蒂 (Joseph Garibaldi)，他誕生於尼斯 (Nice)，在薩丁尼亞王家海軍中充當水兵時即為「少年意大利」所鼓吹的民族主義及共和主義所吸引，其後在兵艦上參予兵變而判處死刑。他逃往南美，參加「意大利軍團」(Italian legion) 從事革命戰爭有十四年之久，以一位傳奇人物的身分回到意大利，率領義勇軍三千人，於一八四八年參加薩丁尼亞與奧地利戰爭，一八四九年參加馬志尼對抗教皇的戰爭，慘敗之後，逃到紐約，以製造蠟燭謀生，一八五四年再度回到意大利，等待機會為民族自由而奮鬥。⑱

從一八四八年到一八四九年的失敗給予意大利愛國志士一個更有益處的教訓：意大利不能指望羅馬教皇或馬志尼的共和派人士獲得拯救。馬志尼的確已為意大利完成了一件偉大的工作；可是在一八四九年時，他的終生使命已經完成，只是他自己鮮有了解而已。他鼓舞了青年意大利強烈的情緒，對政治家們指出了統一意大利的目標，可是如果以他的方法，他的目標可能永遠不能達到。他已經盡了他的本分，他的本分是用他的頭腦來設計，可是他的雙手却不是締造永久性的政治結構的手。馬志尼是意大利統一的先知，而統一意大利的實際工作必須由外交家來完成。一八四八——四九年的大失敗粉碎了共和的理想；對意大利而言也是幸運的。在共和國的旗幟下，即使是實行聯邦主義，也不能完成統一。⑲

---

⑰ 同前註，頁二〇五。
⑱ Hayes, op. cit., pp. 734–35.
⑲ Marriott, op. cit., p. 200.

　　第二個派系是流亡教士奇奧勃蒂（Vincent Gioberti）所領導的教皇派（Papal Party）， 企圖調和傳統的宗教和現代自由主義。 他著有「意大利人的道德和公民」（The Moral and Civil Primacy of the Italian）一書， 鼓吹現有意大利各邦頒佈自由的憲法，組織一個邦聯，而由教皇為主席，上層階級包括天主教在內有相當多的人士都有這種夢想。[20] 新教皇黨與教皇本身先後表現了自由主義的精神，使教皇成為意大利民族復興希望之所寄託。新教皇黨首先於一八四〇年代初期將政治自由主義視為文化人的職責， 並協助將天主教與民族運動聯繫在一起 。 曼索尼（Manzoni）、羅斯米尼（Rosmini）和托馬索（Tommaseo）等開始發展自由天主教的觀念。[21]

　　一八四六年， 在意大利的歷史上第一次，幾乎是唯有的一次， 教皇變成了一位自由主義、民族主義和愛國者的紅衣大主教范瑞蒂（Cardinal Nastau-Ferretti）當選為教皇庇護九世（Pius IX）。范瑞蒂在青年時代從燒炭黨感染了愛國思想。在一八四〇年， 他曾公開表示嫌惡奧地利的警察控制、囚禁、放逐和處決等高壓政策。他在就任教皇後， 首先在教皇國宣佈特赦，寬恕所有的政治犯和涉嫌者， 他措施的影響是幾乎無法形容的， 被譽為來自天庭的奇蹟。梅特涅深為驚惶，他說： 「我們對每一件事都有準備， 就是沒有料到自由主義的教皇。」在一八四七年，梅特涅開始有意使用武力。當不可避免的革命於一八四八年爆發時， 艾爾勃特於二月八日頒佈自由主義的憲法，而庇護九世於二月十日公佈訓諭，「上帝祝福意大利！」的聲音響澈了整個意大利半島。在羅馬有了一位

[20]　Hayes, op. cit., p. 735.

　　　一八三六年， 杜斯肯尼的詩人湯姆曼西哥（Niccolo Tommaseo）， 流亡巴黎， 呼籲各邦君主和教士們在教皇的旗幟下為意大利的復興而奮鬥， See J. A. R. Marriott, op. cit., p. 201.

[21]　Smith, op. cit., pp. 557-58.

自由主義的教皇，　在杜林有了一位立憲的君主，　意大利的革命已經成
熟，馬志尼稍經躊躇之後，不久就站在最前線，而加里波蒂已準備指揮
「少年意大利」的軍隊。㉒

　　可是在一八四九年，馬志尼的羅馬共和國的理想並不受到意大利羣
衆的擁護，他們習慣於君主政治的傳統，而不願支持急進的共和政治。
馬志尼在羅馬的「過份」行爲不僅疏離了愛好秩序的中產階級，而且引
起教士的反感，將教皇庇護九世從自由主義的愛國者轉變爲由法國軍隊
保護的保守主義者。在一八四九年之後，共和派在知識份子和工人之中
逐漸衰落，　馬志尼流亡在外，　而加里波蒂熱衷於建立一個統一的意大
利，尤勝過於共和的理想。

　　比共和主義衰退更爲明顯的是奇奧勃蒂以教皇爲首的意大利邦聯的
計劃。在馬志尼的共和國被推翻，教皇國復辟之後，教皇庇護九世拒絕
奇奧勃蒂的計劃，他要求意大利的天主教徒抵禦薩丁尼亞的「侵入」，
要求外國的天主教徒協助他保留在羅馬的世俗權威。外國的尤其是法國
的天主教徒對教皇有同情的反應，拿破崙三世派法軍駐守羅馬㉓。

　　阿齊格里奧 (Massimo D'Azeglio) 於一八四九年爲皮特蒙的首相，
對於新教皇黨的政策自始就不予信任。早在一八四七年，他在羅馬寫
道：「我深信皮奧・魯諾 (Pio Nono) 的法術不會支持很久，他是一位
天使，可是他的週圍都是魔鬼；他的國家沒有紀律，份子腐敗，而他無
法克服衆多的障礙。」阿齊格里奧的預言很快就證實了──皮奧・魯諾
無法促使教皇來領導一個民族運動。在一八四九年之後，此一現實不但
是對新教皇黨員，而且對所有的人都已很明顯。一八五一年奇奧勃蒂也
放棄了早期的觀點，而率直的接受了薩丁尼亞領導的原則是意大利獨立

㉒　Grant and Temperley, op. cit., pp. 161–62.

㉓　Hayes, op. cit., p. 736.

唯一可能的希望，意大利統一不可避免的基礎。他說：「除開統治皮特蒙的青年君主之外，我看不見有誰能夠保證我們的解放。」[24]

第三派是自由主義的保皇派人士，尤其是那些指望薩丁尼亞王國領導的人士在內。王國之內的皮特蒙是意大利全境最為富庶、進步而最先受到工業化影響的區域。因此，資產階級和部分貴族很自然的致力於自由主義，也具有最好經濟地位來促進民族主義[25]。這是溫和派而以巴爾波(Cesare Balbo)為領袖，組織了一個自由主義的政府，主張由皮特蒙──薩丁尼亞領導一個十字運動，來統一意大利。[26]

薩丁尼亞對奧戰爭失敗之後，自由主義的憲法仍然存在着，人們對薩丁尼亞民族解放的努力記憶猶新。

依曼紐爾於一八四九年繼位之後，仍保留着一八四八年所頒佈的憲法，因而成為意大利愛國志士擁護的對象。這位年輕的君主有幾個優良特質而獲得人民的愛戴，他有冷靜沉着、軍人的風度、忠誠的支持他的大臣，以及他坦誠率直的態度贏得「誠實國王」的佳號。[27]

依曼紐爾臨危受命，立刻開始工業和財政的復原工作，並作自由化的改革，對於毫無自治經驗的皮特蒙人而言，實施憲政的道路上困難重重。在新政府最初八個月中，竟有三個國會，而政府曾八度改組。經許多實驗之後，這位年輕的君主有智慧將意大利統一的重大任務信托於一位有能力來領導此一運動的人物──加富爾 (Count Camillo Benso di Cavour, 1810–61)。[28]

加富爾是十九世紀第一流的自由主義的民族締造者，青年時代廣泛

---

[24]　Marriott, op. cit., p. 201.

[25]　Hayes, op. cit., p. 735.

[26]　Marriott, op. cit., p. 144.

[27]　Hayes, op. cit., pp. 736–37.

[28]　Marriott, op. cit., p. 202.

的閱讀英國作家的著作，而感染了自由主義的思想，所以他所提倡的是當時英國的自由主義：個人主義、物質進步、君臨而不統治、代表教育階級的巴力門，促進政治、宗教、知識和經濟的自由。❷⁹

加富爾伯爵於一八一〇年八月十日誕生於杜林 (Turin)，係歐洲著名貴族的後裔，他的父親是加富爾侯爵 (Michele Benso, Marquis of Cavour)。在加富爾的血管中流着「二十代皮特蒙祖先」的血液。他的母親是日內瓦的卡爾文教徒(Genevan Calvinist)。加富爾的成功受之於母親者多於其父。加富爾在十歲時即進入在杜林的軍官學校 (Military Academy at Turin)，可是軍人生涯與他的興趣不合，一八三一年他離開軍隊，奉父命到離杜林四十英里的鄉間經營家庭農場。在以後的十七年中，他將整個身心奉獻於農業，雖然管理農場而累積了財富，他並沒忘記更為重大的問題。一八四二年，他協助組織農業協會 (Associazone Agrario)，此一組織日後變成為「一個重要的路徑和政治影響力的工具」。一八四七年，他與路沙 (Santa Rosa)、巴爾波等創辦刊物「復興」 (Il Risorgimento) 鼓吹憲政改革，當時的宗旨非常簡單但意味深長：「意大利獨立，君主和人民的聯合，向改革之道邁進，和意大利各邦的聯盟。」

加富爾其時尚無機會將他的原則付諸實際的考驗。一八四八年革命時，機會終於來臨。二月間，艾爾勃特國王為皮特蒙批准了一部憲法，加富爾當時為國會議員，但是在一八四九年沒有再度當選，接着是諾瓦拉 (Novara) 暗淡的日子。在危機前夕，艾爾勃特禪位其子依曼紐爾二世。

依曼紐爾在一八四九年繼位時只有二十九歲，當時皮特蒙和意大利的前途非常暗淡。他在頒佈給其臣民的第一次宣言中說：「所有我們的

❷⁹　Hayes., p. 737.

努力必須要維持我們的光榮不受玷污、醫治我們國家的創傷、鞏固我們自由的制度，我祈求我的全體人民奉獻此項事業，對於此項事業我將以莊嚴的宣誓保證我自己，我等待整個民族一個幫助、熱情和信心的反應。」在這個宣言中所昭示的目的，依曼紐爾始終沒有改變。

一八四九年，依曼紐爾任命阿齊格里奧（Massimo D'Azeglio）為首相，他著名的溫和在暗淡和動盪時期對於年輕的國王有很高的價值。他就任以後第一件事就是與奧地利締結和約，然後致力於內部改革的緊急任務，可是他首先要處理的是那些依然追隨馬志尼的政敵共和派人士在熱那亞（Genoa）所組織的叛變。馬志尼和其同道毫無顧忌的將新近的戰爭及和約的責任推給薩丁尼亞政府。馬志尼倔強的說．「寧可意大利奴役而不願交給賣國賊艾爾勃特的兒子。」

雖然受到政治與間歇性不滿的阻撓，但是依曼紐爾繼續步向改革的路程，第一個困擾就是宗教問題，在薩丁尼亞小王國中，竟有四十一個主教區。整個人口中每二百一十四人中就有一個人是教會中的人士，享有破格的特權。當時的教會仍主張對所有教會中的人士有排他性的管轄權，由此可知此一數字的重要性。依曼紐爾極希望做到人民在民法之前一律平等的程度，但他避免與宗教當局發生摩擦。

一八四九年秋天，依曼紐爾派遣薛卡廸伯爵（Count Siccardi）到教皇國。教皇堅決拒絕在薩丁尼亞教會和國家之間的關係作任何改變，雖然如此，國王在薛卡廸援助之下決定進行改革工作，終於廢止了宗教法庭，除去了教會人士的特權和豁免權。不幸的，此項改革導致與教庭的破裂。一八七〇年時，此項破裂愈深。（一直到一九二九年墨索里尼與教庭簽訂梵蒂岡條約（Vatican Treaty），才獲得解決。）

加富爾因為在國會中的優越表現，而於一八五〇年被任命為商業和農業部長，加氏具有高瞻遠矚的智慧、崇高而令人肅然起敬的抱負、不

屈不撓的意志以及高聳的氣質，年輕的君主竟然有知人善用的能力，依曼紐爾對阿齊格里奧說：「注意你們正在幹什麼，加富爾不久就會凌駕你們之上，他會將你免職，他在沒有擔任首相之前是永遠不會甘心的。」⑳

這是國王精明的預料，一八五一年，加富爾除了監督商業和農業之外，並接管海軍和財政。到處可以感受到他的衝勁，他積極的獎勵工商業；他削減支出。但能達到馬莫拉將軍 (General La Marmora) 整頓陸軍和充實國防的需要，但是無論是對國王或者是民眾他都不得人望，一般的看法是：加富爾雖然能幹，但是詭詐而沒有節操，他嫌惡革命和反動兩個極端，正如大多數的溫和份子一樣，各派系都不信他，儘管有各種反對力量，他迅速的推動行政、商業和財政的改革。一八五二年出任薩丁尼亞的首相，他在就任時的政綱簡單而明瞭：

> 皮特蒙必須開始提高她自己，在歐洲和在意大利與她願望相等的地位和聲望。因此，所定的政策在目標上必須堅定不移，可是所運用的方法必須具有彈性而富於變化，包括財力、軍事改組、外交和宗教事務。㉑

第二節　現代意大利的締造

革命的歲月——一八四八至一八四九——來了又去；原狀已經恢復；對所有外界人士而言，似乎是一八四九年的意大利依然是一八一五年的意大利。實際上，並不是如此，意大利的軀殼沒有改變，它的靈魂已經深爲激動。現在時機已經來臨，但不是以同樣的人，歸同樣的人來

⑳ Marriott, op. cit., pp. 202–05.

㉑ Ibid., p. 205.

完成的。加富爾這位外交家，將要從一八四八年所播下的種子中獲得豐收。

「重建她在歐洲的聲望。」此一機會終於在一八五四年來臨；但是需要一位有非常勇氣和機智的政治家來抓住此一機會，雖然他的同僚反對，但獲得君主的堅決支持，加富爾決定派遣薩丁尼亞軍隊到克里米亞與西方二強並肩作戰。這似乎是一件瘋狂的冒險，可是加富爾的鹵莽往往是老謀深算的結果，他深知這是很高的賭注，但是對勝利深具信心。他寫信給遠征的馬莫拉將軍說：「你們國家的前途在你們的行軍糧袋之中」。加富爾的預測絲毫不錯，在突那亞戰役 (Tchernaya) 中，英勇的薩丁尼亞贏得了勝利的光榮，洗清了諾瓦拉的恥辱。❸❷ 加富爾預期奧地利爲參加俄國一邊作戰，因此薩丁尼亞參加英法這一邊對俄作戰而指望英法會支持薩丁尼亞反抗奧國在意大利的統治，奧地利的中立使他的計劃流產，但是他獲得預期的報酬，獲得了西歐自由主義者的同情。❸❸ 在巴黎和會中，加富爾要求一席之地，建立了薩丁尼亞的外交地位，加富爾的自信獲得了證明。他說：「意大利問題將變成一個歐洲問題」。❸❹

克里米亞插曲是加富爾、薩丁尼亞和意大利命運的轉捩點，在此以前，薩丁尼亞被認爲是意大利許多小邦中的一個邦；既不是最大的，也不是最富有的，也不是最好的。加富爾本人在意大利「愛國志士」或「革命志士」之中並不是出名的人物，反而是歐洲各王朝和大臣們的被呪詛的人物。可是，在一八五六年之後，情況已迥然不同。薩丁尼亞已一躍而爲「強國」，而加富爾也被認爲是歐洲外交官中的佼佼者。在巴黎，加富爾當面反抗奧地利，在大會中公然指責在那不勒斯和羅馬加那

---

❸❷　Ibid.,

❸❸　Hayes, op. cit., p. 739.

❸❹　Marriott, op. cit., p. 206.

的秕政。他獲得了英國的同情。㉟ 說服了外相克拉崙敦爵士直率和嚴厲的指責奧地利在意大利的勢力。正如泰勒所觀察的：克里米亞戰爭攸關中歐的前途，奧地利外交的孤立不啻是公開邀請中歐民族主義運動的再度興起。㊱

克里米亞戰爭之後，歐洲的國際關係發生重大變遷，法國的國際地位昇高，拿破崙三世有取代奧地利在意大利地位的野心。㊲ 旣然加富爾在和會中已體會到意大利的統一無法完全經由外交途徑解決，奧地利永遠不會作任何讓步，惟有與奧國訴諸一戰。㊳ 皮特蒙單獨的力量有限，加富爾在方法上主張揚棄艾爾勃特國王「意大利有能力解救自己」的觀念，順應當時的情況而採取和法國結盟的政策。㊴

拿破崙三世對意大利政策的動機經常是歷史學家查證的問題至今仍是曖昧難解。誠然，拿破崙三世的政策複雜而矛盾，但並不是加里波蒂所說的「狐狸精」（"vulpine knave"），他對於意大利願望由衷的同情是不可否認的。同樣不可否認的是加富爾的聰明，他以完美無瑕的熟練在拿破崙三世眼前幌着釣餌 。一七九六年意大利之役，拿破崙一世向歐洲表現了他的軍事天才，有那一個更好的戰場能顯示姪子的天才呢？拿破崙一世以意大利的「解放者」姿態自居，而實際上促進了意大利的團結。拿破崙三世是否能完成其叔父的使命而博得更爲久遠的令名呢？第二帝國如果沒有彪炳軍功的魅力是否能支撐下去呢？

㉟　Ibid.

㊱　Brison D. Gooch, op. cit., p. 403.

㊲　A. J. P. Taylor, *The Habsburg Monarchy, 1909–1918* (Chicago：The University of Chicago Press, 1976), p. 63.

㊳　Denis Mack Smith, *The Making of Italy, 1796–1870* (New York：Harper & Row, 1968), pp. 204–05.

㊴　See Binkley, op. cit., pp. 201–02.

　　釣餌是吞下去了，可是拿破崙三世與加富爾之間的眞心誠意的關係暫時的被一件痛苦的插曲中斷了。一八五八年一月十四日，拿破崙三世訪問倫敦時，流亡在英國的意大利人企圖暗殺他。當這位法蘭西皇帝駕臨歌劇院時，奧西林 (Felice Orsini) 的炸彈殺死了十個人，傷了一百五十人，皇帝陛下沒有受傷可是嚇傷了膽，拿破崙三世遷怒英國，陸軍待命對付刺客的巢穴。外相華洛斯基 (Count Walewski) 向英國表示：法國有權期望「盟友」保證不至於重犯這種暴行。

　　英國政府對於法國外相華洛斯基的電文沒有答覆；可是帕瑪斯登所提出的一項有關陰謀謀殺的修正案在國會中未獲通過而辭職。⑳ 奧西林在受審以及在上書拿破崙三世的函件時，侃侃而談意大利自由，尤金皇后 (Empress Eugénie) 深爲感動，而開始對外交發生興趣，逐漸了解意大利的獨立和教皇世俗的權力是不能相容的。尤金皇后要求免奧西林一死，而大臣們以辭職作爲威脅，皇帝無可奈何，只好執行死刑。夠諷刺的是：拿破崙三世內心亦同情奧西林的大義，而默允廣泛的宣傳奧西林爲意大利自由的抗辯。法國的抗議書分送英國和皮特蒙，依曼紐爾直率的拒絕法國的抗議，反而取得拿破崙三世有利的印象，而開始考慮以具體的方法來協助「意大利」。㉑

　　拿破崙三世喜歡親自處理外交，有時甚至不讓其負責的大臣知道，他經由私人的途徑寫信給加富爾，表示他將在普倫比埃 (Plombiéres) 避暑，並願在該處會晤加富爾。在這個簡單的邀請中，加富爾了解，具有很大的問題，他寫信給朋友說：「此一戲劇已到達緊要階段」。㉒

　　加富爾爲避免引起歐洲各國敏感，藉口往瑞士渡假，在日內瓦積極

---

⑳　Marriott, op. cit., p. 207.

㉑　Brison D. Gooch, op. cit., p. 404.

㉒　Grant and Temperley, op. cit., p. 229.

展開社交活動，以轉移各國對他的注意力，並可使法皇知道他的動向，其後借用邊蘇（Giuceppe Benso）的護照，喬裝越過瑞士邊界，到達普倫比埃。❹ 在極機密的情況下，他和拿破崙三世於七月二十一日二十二日會晤，作冗長的討論。他們的目標是戰爭，拿破崙三世允諾在對奧戰爭中支持意大利，但以加富爾提出條件，使歐洲人的眼光中認為法國的行動是正當的。加富爾深知只有憑藉拿破崙的劍才能贏得這場戰爭。❹

　　拿破崙三世承諾：　法國將在適當時機對奧地利作戰，將奧國勢力從阿爾卑士山以南的地區中逐出。估計這場戰爭需要動員兵力三十萬之衆，由法國出兵二十萬人，皮特蒙出兵十萬，為了要使歐洲各國相信這不是一場革命性的戰爭，必須有戰爭的藉口。加富爾建議，鼓動馬莎（Massa）和卡拉拉（Carrara）兩地的人民向依曼紐爾國王請願，將二地合併於皮特蒙，依曼紐爾拒絕接受，但對摩登那公爵的高壓政策提出警告，促請改善，公爵自恃有奧地利為後盾，必然置之不理，皮特蒙就可據此出兵將馬莎佔領，此舉一定會引發戰爭。

　　法皇與加富爾並對戰後意大利的政治區分獲得協議：（一）將倫巴底、威尼希亞、巴馬、摩登那、羅馬拿、里蓋遜、馬基斯等地併入皮特蒙，成為北意大利王國，由薩伏依王室統治。（二）將托斯肯尼和恩勃里亞（Umbria）合併，建立中意大利王國，由巴馬女公爵統治。（三）教皇保有羅馬及卡瑪卡（Camarca）二地，由法國派軍隊保護。（四）那不勒斯王國的疆域保持不變，如果以後發生革命，推翻斐廸南國王後，由謨拉特統治之。❹

---

❹ Bolton King, *A History of Italian Unity*, New York: Russell and Russell, 1967, vol. I, p. 48.

❹ Grant and Temperley, op. cit., p. 229.

❹ King, op. cit., p. 48.

在這項協議之中，拿破崙三世企圖藉此而破壞意大利的統一運動。因爲其時馬志尼的勢力仍然相當龐大，這派的革命目標在將意大利建立成共和政體，拿破崙三世當然不希望意大利成爲共和國，更不願意有一個強大統一的意大利，所以主張在意大利成立四個國家，組織一個邦聯，由教皇出任邦聯主席。㊻

拿破崙三世所贏得的聲望將鞏固他皇帝的寶座，這是對他最大的價值，但他也要求有形的報酬，薩伏依 (Savoy) 和尼斯 (Nice) 割讓給法國——薩伏依是薩丁尼亞王室的搖籃，而尼斯是加里波蒂的誕生地。此外，依曼紐爾答應將十六歲的公主嫁給拿破崙三世的大表弟耶魯姆親王 (Prince Jerome)。㊼這兩個條件對依曼紐爾而言，都是極爲痛苦的犧牲，但是加富爾深信，如果沒有外援，沉重的奧地利夢魘無法剷除。因爲英國雖然富於同情，但是堅決不允干涉。法國是唯一的希望，拿破崙三世的條件勢必接受。

一八五九年元旦宮庭宴會中，拿破崙三世居然對奧地利大使說：「貴我兩國的關係並不如以往的和睦。」這是晴天霹靂，歐洲爲之震驚，更令人驚訝的是一月十日依曼紐爾在杜林主持國會開幕典禮時說：「我們的國家，領土雖小，已經載譽歐洲的歷屆會議，因爲她所代表的理想偉大，所鼓舞的同情豐富。局勢尙在危險之中，因爲我們雖然尊重條約，但是對於來自意大利許多部分的痛苦呼聲不能不無動於衷。」㊽

拿破崙三世和加富爾在普倫比埃秘密會晤的消息在報紙揭露之後，立卽引起各國的推測，法國皇帝和薩丁尼亞國王的言論不啻是公開聲明

㊻　Ibid., p. 153.

㊼　Grant and Temperley, op. cit., p. 229.
　　　拿破崙三世堅持這些條件是不智之舉，假使他沒有喪失意大利人的同情，一八七〇年的大災難也許可以避免。Ibid.

㊽　Marriott., op. cit., p. 208.

普倫比埃秘密條約即將付之實施。奧地利召開緊急會議，並派遣第三軍進駐倫巴底。英國面臨歐洲的緊張局勢，認爲如果法國在意大利從事戰爭，勢必導致與日爾曼的敵對狀態，而使比利時捲入，英國亦將被迫參與這種衝突，所以主張循歐洲協調的途徑解決。[49]

英國政府於二月間率先在維也納和巴黎之間作直接調停，英國在三月底提出建議，討論的基礎是法國和奧地利同樣在意大利撤退軍隊，建立邦聯（奧地利各省不在此內）來維持秩序。此項外交反應殊爲有效，拿破崙躊躇執行普倫比埃的協議，加富爾意識到此種情況將阻礙他的統一計劃，但仍繼續作戰爭準備。

其時法俄兩國對英國的調停提出新的建議──召開一次大會，這是強權所不敢拒絕的建議，因此列強之間談判的主題由意大利問題解決的條件轉變爲召開大會的條件。加富爾提出要求，薩丁尼亞以大國同樣的地位參加大會，而奧國首相布爾伯爵（Count Buol）要求薩丁尼亞應立即解除動員王家陸軍並解散志願部隊。

加富爾了解：軍隊旣然已經動員，撤消動員勢必招致災難。他所發起的對奧地利羣衆運動，如果他不能引發一個戰爭，將轉過來毀滅他個人。來自巴黎的消息稱：拿破崙在外交和輿論壓力之下，準備放棄戰爭計劃。加富爾於三月底遄赴巴黎，警告拿破崙三世，撤退已經太遲。他威脅着說：如果皮特蒙處於危地，依曼紐爾將被逼遜位。他自己將到南美，公佈所有文件，證明拿破崙三世鼓動戰爭陰謀。此種挺而走險的干涉顯然有效，拿破崙三世容忍着，沒有箝制皮特蒙，而這種容忍使加富爾能抵抗倫敦和柏林要求解除動員的壓力。當四月十八日最後的時間到達時，拿破崙三世無法對歐洲再堅持下去而要求杜林內閣接受解除動員時，此一拖延使奧地利犯了一項嚴重的錯誤。

---

[49] See Binkley, op. cit., p. 206.

此時，日爾曼內部發生新的轉變，一八五八年十一月普魯士國王威廉四世 (Frederick William IV) 因患精神病而由威廉親王 (Prince William) 攝政，而進入所謂一個「新的時代」("New Era") 威廉攝政王解散了反動的內閣而企圖獲得自由主義者的支持。十一月八日他向新政府宣佈：「普魯士必須在日爾曼作道義的征服」。這意味着普魯士今後將採取與奧地利合作的態度，而不是反對她。

皮特蒙的戰爭恐嚇使普魯士的新時代計劃接受一個最嚴格的考驗，因爲日爾曼的輿論要求動員以保衞奧地利，此時普魯內閣面臨政治上的進退維谷的窘境。如果拒絕此項愛國的號召將使荷漢索倫王室 (Hohenzollerns) 變成日爾曼民族的破壞者，如果順應此項愛國號召，將變成奧地利的爪牙。尤其是，日爾曼的動員可使戰爭從波河 (Po) 轉到萊茵河的可能性。

普魯士的新內閣經激烈辯論之後， 批准了外相舒萊尼玆 (Foreign Minister von Schleinitz) 的政策，將普魯士作爲一個大國的地位和她作爲邦聯成員的特質作明顯的分別。在日爾曼邦聯之內，普魯士將履行她愛國的嚴格職務；而作爲一個大國，普魯士不能容忍邦聯議會中的多數來指揮她的行爲。

普魯士這種立場使一八二〇年維也納藏事文件 (Vienna Act of 1820) 界定日爾曼邦聯成員對戰爭的義務的若干條款發生嚴重的問題，這些條款曾經愼重的擬訂；使邦聯有力來從事防衞，而無力作爲侵略的工具。例如第三十六條和第三十七條說明：傷害邦聯任何成員卽是危害整個邦聯的原則，但是成員的職務不得作挑撥困擾的行爲。第九十七條規定：假使一個成員在邦聯領土以外的邊境（如倫巴底）受到攻擊時，邦聯議會將以多數決定。此項攻擊是否危及日爾曼的安全，贊成票將使全體成員有提供援助的義務。普魯士內閣知道：無論何時只要奧地利要

求，他會獲得此項多數票。因此，普魯士事前宣佈：如果未經她的同意而逕行投票，她將以大國的地位，而拒絕此項投票的拘束。

但是這並不意味着普魯士將在任何情況之下不予奧地利援助，也不是說邦聯作爲一個軍事的防禦組織沒有重要性，奧地利駐普魯士公使一再向布羅報告：假使奧地利明白的是被攻擊者，則普魯士的援助需要時立刻可以提供。

可是，奧皇約瑟夫因加富爾的頑固而採取了一個致命的主動。他於四月七日命令奧地利動員，而且在其後的兩天內決定：最好的途徑是以快速的決定性的軍事行動迫使薩丁尼亞解除動員。正如一九一四年「在塞爾維亞的侵略」（"Einmarsch in Serbien"）一樣，這是「在薩丁尼亞的侵略」（"Einmarsch in Sardinien"），也正如在一九一四年一樣，奧地利事先必須與柏林磋商，阿爾伯契大公爵（Archduke Albrecht）接到了一件備忘錄，五十五年之後，賀約斯伯爵（Coune Hoyos）沿同樣的道路接到了備忘錄，阿爾勃契備忘錄解釋奧皇向薩丁尼亞提出最後通牒的目的是：

> 在幾天內解除武裝，萬一在幾天之後，杜林方面拒絕，則奧軍將進攻皮特蒙逼使解除武裝。這不是戰爭而是執行一項權利，因爲在這種情形之下，奧軍將立刻撤退，甚至不會保留一個村落。

威廉攝政王並不像其孫兒一樣，沒有給維也納開空白支票，他堅持奧地利應利用大會爲工具來解決意大利問題。但是假使戰爭是由於法國的侵略所引起，而奧地利已充分的利用和平的程序之後，則攝政王同意在邦聯內提議作戰的表決。將組成兩支大軍，一支在萊茵河由普魯士指揮，另一支在黑森林由奧地利指揮。無法估計的民族主義的力量將支持奧地利。

四月十八日夜晚，加富爾接到電報，顯示拿破崙三世已參加其他列

強這一方面，而要求皮特蒙解除武裝和解除動員，加富爾絕望之餘揚言惟有自殺一路。十九日晨，薩丁尼亞政府不得不向歐洲低頭而同意解除武裝。

奧皇約瑟夫不顧歐洲協調的權威，也不顧邦聯作爲防禦組織的立場，聽從軍事顧問格魯伯爵（Count Grunne）的勸告，竟不讓布羅知道，命令向薩丁尼亞提出最後通牒。四月二十日，歐洲各國首都發出新聞：皮特蒙已經屈服，奧地利正在挑撥一戰場爭，就是這樣，普倫比埃條約產生了果實，夠諷刺的這是在其犧牲者的援助之下所產生的果實。

奧地利的最後通牒是意大利命運的轉捩點，奧地利所犯的錯誤是一個世紀才能發生一次的錯誤。⑩

奧地利向薩丁尼亞所提的最後通牒，要求在三天內解除武裝，奧軍於四月十九日進入薩丁尼亞，這正是加富爾求之不得的事。他大聲叫道：「事已決定，歷史已經造成」。奧地利皇帝宣佈：他是爲「所有人民和國家的權利以及爲全人類最神聖的福祉」而戰，一般的感情認爲奧皇破壞了和平。皮特蒙國會宣佈依曼紐爾爲獨裁者，戰爭旋即開始。⑪

奧地利的最後通牒是外交上的嚴重錯誤，各國咸認這是大國欺侮小國的行爲。奧國不但在國際上陷於孤立，而且受到輿論界的同聲譴責，英國政府保持中立，並會同俄國阻止日爾曼各邦與奧國合作，以免戰爭擴大，普魯士決定保持自由行動，法國輿論界認爲對奧作戰是一場正義的戰爭。⑫

---

⑩　Binkley, op. cit., pp. 206–11.

　　格蘭特（A. J. Grant）和鄧波雷（Harold Temperley）二氏認爲奧地利爲什麼在這個危急之時，犯下嚴重錯誤，向薩丁尼亞提出最後通牒，「這是一個永遠難以解釋的事件。」

　　See Grant and Temperley, op. cit., p. 230.

⑪　Ibid., p. 230.

⑫　King, op. cit., p. 68.

四月二十八日，奧國向皮特蒙宣戰。翌日，皮特蒙對奧宣戰。四天
之後，法國亦隨着宣戰。三個星期後，卽五月十三日，依曼紐爾在熱那
亞歡迎「寬宏大量的盟友」拿破崙三世，他的蒞臨是爲了要「解放意大
利從阿爾卑士山直到亞德里亞海 (Adriatic)」。給予法蘭西皇帝的歡迎
自然是非常熱烈，到處都是玫瑰，玫瑰，正是五月的下午，在每一個意
大利人心中充滿着五月季節的希望。拿破崙三世可能自認爲是人類的恩
人，整整九個星期之後，皇帝陛下才起程返國。依曼紐爾在送行之後，
情不自禁的說: 「感謝上帝，他走了。」

隨卽而來的戰役代表着法國陸軍的勝利，表面上是如此，在一個月
中，聯軍所向無敵。六月四日，在馬肯達 (Magenta) 獲得一次大勝利。
八日，聯軍進入米蘭 (Milan)，於二十四日，在索菲里諾 (Solferino) 和
聖馬廷諾(San Martino)連戰皆捷，這位「寬宏大量的盟友」突然停止下
來。勝利者竟然與失敗者進行休戰; 拿破崙三世與奧皇約瑟夫(Emperor
Francis Joseph) 在維拉法蘭卡 (Villafranca) 會晤。❸ 七月十一日上午九
時，兩位皇帝會晤，在一個小時的談話中同意了初步媾和的綱要。 ❹

意大利將獲得解放，可是並不是一直到亞德里亞海，僅僅到明西奧
(Mincio) 爲止，奧地利保留威尼希亞 (Venetia) 和瓜特利拉爾 (Quadr-
ilateral)。杜斯肯尼 (Tuscany) 的李奧波 (Leopold) 和摩登那 (Modena)
的法蘭西斯(Francis)將予復位。奧皇同意將倫巴底割讓法國，再由法國
皇帝交給薩丁尼亞，意大利將在教皇領導下，以邦聯的方式聯合起來。❺

---

❸ Marriott, op. cit., p. 205.
❹ Binkley, op. cit., p. 211.
❺ Smith, op. cit., p. 287. and Marriott, op. cit., p. 209.
　　戰爭開始後不久，杜斯肯尼等各邦驅逐外國統治者，宣佈和皮特蒙合
併。
　　Marriott., op. cit., p. 210.

拿破崙三世所擬訂的休戰與和平計劃前先對依曼紐爾毫無暗示，加富爾在杜林忙於政務亦無所知。消息抵達時，加富爾乘火車於七月十日抵達前線時，知道法奧兩國皇帝已定於翌晨會晤決定政治條件。在這種緊張的情況下，加富爾幾乎為之瘋狂，與薩王會晤，舉行了一次充滿驚恐的會議。加富爾要求繼續孤軍作戰——這是一件瘋狂的要求，加氏痛心疾首直到薩王拒絕所請離去為止。

法奧休戰對加富爾而言似乎是一件完全的失敗，因為在意大利半島組成一個邦聯，而奧地利為其中成員，等於是肯定了奧地利的霸權；加富爾遂引咎辭職，離開政治舞臺。❺❻

拿破崙三世突然與奧皇締結休戰的動機，向是有待查證的問題，加富爾的評論頗接近事實：「氣候太熱，他是疲憊了。」疲憊的皇帝在索非里諾 (Solferino) 目擊可怕的殘殺為之膽寒，但是尚有其他理由，法國財政當局對戰爭的龐大代價嘖有繁言而政客們認為報酬頗為渺茫，奧軍雖然撤退到明西奧 (Mincio) 之後，但並不是真正的被擊敗，軍事前途並不令人鼓舞。尤其是，外交情勢非常困難，更不用說危險了。最使他遺憾的是，拿破崙發現自己憨愚意大利的革命；他在意大利北部的成功威脅教皇的地位，使皇后和法國的天主教徒為之沮喪。英國、比利時和普魯士對於法國皇帝在意大利的冒險表示與日俱增的懷疑；而普魯士實際上已經正在動員俾便提供「調停」。這種局勢的發展使奧皇和拿破崙三世均為之驚慌。這是所以提出和所以接受休戰的決定性因素，正如毛奇寫信給他的兄弟說：「事情的要旨是：奧地利寧可放棄倫巴底而不願看到普魯士稱霸日爾曼。」

在返回巴黎之後，拿破崙三世自己的解釋殊為簡明：「為了爭取意大利的獨立，我違反了歐洲的希望而作戰；當國家的命運似乎受到危險

<hr>

❺❻　Binkley op. cit., 213.

時，我締結了和平。」⑰

戰爭已經結束，可是就在這個時候，民族主義運動作爲國家締造的動力 (state-making potency)，已變成意大利政治的決定性因素，意大利中部形成了其活動的場所。民族社 (National Society) 在策動革命，早在四月間，杜斯肯尼開始起義。當奧軍沿着普河撤退時，革命浪潮接踵而至，橫掃帕瑪、摩登那和羅馬迦那。民族主義者的熱誠掌握了羣衆，「外國人！滾出意大利！」的歌聲高入雲霄，雖然依曼紐爾派員組織已解放的領土，可是對奧地利的作戰並不順利，尤其是在杜斯肯尼，戰爭一直在拖延着。

維拉法蘭卡休戰帶給意大利中部自由的民族主義者第一次挺而走險的精神。眼看到奧地利仍將控制着意大利，而公爵們亦將隨之囘到他們自己的領地，似乎是一八五九年將再度步一八四九年失敗的後塵。自由主義的領袖們都奮而採取行動，民族主義對他們而言已變成生死的鬥爭，他們招募了三萬人阻止公爵們囘來。

杜斯肯尼的狂熱的民族主義亦隨之消失。早先，佛羅倫斯 (Florence) 的自由主義者無意將杜斯肯尼作爲皮特蒙的一省，可是在維拉法蘭卡之後，聯合主義者抬頭，與皮特蒙聯合似乎是唯一的庇護所，以防保守主義的勢力超過自由主義者。而且復辟的王朝可能作殘酷的報復，所以在一八五九年的冬天，意大利的民族主義運動被逼起來反對歐洲的

---

⑰ Marriott, op. cit., pp. 209-10.

關於拿破崙急於結束戰爭的原因，Robert C. Binkley 認爲：

雖然連戰皆捷，可是拿破崙三世頗爲擔憂，因爲國內不滿的表示，而日爾曼人正在他的側翼武裝着，而加富爾正在意大利中部欺騙他。在索菲里諾戰役之後，他旋卽要求英國出面調停。當倫敦政府不願提出他對奧地利的得意辦法，邦聯計劃時，他派遣軍言持白旗越過戰線，談判休戰。雖然普魯士業已動員，可是奧皇約瑟夫沒有獲得普魯士協助他再度征服倫巴底的保證，而亦有意於和平。Binkley, op. cit., p. 211.

外交，也就是說開大會來解決意大利問題，將一個邦聯的憲法強制於半島。

雖然法奧兩國的最後和約於蘇黎世簽字，而當時的外交局勢對中部意大利有利，英國政府採取不干涉政策。而拿破崙三世逐漸對奧皇的買賣表現不忠實的態度，至是年十二月時，他甚至願意爲了教皇的意大利臣民而開罪法國的僧侶。十二月二十二日一件半官方的小冊子「教皇與公會」（The Pope and the Congress）出現在巴黎的報攤，主張教皇應放棄他的領土（羅馬除外），來建立他的精神主權。此一小冊使公會不可能再召開，因爲拿破崙三世已不願遵守條約承諾，將意大利中部恢復其合法權威，歐洲協調已再度被置之高閣。

一八六〇年一月，加富爾復職，維拉法蘭卡證明是沒有預料到的福祉，他在辭職時沒有預料到國際權威的瓦解可能使和平條件變成具文，也沒有預見到中部意大利民族運動的穩定發展。他在復職之後採取了一個比前更爲大膽的政策，立刻向歐洲宣佈：他必須貫徹中部意大利的合併。問題是：根據何種條件法國皇帝允許這項合併行動？

二月二日，拿破崙三世在致依曼紐爾的函件中提出了他的條件：皮特蒙可以兼併帕瑪和摩登那，保留羅馬加那的行政權，但名義上仍屬教皇的主權。杜斯肯尼則給予薩伏依王室（House of Savoy）中年輕的王子作爲中部意大利王國（Kingdom of Central Italy）的核心，這種領土安排，邦聯將爲其自然的結果。奧地利的霸權將在中部意大利結束，在這種情況之下，拿破崙三世並不要求領土的補償。

如果皮特蒙直接了當的要求兼併杜斯肯尼，則必須付出尼斯和薩伏依的代價，依曼紐爾和加富爾可以在沒有任何犧牲而獲得一個解放的和邦聯的中部意大利以及以兩省爲犧牲而獲得一個擴大的皮特蒙之間作一選擇。加富爾對於他的選擇似乎並不猶疑，他選擇放棄薩伏依和尼斯俾

能使解放區的政治形式成爲法國式的統一的民族國家而不是像日爾曼那樣的國家體系。

加富爾在二月間的選擇，推翻了邦聯計劃，此一決定使日爾曼增加了不安全感。因爲法國在阿爾卑士山的兼併預示着進一步在萊茵河的兼併，因此，意大利邦聯計劃的失敗舖下了國際體系進一步瓦解的道路，而意大利的民族主義運動繼續在邁進之中。在三月中所舉行的公民投票，中部意大利幾乎一致贊成與皮特蒙聯合起來。㊹

問題是依曼紐爾是否敢接受這樣大的領土？列強是否允許這種合併？在這個緊要時機，英國對於意大利的願望給予有力的道義支持。帕瑪斯登爵士和約翰羅素的格言是：「意大利是意大利人的。」雖然他們不能直接干涉，但決定爲意大利保持格調。歐洲突然接受旣成事實，意大利北部和中部在依曼紐爾之下統一起來。四月二日，代表意大利一千一百萬人民的國會第一次在杜林開會。

可是拿破崙的債務仍待償付，他讓皮特蒙擴大到這個程度而自己却空着手面對着法國臣民是不可想像的事，更何況他的意大利冒險已經是嘖有煩言，拿破崙自然要求完成在普倫比埃的買賣，耶魯姆親王獲得了他的新娘；而薩伏依和尼斯割讓給法國。

將家族的發祥地交給法國對依曼紐爾而言是最痛苦的犧牲；將自己的愛女嫁給耶魯姆親王是個人的「恥辱」。馬志尼和加里波蒂認爲領土的割讓是由於外交的欺詐，加富爾是一個「低賤的私通者」，而拿破崙三世是一隻「狐狸精」。加里波蒂是尼斯人，對於尼斯的割讓特別憤慨，大聲指責加富爾：「你使我在我的故鄉變成了外國人。」加富爾看得很清楚：這種犧牲是不可避免的，他以沉重的心情毅然作了這種犧牲。

更嚴重的是，羅馬教皇世俗的領地與北意大利王國統一所引起的困

㊹　Ibid., pp. 212–16.

難。教皇堅決反對交出世俗的領地，奧地利自然支持教皇。拿破崙三世作爲依曼紐爾的「寬宏大量的盟友」，又是「羅馬教皇的保護者」，他的立場特別微妙。依曼紐爾作爲一位「天主教的君主」和「教會虔誠的子弟」向教皇提出了一項旣嚴肅而又富於責任感的請願書，他懇求教皇「考慮時代的需要，民族主義與日俱增的力量，意大利被分裂人民之間對統一的不可抗拒的衝力」，坦誠的接受一個新的聖職，而此項聖職將爲教會保全其崇高的領地，並保證教皇在意大利民族的領導階層具有光榮的地位。

國王誠懇的請願書遭受到教皇一連串頑固的拒絕行動，梵蒂岡先予譴責， 接着是教皇的咒詛 (anathemas)， 最後是處於破門律 (excommunication)。⑤⑨

第三節　邁向羅馬──「永恒之城」的里程

加富爾常常拒絕使用羣衆革命運動的戰術，相反的馬志尼則相信羣衆運動。加富爾期望在國際舞臺上以外交行動獲得結果，以國內穩定的政府來加強外交活動。

馬志尼一派的人士永遠忘不了在一八四八年三月的五天之中，米蘭(Milan) 的老百姓曾將奧地利的軍隊逐出該城， 他們相信只要有正確的準備這種行動在任何地方任何時間可以重複實施，可是這種想法是錯誤的。 中部意大利的人民並沒有以羣衆起義的方式對奧軍的驅逐有所貢獻，西西里的人民也沒有一起來響應加里波蒂的號召。但是在意大利中部和北部解放以後所喚起的羣衆運動越過了邊境，對西西里和那不勒斯

---

⑤⑨　Marriott, pp. 210–212.

的革命貢獻了力量，這種貢獻只能經由加里波蒂。⑩

　加里波蒂從羅馬逃亡以後，於一八五四年獲准退隱到薩丁尼亞外島卡波里拉（Caprera）。一八五九年戰爭，加里波蒂從退隱中再執干戈，從事游擊戰，而成為家喻戶曉的民族英雄，希望有生之年看到意大利的統一，定都羅馬。⑪加里波蒂在一八五九年時，放棄了馬志尼的共和主義，而願意為皮特蒙的王室服務。

　在對抗奧地利的戰爭中，加里波蒂作為義勇軍的領袖增加了他的聲望，他的忠實信徒隨時可以構成一支私人軍隊的核心。在一八五九年十一月的緊張時期，他在意大利中部號召一批軍隊，計劃攻擊教皇的領地瑪奇斯（Marches）。正在這個時候，他進一步的表現政治上的天真，參與皮特蒙政治中一個反加富爾集團的陰謀。金錢、人力和聲望集一身，加里波蒂在一八六〇年的春天在意大利政治中變成了獨立的力量——一個不可預測的力量很可能輕易的破壞了意大利的統一大業。

　這些職業的游擊戰士有四項可能的目標：威尼希亞、羅馬、那不勒斯王國和尼斯。攻擊威尼希亞意味着與奧地利的戰爭；攻擊尼斯或羅馬意即找法國的麻煩，加里波蒂不顧這些危險。於四月間計劃進攻尼斯以阻止將其割讓給法國，並且在邁向西西里的路上，對羅馬的領地發動攻擊。可是對意大利統一大業總算是幸運的，他在最後，放棄了干預尼斯。而他的副手齊安巴奇尼（Ziambachini）在進攻羅馬時遭到了一個完全的大失敗。結果使加里波蒂的注意力轉向國際局勢最少冒險的地點，那就是西西里島。⑫加里波蒂如果想達到他的目標，其第一步是將波旁王室逐出意大利南部，包本王室在那不勒斯的統治，正如格蘭斯登爵士

---

⑩　Binkley, op. cit., pp. 216–17.

⑪　Marriott, p. 212.

⑫　Binkley, op. cit., pp. 217–18.

(William Euart Gladstone, 1809-1898) 在一八五〇年多天所說的：「是對宗教、對文明、對人性和對禮儀的一項暴行。」對上帝的否認居然會建立在政府的體系之中。假使這種「罪惡如山」的統治繼續下去，勢必導致君主政治的滅亡，而建立一個共和國。而共和國的「政治信念在其人民的性格中鮮有自然或習慣的根源。」❸

加富爾在完成中部意大利的合併工作之後，探索次一行動的途徑。當時，奧地利、那不勒斯和羅馬似乎正在形成一個同盟，企圖奪回教皇的領地，加富爾向那不勒斯提議分治意大利並共享霸權，使法蘭西斯國王 (King Francis) 與奧地利和教皇分裂，接受民族統一的大義，採取自由憲法的政策，承認依曼紐爾領有羅馬迦那；而以恩勃里亞和瑪奇斯作為那不勒斯國王的補償。在一八六〇年的春天，那不勒斯很少有接受這種提議的可能性，加富爾希望那不勒斯拒絕他的提議，因為他預期那不勒斯可能暴發革命，反對包本王朝的統治，而希望乘機取得那不勒斯。

西西里島是發動對波旁起義的最理想的起點，因為它在傳統上對那不勒斯人具有敵意，雖然馬志尼派的人士和民族社在西西里曾有接觸，可是當時革命的自然和傳統目標是西西里島的獨立，而不是與意大利半島統一起來。西西里島的人們，幾乎以迷信和宗教熱心來向加里波蒂歡呼。❹一八五九年九月二十九日，加里波蒂寫信給西西里島人，只要西西里島有起義的信號，他即刻率領遠征軍到西西里。他說：

> 我的兄弟們，我和我的袍澤所以作戰的大義並不是一個教區的大義，而是我們整個意大利，從特拉巴尼 (Trapani) 到艾生族 (Isonzo)，從塔倫杜 (Taranto) 到尼斯的大義所在。因此，恢復西西里的工作是恢復我們自己的工作，我們將以在倫巴底戰場上作

---

❸　Marriott, op. cit., pp. 212–13.
❹　Binkley, op. cit., pp. 218–219.

戰的同樣熱誠來爲此而戰。⑥

　　加富爾在密切的注意南方局勢的發展。一八六〇年三月三十日，他寫信給在那不勒斯的維拉馬里那（Villamarina）說：「明顯的，在意大利南部非常重要的事件正在製造之中……你知道我並不希望將那不勒斯的問題成爲尚未成熟的危機……假使目前的情況能繼續幾年。將對我們有利，但是我相信我們將被迫來釐訂一項計劃。我本希望這項計劃尚須經相當時間才成熟。」加富爾是正確的，可是這種考慮並不引起那些衝動冒險者的共鳴。

　　一八六〇年春天，克里斯畢（Francesco Crispi）所組織的起義行動在西西里爆發。加里波蒂決定趕往援助，在熱那亞出發之前，他上書國王說：

　　　　我知道我所從事的是一項危險的事業，假使我們成功，我將引以
　　　　爲傲的在陛下的王冠上增加一顆新的，也許是更爲燦爛的珍珠，
　　　　唯一的條件是陛下要堅決反對那些將此一地區割讓給外國人的謀
　　　　士們，我所誕生的城市就是這樣被割讓的。⑥

　　事實上，皮特蒙政府對此次遠征的目標完全同情，依曼紐爾從自己的私囊捐獻了三百萬法郎作爲軍費。民衆也慷慨捐輸，民族社供應槍砲和軍伙。政府對於在熱那亞的招募志願軍和其他軍事準備假裝看不見。⑥

　　加富爾儘力設法使各國政府相信皮特蒙政府沒有參予遠征計劃；爲了轉移法國的注意力，並不斷散佈謠言：皮特蒙將以西西里交給英國以換取那不勒斯。謠言散佈後，加富爾又加以否認，以混淆視聽。法國政

---

⑥　Marriott, op. cit., p. 213.

⑥　Ibid., p. 213.

⑥　Ibid., p. 214.

府深信不疑。因爲西西里盛產硫磺，爲工業所必需，加富爾的心理戰相當成功，當加里波蒂的遠征西西里消息抵達巴黎時，法國政府有所顧忌而不敢採取行動。[68]

加富爾認爲拿破崙三世絕不願有一個統一強大的意大利出現，所以將希望寄託於英國。他說： 「我希望英國能在意大利南部做法國在意大利北部所做的事。」[69]

加富爾相信英國樂於見到統一而強大的意大利，以平衡法國在地中海的力量，英國惟恐法國要求割讓熱那亞爲條件，因而默允皮特蒙遠征西部；而法國則疑懼英國要取得西西里，而允許皮特蒙在那不勒斯的統治權，英法兩國彼此猜忌而使皮特蒙坐收漁利。[70]

加富爾的使命遭遇到非常的挑戰，但是他所表現的是完美無缺的政治家的技巧。他的手腕是如此的巧妙，馬志尼一派的人雖然與所有的證據相反，經常肯定的說： 他不惜勞苦來阻撓這次遠征的目標，阿克頓爵士 (Lord Acton) 描寫他的行爲： 「沒有節操的政治手腕的勝利」而明白的認爲加里波蒂是被他利用和受騙的人。阿克頓爵士的裁判和馬志尼派人士的看法均離事實很遠。屈文原 (Mr. Trevelyan) 所著「加里波蒂和千人遠征軍」(Garibaldi and The Thousand) 一書中有公平的記載，他說： 「馬志尼和其同道煽動這次遠征；加里波蒂將它完成；國王和加富爾批准它出發，當它開始成功之際，給予支持和指導。如果沒有這種支持和指導，它勢必半途而廢。」如果可能，加富爾希望南北統一的完成延期，而其實現最好能避免加里波蒂遠征所給予歐洲各國的宮廷和首相們的震驚。因爲從他們的目光中，加里波蒂和他的「一千人」等於是

---

[68] Whyte, op. cit., p. 388.

[69] Ibid., p. 421.

[70] King, op. cit., vol. 2, p. 161.

應該加以捕殺的一羣土匪。

假使加富爾企圖阻止加里波蒂，其代價將是依曼紐爾的王冠。君臣兩人均無意來阻止這次遠征的危險，因爲君臣都希望成功。**⑦**

當遠征軍出發時，加富爾視若無睹，俟出發後，才下令逮捕加里波蒂，這種方式引起俄、普、奧各國的憤慨，而相繼提出抗議。法國宣佈取消從羅馬撤兵的計劃，加富爾則表示薩丁尼亞與法國維持同盟關係的重要性。**⑦**

一八六○年五月三日，加里波蒂率領一千一百三十六名穿紅衫的志願軍，分乘兩船，離開熱那亞港，於十一日在馬塞拉（Marsala）登陸，向那不勒斯政府主要的軍事基地柏勒莫（Palersa）挺進，由於他卓越的領導，士兵的勇敢、西西里人的支持以及柏勒莫守軍郎查（Lanza）的軟弱，加里波蒂贏得一場輝煌的勝利，第一次的勝利決定了西西里戰役。**⑦**

加里波蒂和他的遠征軍兩個月之內，已經是西西里的主人。在英國分艦隊默許之下，他渡過斯巴地文托（Spartivento），然後實際上未經抵抗，登陸那不勒斯。波旁國王於九月六日逃離那不勒斯。翌日，加里波蒂在無法形容的熱烈歡迎中進入那不勒斯城（Naples）。

在這幾個月中，加富爾在得意和焦慮的複雜心情中一直注視着事件的進展。這眞是考驗偉大政治家氣質的危機，在那不勒斯國王逃跑之後，加里波蒂宣佈爲兩西西里的執政官而要求皮特蒙政府予以批准。其時，意大利國會已批准那不勒斯和西西里合併到北部的王國。問題是加里波蒂是否會尊重這次投票。加里波蒂宣佈：他未能在羅馬宣佈依曼紐爾爲意大利國王之前，不會將這幾省合併到意大利王國。這眞是千鈞一

---

⑦ Marriott, op. cit., p. 214.

⑦ Ridley, op. cit., p. 438.

⑦ Grant and Temperley, op. cit., pp. 236–37.

髮之際。加富爾的畢生事業、馬志尼的畢生事業，以及加里波蒂自己的畢生事業都在危險之中。**⑭**

　　加里波蒂登陸那不勒斯之後，加富爾惟恐俄、普、奧三國出兵干涉，或者是教皇與法蘭西斯二世夾攻加里波蒂的遠征軍。**⑮** 只要其中之一成為事實，就足以破壞意大利的統一。加富爾的心情殊為慎重，他既不希望加里波蒂失敗，又擔心加里波蒂在馬志尼派人士的包圍之下，在那不勒斯成立政府，與皮特蒙成為南北對峙的局面；又惟恐加里波蒂進軍羅馬，而與法國直接發生衝突。加富爾在他事業的顛峯時期，他的才幹能挺得住這次危機，加富爾以他那種大師手筆的政策，將掌握整個運動的樞紐從遊俠之士兩蒂的手中轉到清醒沉着的政治家手中，他決定派遣王家陸軍到羅馬馬奇斯(Roman Marches)負有雙重任務；阻止教皇軍隊從羅馬迦那方面的攻擊；以及假使必要的話，制止加里波蒂向羅馬進軍。**⑯** 加富爾旋即派人向拿破崙三世說明當前局勢，希望允許皮特蒙取道教皇國，南下那不勒斯，法國皇帝惟恐加里波蒂與英國結盟，予以同意，**⑰** 可是拿破崙三世是有限制的予以同意，他說：「假使皮特蒙認為有絕對的必要將她從罪惡的深淵中拯救起來。那樣也好，但她必須自己負責和自行冒險。」當時情況嚴重，加富爾他寫信給在國外的意大利大使們說：「假使我們不能在加里波蒂到達拉加托里加 (La Cattolica) 之前到達佛爾登諾 (Volturno)，這個君主國家將為之喪失，而意大利仍將為革命的

---

⑭　Marriott, op. cit., p. 215.

⑮　King, op. cit., vol. 2, p. 161.

⑯　Marriott, op. cit., p. 215.

⑰　Ridley, op. cit., p. 486.
　　加富爾派二人在法國的香柏利 (Chambery) 晉謁拿破崙三世，根據 Lynn M. Case 的報導，法皇接受加富爾的計劃，並說：「要做就趕快做」。Binkley, op. cit., pp. 221–22。

犧牲品。」⑱

教皇庇護九世已知迫在眉睫之間的危險，在馬奇斯（Marchcs）和恩勃里亞（Umbria）已醞釀着革命，雖然自一八四九年以來，教皇國已完全失去民衆的支持，可是教皇國爲歐洲國際體系中的一部分，很難找到攻擊的藉口。加富爾遂在致教皇庇護九世的電訊中宣佈：薩丁尼亞國王有鑒於「人道的緣故」而欲防止教皇的軍隊以暴力來鎭壓恩勃里亞的民衆運動。⑲就以這種藉口，加富爾派遣部隊進入教皇國，此舉立卽引起歐洲列強的激烈反應，拿破崙三世首先提出抗議，撤回駐杜林公使，但法皇此舉無非是障眼法而已⑳，俄國也撤回公使，奧地利自八月初以來卽在北部增加兵力，並建議俄、普兩國在華沙舉行會議，討論意大利問題，幸而在此危急時期，歐洲局勢有利於薩丁尼亞，華沙會議才未能成功。㉑

一八六〇年九月初，薩丁尼亞陸軍正向南方挺進之中。九月十八日，薩軍在加斯費特洛（Castelfidardo）與教皇的傭兵遭遇，完全予以擊潰，九月二十九日，安柯那（Ancona）投降；整個恩勃里亞和馬奇斯都已佔領，當王家陸軍向南進軍之際，加里波蒂的部隊向北挺進。馬志尼警告加里波蒂說：「假使在三個星期過去之前，你還不能在往羅馬或威尼斯的途中，你的主動卽將終止。」這是非常健全的判斷。很幸運的，此項危險終於避免。彭比諾（Bombino）和那不勒斯的軍隊爲加富爾完成了使命，因爲將近有兩個星期（從九月十九日到十月一日），他們與加里波蒂的軍隊在佛爾登諾（Volturno）作戰而成膠着狀態。十月一日，加里波蒂

---

⑱ Marriott, op. cit., p. 215.

⑲ Grant and Temperley, op. cit., p. 238.

⑳ Smith, op. cit., p. 325.

㉑ A. J. P. Taylor, *The Struggle for Mastéry in Europe: 1848–1918*, pp. 123–24.

贏得一次大勝利，那不勒斯軍隊潰散，國王法蘭西斯二世（Francis II）逃往迦塔（Gaeta）。十月三日，依曼紐爾與薩軍會師安柯那，而與加里波蒂兩軍對峙。加富爾敦促依曼紐爾對加里波蒂表示「無限體恤」之意，而深信加里波蒂「會欣然將執政官的頭銜奉獻於陛下的脚下。」加富爾對他的「最勇猛的敵人」的判斷非常正確。十月二十一日舉行了加富爾所堅持的公民投票，那不勒斯和西西里宣布，除少數有不同意見之外，贊成與意大利王國合併。在這個千鈞一髮之際，加里波蒂捐棄私見，證明他與加富爾一樣的偉大⑫。加里波蒂宣布：

> 明天，依曼紐爾這位民族的選民將突破幾世紀來將我們與這個國家其他部分隔開的邊境……而將在我們中間出現，讓我們由衷的接受這位上帝所差遣來的人……不再有政治色彩，不再有派系，不再有傾軋，讓意大利在誠實國王（re galantuomo）領導下統一起來，他是我們再生和國家興盛的象徵。⑬

十月二十六日，加里波蒂和依曼紐爾會晤，十一月七日，兩人騎馬並肩進入那不勒斯城。加里波蒂大功告成，他已經在依曼紐爾的王冠上添了「一顆新而更燦爛的珍珠。」他也將新的臣民委託於國王陛下，然後，拒絕一切報酬和勳章，再度靜悄悄的退隱在加波里拉島（Caprera）的家園。法蘭西斯二世在迦塔支持了幾個月，終於在一八六一年二月十三日投降。二月十八日代表意大利各地除威尼希亞和羅馬之外的國會在杜林開會，南北統一正式完成，依曼紐爾君臨意大利二千三百萬臣民。

四個月之後，一八六一年六月五日，加富爾這位締造現代意大利的政治家與世長辭。如果沒有加里波蒂這位冒險家的膽識，這位偉大的外交家可能不會完成他非常的使命；如果沒有加富爾謹慎的指導，加里波

---

⑫　Marriott, op. cit., pp. 215–16.

⑬　Cited in Marriott, op. cit., p. 216.

蒂所激盪的熱誠可能會糟蹋殆盡，屈文原以絕對公正的態度衡量這兩位意大利統一的偉人。他說：

> 假使加富爾在六月間已經成功的兼併了西西里，假使他已經免除了與革命軍競爭，則列強不會允許他攻擊那不勒斯或者是敎皇的領地。假使另一方面加里波蒂在攻擊羅馬中獲得成功，拿破崙三世將被迫來破壞他們爲意大利所完成的一切，膽識原則（principle of audacity）和指導原則（principle of guidance），二者均爲革命成功的要素，在一八六〇年每個原則均有幾乎是完美無瑕的代表。

不幸的是，加富爾畢生的事業尚未完全成功之時竟溘然長逝。羅馬和威尼斯仍然是統一意大利的兩個創傷。加富爾在一八五六年寫信給拉法里那（La Farina）說：「我深信意大利終將成爲一個單一國家，而羅馬將爲她的首都。可是我不知道她對於此種偉大的轉變是否已有所準備。」[84]

拿破崙三世曾企圖與加富爾再合作一次以解決羅馬問題，促使意大利放棄羅馬；此項協議即三年後著名的「九月公約」（September Convention），爲法國外相索凡尼（Thouvenel）所擬的計劃。意大利內閣在激辯之後接受了這些原則，加富爾決定在最適當的時機破壞此項協議，以鼓勵羅馬人民叛變而加以兼併，拿破崙也許了解加富爾有此意圖，而在六月三日宣稱，他希望不久簽訂此項條約。兩天後，加富爾逝世，[85] 最後，法國終於一八六四年九月與意大利會談：決定法國於一八六五年二月後，在兩年之內撤退在羅馬的法軍，其交換條件是意大利尊重羅馬的獨立，而將首都由杜林遷到佛羅倫斯（Florence）。[86]

---

[84] Ibid., pp. 217–18.
[85] Binkley, op. cit., p. 225.
[86] Albrecht-Carrié, op. cit., p. 107.

羅馬是意大利統一中的最後一個問題。

加里波蒂的急性，在意大利統一史上引起了一個痛苦的插曲。如果加富爾尚在人間，他的持重可以將這段插曲轉過去，遺憾的是加富爾後繼無人。加里波蒂一心一意要立卽以佔羅馬，他認爲政府將會像過去同樣的意義之下反對他遠征西西里來反對他進軍羅馬，可是當時的外交處境非常艱難。羅馬是在拿破崙三世的保護之下，像依曼紐爾政府的處境決不會允許其臣民公然抗命，而對這樣複雜而微妙的問題採取獨立行動。可是加里波蒂拒絕聽從一切理由，一八六二年七月，他在西西里科集了大約四千義勇軍，登陸崑大利，經加拉勃里亞（Calabria）向北進軍。八月二十九日在阿斯普洛蒙（Asorinibte）遭遇王家軍隊，加里波蒂受傷被俘，囚禁在瓦里格南諧（Varlgnano），他的部屬星散，作爲一位光榮的俘虜對於相當丟臉的政府殊爲窘迫。後來，政府予以特赦。❽

俾斯麥在與奧地利決定性的衝突前夕，曾誘惑拿破崙三世，含糊的暗示法國擴大版圖。並希望與依曼紐爾締結一項條約，依曼紐爾給奧地利一次機會，建議協助奧地利對抗普魯士，以歸還威尼希亞爲條件，奧皇約瑟夫自然予以拒絕，可是此項拒絕付出了巨大的代價。❽❽ 一八六六年，依曼紐爾與俾斯麥達成協議，如果與奧地利發生戰爭，普魯士和意大利將以全力投入戰爭，普魯士在意大利沒有獲得威尼斯之前不與奧地利締結和平。❽❾

在七週戰爭中，奧地利因意大利和普魯士的聯盟而被逼在阿爾卑士山以南保留大量的部隊，而未能投入薩多瓦之戰，可是意大利的部隊不堪一擊，七月二十四日，在古斯杜沙（Custozza）被奧軍擊潰，意大利的

---

❽　Marriott, op. cit., p. 218.

❽❽　Ibid.

❽❾　Grant and Temperley, op. cit., p. 255.

海軍雖比奧地利的海軍佔有優勢，但在里莎（Lissa）一役亦受重創，如果意大利單獨作戰，則一八五九年的成就將全功盡棄。⑩

俾斯麥信守承諾和盟約，但是不讓意大利所得到的超出承諾的範圍，因此在一八六六年，「威尼希亞」（"Venetia"）是盡可能的以最狹義的來解釋的，意大利北部的邊境的劃分剝奪了在特倫廷諾（Trentino）的三百七十萬意大利人，特倫廷諾在地理上僅是倫巴底和威尼希亞平原的延長；但所有的關口均開向意大利。奧地利在俾斯麥假裝看不見的情況下繼續控制着這些關口，因此奧地利的軍事前哨深入意大利邊省的心臟地帶。一八六六年十月，西威尼希亞以公民投票的方式與意大利統一起來。⑪

加里波蒂誓死要取得羅馬，一八六七年，他的兒子梅諾帝・加里波蒂（Menotti Garibaldi）承繼父志，招募義勇軍，再度進軍羅馬。加里波蒂逃離加普里拉島與其子會師，在洛登杜山（Monte Rotundo）與教皇軍隊激戰而大獲全勝，可是在孟塔那（Mentana）與增援聖城的法軍遭遇，意勇軍裝備不良，終被裝備有新發明的後膛槍的法軍所擊潰，加里波蒂這位人民衷心愛戴的民族英雄，再度被捕，被放逐到加普里拉島（Caprera）。

意大利統一是一幕漫長的戲劇，最後一幕在一八七〇年，普魯士攻擊法國，促使法軍從羅馬撤退，依曼紐爾乘此機會，再度以虔誠的天主

---

⑩　Ibid., p. 280.

⑪　Marriott, op. cit., p. 219.

　　直到一九一九年這種邊境才得意大利作有利的修正。艾斯特里亞（Istria）幾世紀來是威尼希亞完整的一部分，可是在一八六六年依然為奧地利所佔領，一九一四年，意大利對德意志採取報復行動。就是因為意大利民族統一運動（Italia Irredenta）的問題，意大利脫離三國同盟，而在第一次世界大戰中，站在協約國這邊作戰。**Ibid.**

教徒向教皇呼籲，接受「旣尊嚴又獨立的地位。」教皇依然不動於衷，而將問題交於上帝。

　　一八七〇年九月二十日，經過假裝的抵抗之後，王家軍隊進入羅馬；意大利三色旗終於飄揚在此一永恒之城，旋即舉行公民投票，有四〇七八八人投國王的票，投教皇票的僅四十六人。

　　一八七〇年底，依曼紐爾私人訪問羅馬，對教皇遭受泰伯河 (Tiber) 洪水之災表示慰問之意，一八七一年六月二日，依曼紐爾勝利的進入羅馬永恒之城，自此以後，羅馬即爲意大利的首都，教皇退入梵蒂岡城，一直到一九二九年拉特蘭條約 (Lateran Treaty) 爲止，教皇自命爲「囚徒」，意大利的統一經過悠長歲月的奮鬥終告完成。❷

　　雖然意大利在古代有大統一的局面，統一的意識永遠不會完全淡忘，可是意大利人希望自己構成一個國家卻是十九世紀民族主義特殊的例子。這種統一意識雖然重要，可是將其作爲行動基礎的願望並沒有深深的影響意大利人，這種統一意識大半僅限於政治意識，和少數知識分子而已。對於那些懷念古羅馬文化的人士特別強烈，所以在意大利統一完成之後，有一句著名的話：「我們已經締造了意大利，留下來所要做的是創造意大利人。」

---

❷　Ibid., pp. 219–20.

第五章　德意志的統一：民族主義是最高的優先

第一節　向自由主義挑戰

口爾曼 (Germany) 和意大利一樣幾百年來只是地理上的名詞，而不是統一的民族。日爾曼不像英國有自由主義和議會政治的傳統，也不像法國那樣有社會革命傳統。❶ 當西歐在歷史悠長的歲月中已演變成爲民族國家時，日爾曼仍被籠罩在一個帝國的陰影下，這個帝國就是伏爾泰 (Francois Arouet de Voltaire) 所說的「旣不神聖，又非羅馬，更非帝國」的神聖羅馬帝國。在一五〇〇年時，所謂神聖羅馬帝國已經衰弱，境內有三百多個小邦，集體的稱爲日爾曼 ("the Germanies")，由一個脆弱的一脈相傳的帝國觀念聯繫在一起，因爲無法克服封建主義，所以未能在日爾曼產生民族王國 (national monarchy)❷。可是正如意大

---

❶ David Thomson, *Europe Since Napoleon*, 2nd ed. (London: Alfred A. Knopf Inc., 1962), p. 185.

❷ Carlton J. H. Hayes, *Modern Europe to 1870*, (New York: Jericho Farm Afton, 1953), pp. 4-6.

利一樣，日爾曼的統一運動深受法國大革命和拿破崙戰爭的影響，拿破崙激發了日爾曼人的愛國意識和民族情操，轉過來反抗法國的壓迫。

一八〇六年，拿破崙拒絕承認神聖羅馬帝國，並將巴登 (Baden)、巴伐利亞 (Bavaria)、符騰堡 (Wurttemberg)、赫森‧達莫斯丹 (Hesse-Darmstadt)、薩克遜 (Saxony) 及其他十二個小邦組成爲萊茵邦聯 (Confideration of the Rhine) 在法國皇帝的「保護」之下。❸

一八一三年，普魯士在來比錫 (Leipzig) 之役的勝利激起了日爾曼的民族意識。吾人可以說：日爾曼民族主義是受法國大革命和拿破崙戰爭直接的影響，而又在法國的控制下逐漸茁長。❹

拿破崙戰爭後的維也納會議建立了日爾曼邦聯 (German Confederation)，代表萊茵邦聯，由各邦以獨立國地位加入，共三十九邦，在法蘭克福 (Frankfurt) 設立邦聯國會，討論邦聯的事勢，事實上，在正統主義籠罩之下。可是維也納會議的歐洲不復是昔日的歐洲，自由主義和民族主義在各地茁長，在日爾曼境內，各大學成爲自由運動的中心，自由知識分子構成了日爾曼統一運動的主力。❺

一八四七年時，自由主義者的願望公開和廣泛的在中歐展開，在普魯士，國王威廉四世 (Frederick William IV) 將地方和各省的議會合併爲一個「聯合國會」("United Landtag")；議員們要求將「聯合國會」改變成爲一個「巴力門」(a parliament)，能經常集會，並與國王分享立法權。❻

---

❸ Ibid., pp. 548–49.

❹ Gerhard Ritter, *The German Problem: Basic Questions of German Political Life, Past and Present*, trans. by Siguard Burkhardt, Columbus: Ohio State University Press, 1965, p. 20.

❺ Hans Kohn, *The Idea of Nationalism: A Study in Origins and Background* (New York: The Macmillan Co., 1951), p. 331.

❻ Hayes, op. cit., p. 663.

　　法國革命有特殊的傳統，所以一八四八年法國的二月革命的火炬立
刻由一個首都傳到另一個首都，幾乎整個歐洲受到二月革命的衝擊。普
魯士國王威廉四世為消弭革命風潮，而召開聯合國會。❼ 民眾以公開叛
亂為威脅要求頒佈憲法，普王遂允諾立憲，三月二十一日，威廉四世在
革命死難者葬禮的前一天發表「告日爾曼民族書」（"To My People and
to the German Nation"）接受自由主義。普魯士成為日爾曼統一運動
的領導中心，柏林的「三月風暴」（the tumultuous "March Days"）始
告結束。❽

　　在自由主義和民族主義的激盪下，三月三十一日，代表日爾曼各邦
的「預備國會」（Vorparlament, Preliminary Parliament）在法蘭克福
（Frankfurt）揭幕。經四天的討論，決定各邦中每五萬人選舉代表一人。
五月十八日，議員五百五十人在法蘭克福的聖保羅教堂（St. Paul Church）
舉行，即著名的「法蘭克福國會」（The Frankfurt Assembly），❾ 準備成
立日爾曼民族帝國，並選舉奧地利的自由主義者約翰大公爵（Archduke
John of Austria）為帝國臨時行政首長，十一月國會公佈「日爾曼民族
基本權利宣言」（Fundamental Rights of the German Nation），充分
的顯示民族主義的色彩。❿

　　十一月，舒華妓堡（Felix von Schwarzenberg）出任奧地利首相，
扮演「新梅特涅」的角色，撲滅各地的革命，使奧地利在普魯士未完全

---

❼　Carlton F. H. Hayes & Charles Woolsey Cole, *History of Europe Since 1500* (New York: The Macmillan Co., 1956), p. 322.

❽　J. Salwyn Schapiro, *Modern and Contemporary European History (1815–1940)*, Boston: Houghton Mifflin, 1968. p. 198.

❾　Adolphus William Ward, *Germany: 1815–1890* London: Cambridge University Press, 1918, p. 458.

❿　Hayes & Cole, op. cit., pp. 323–24.

控制日爾曼各邦之前，能重新掌握日爾曼的領導地位，註定了革命運動徹底失敗的命運。⓫

一八四八年多天，普魯士和奧地利的反動勢力再度抬頭，法蘭克福國會中的自由陣營處於不利的地位。⓬ 爲了挽救這種不利的趨勢，法蘭克福國會於一八四九年三月提出了一部新憲法，將德意志帝國的皇冠獻給普王威廉四世，但遭拒絕。⓭ 不久普奧的軍隊鎮壓了激進分子所控制的日爾曼各邦，普魯士重返保守主義的陣營，革命完全失敗。

一八四八年，日爾曼革命的口號是：「統一、自由和權力」(Einheit, Freiheit, und Macht)，德國歷史學家瓦倫廷 (Veit Valentin) 說：一八四八年到四九年，日爾曼革命的目的是嘗試建立一個「強盛、自由的國家」；可是其後的發展，建立「強盛的民族帝國」(strong national Reich) 變成了主要的目標；「自由」("Free") 一詞已被刪除，因此日爾曼革命的口號變成了「統一和權力」，其所強調的僅是民族主義，而非自由主義。⓫

一八四八年日爾曼革命精神的唯一寄託是法蘭克福國會，雖然追求自由和統一，但是代表們來自不同的邦，對日爾曼統一持不同的觀點，

⓫ Lewis B. Namier, "Nationality and Liberty", in Eugene Black (ed.), *European, 1815–1970: Espects of Liberalism* (New York: Harper & Row, Publishers, Inc. 1967), pp. 144–45.

　　奧地利的一位左翼人士史特瑪 (Stremayr) 曾於一八四八年十月二十七日說：「假使斯拉夫人給我以自由而日爾曼人將我加上桎梏，我仍願追隨日爾曼，因爲我深信：一個統一的日爾曼將導我於自由。」

　　Ibid., p. 145.

⓬ René Albrecht–Carrié, *A Diplomatic History of Europe Since the Congress of Vienna* (New York: Harper & Row, Publishers, 1973), p. 78.

⓭ Marriott, op. cit., pp. 212–22.

法蘭克福國會所面臨的最大問題是將來新德意志的疆域。

在日爾曼邦聯中，普奧兩國均有操非日爾曼語的人民，普魯士境內有波蘭人，而奧地利帝國內有斯拉夫人、馬札兒人、羅馬尼亞人和意大利人，這些外族人民常常是帝國內離心力和動亂的來源。問題是：未來的新德意志帝國是否容納這些外族？法蘭克福國會對於此一問題分爲兩派：「大德意志派」(The Big German or Gross-Deutsch Party)和「小德意志派」(The Little German or Klein-Deutsch Party)。前者包括奧地利帝國，如果這一派的主張得告實現，則奧地利將像過去主宰舊日爾曼邦聯一樣主宰新德意志帝國；如果後者實現，則日爾曼民族將分裂爲兩個國家，一個是奧地利帝國，另一個是由普魯士所領導的新德意志帝國。

從這個問題的爭論上，吾人可以看到狹窄的民族主義情操有產生國家沙文主義的傾向。普魯士雖然有波蘭問題，但視波蘭爲日爾曼固有的領土；另一方面認爲奧地利帝國所控制的倫巴底、威尼斯和匈牙利爲非日爾曼領土，而贊成「小德意志」，而奧地利惟恐普魯士稱霸於日爾曼，而贊成「大德意志」，再加上新舊教的因素，使問題更形複雜，歷史性的普奧相爭達到最高潮。⑫

普魯士的興起並不是由於自然的恩惠，應歸之於普魯士人的天才、勤儉和堅毅不拔的精神。現代普魯士是她的卓越軍人、文官和君主們所締造的，而在所有的君主中，腓特烈威廉四世 (Frederick William IV)是最弱的一位。他的綽號是「踩軟索者」，他在王位與臣民之間所扮演的是啞劇演員。⑬

一八五〇年三月在蘭德維玆 (Rodwitz) 的籌劃下，普王邀請奧國以外的日爾曼各邦集會於艾爾福特 (Erfurt)，企圖另組邦聯，進一步統一日爾曼，此一計劃獲得北部十七邦的支持，共推普魯士王爲領袖，但招

致奧地利的堅決反對而導致激烈的衝突。其後普王自忖力量薄弱，非奧地利之敵手，又恐俄國協助奧地利，不得已而於一八五〇年十一月二十九日在奧瑪茲（Olmütz）與奧國達成協議，普王放棄皇冠，是謂「奧瑪茲之恥」（Humiliation of Olmütz）。⓮

一八五八年，威廉四世因神智不健全而由弟威廉親王攝政，一八六一年國王逝世後，攝政王於一八六二年二月二日繼位為威廉一世（William I, 1797-1888）。他具有作為君主不可或缺的天賦，即發掘人才的能力，因此他有那個時代中最偉大的軍人和政治家輔助，他勤政、正大光明，而完全忠於為他服務的人，所以威廉一世之治，即使不是德意志，也是普魯士歷史中最輝煌的一頁。

威廉一世在小節方面具有自由主義者的同情，在重大事件上，是嚴格的保守主義者，這是種微妙的結合，他人格的基礎是虔誠的信奉上帝，不可動搖的相信君權神授，以及普魯士負有神聖的「德意志使命」（"German Mission"）。他在加冕典禮時以純粹荷漢索倫王室（Hohenzollern）的語氣說：「自現代各種制度支持王位以來，朕為第一位登基者，可是朕並沒有忘記：王冠係來自上帝，朕自上帝的雙手接受此一王冠。」

威廉一世熱衷於陸軍，以軍人的眼光衡量一切問題。他在攝政時期，首先就命荷漢索倫親王（Prince Anton von Hohenzollern）組織政府，任命毛奇（Helmuth Karl Bernard von Moltke, 1800-91）為參謀總長。一八五九年龍恩（Albrecht Theoder Emil Count von Roon, 1803-79）出長作戰部，迅速進行陸軍的改組工作。

普魯士當時需要建立一支更為堅強的陸軍。對普魯士人而言，奧瑪茲之恥記憶猶新，龍恩這位現代普魯士締造者之一，具有一個根深蒂固

⓮ Louis L. Snyder, *Documents of German History* (New Brunswick, N. J.: Rutgers University Press, 1958), p. 195.

的信念：普魯士的陸軍是普魯士完成她使命的工具。陸軍對他而言不僅
代表着力量，而且代表着道德和宗教。龍恩改組陸軍的第一個原則就是
實施普遍兵役；希望藉此能獲得實際有效的作戰部隊三十七萬一千人，
後援部隊十二萬六千人，和後備部隊十六萬三千人。龍恩將普魯士的大
軍首先裝備了後膛的撞針槍，普魯士首先採用這種新式武器。（在一八
六六年對奧國作戰的勝利具有決定性的作用。）

　　一八六一年普魯士舉行大選，自由黨在議會中獲得多數，要求大幅
度的改革，有意削減普魯士的軍事準備，而將服兵役的期限由三年縮短
爲兩年；而龍恩的建議與此相反，正規兵役仍維持三年，但須留在備役
中四年。一八六二年九月，龍恩要求議會對作戰計劃作總投票時，議
會以三〇八票對十一票予以否決，幾乎以一致的「不」來答覆王室的挑
戰。從英國和法國的憲政史看來，普魯士國王似乎也要讓步，踏上憲政
生活的路程，從威廉一世和龍恩的觀點看來，她的命運恰好相反。

　　在這個危機之秋，國王召回俾斯麥回國諮商，命定使他的統治在德
意志歷史上成爲輝煌的一頁。

　　一八一五年四月一日，巧好是拿破崙從厄爾巴逃回後一個月，俾斯
麥（Otto Eduard Leopold von Bismarck, 1815-98）誕生。現在正是盛
年，比他的君主年輕十四歲，他的父親是普魯士的貴族，遠在荷漢索倫
王室之前很久，他的家族就定居在布蘭登堡（Brandenburg）。俾斯麥魁
梧的身材受之於父親，可是他的智慧正如大多數人一樣受之於母親，他
的母親是一位女作者，是來比錫大學教授的孫女，其父爲一位卓越的公
務員。俾斯麥先後在奧丁根大學（University of Göttingen）和柏林大學
（University of Berlin）接受教育，命定從事外交官生涯。他的事業彷彿
加富爾，他在故鄉普曼倫尼亞（Pomerania）從事農業之餘，研究史賓諾
沙（Benedict de Spinoza, 1632-1677）也像加富爾一樣，廣泛的旅行英

法兩國而精通了兩國文字。一八四五年爲普曼倫尼亞省議會 (Provincial Diet of Pomerania) 的議員。一八四七年，在柏林帝國國會 (Imperial Diet) 中爲普曼倫尼亞省 (Pomerania) 的代表。

在一八四八年革命的那一年，他以堅強的保守分子出現於政治舞臺上，而致力於君主政治的理想，姑無論以荷漢索倫王室或哈布斯堡爲代表，當時因普魯士國王屈辱的行爲，以及無政府狀態深爲不滿。但是在一八四九年當選爲普魯士下院議員，一八五一年，接受普魯士駐法蘭克福 (Frankfurt) 聯邦議會 (Federal Diet) 使節的任命，對於奧地利的政策懷着不僅是仰慕的感情，幾乎是宗教的虔誠。可是駐節法蘭克福對俾斯麥而言正如馬丁路德 (Martin Luther) 歷史性的訪問羅馬一樣，他了解了奧地利的方式，更實際的認清了奧國對普魯士不共戴天的敵意。一八五九年，俾斯麥寫信給舒萊尼玆 (Schleinitz) 說：「在法蘭克福八年（一八五一——九）官場生活經驗的結果，我已經帶回了此項信心：目前這種同盟安排的方式對普魯士而言是一種壓迫，在危急之時是一種危險的束縛‧‧‧我認爲我們和同盟的關係是一種優柔寡斷，我們必須要加以修正，假使我們不在有利的時機，作適時的補救，遲早會兵戎相見。」

俾斯麥預見與奧地利無法避免的鬥爭，持續的作必要的準備：培養與小邦君主的友誼；加強各小邦與普魯士的經濟關係；敦促普王在歐洲較廣的範圍中採取較爲獨立而果敢的外交。至少，在他以後政策中一項固定的準則在法蘭克福時已經形成；對於法國，他已無恐懼。匆忙的訪問巴黎已給他衡量這位新皇帝的機會，但可以運用法國來削弱奧國。

一八五九年，俾斯麥奉調駐俄大使館。在俄國三年之後，出任駐巴黎大使。可是幾個月之後，於一八六二年奉召返柏林，作爲唯一能夠應付國內憲政危機的人。

俾斯麥的第一次作戰就是與普魯士的國會，對普魯士、對君主政治、

對首相，這是決定命運的一刻。但是他絕不躊躇，他整肅有自由主義傾向的文官和軍隊，進行由毛奇和龍恩所設計的陸軍的改革。⑮

　　俾斯麥在憲政危機中，扭轉了德意志民族的歷史。他是寂寞的，但勇敢的邁向德意志統一的目標，作爲新首相竟然會在議會「失言」，在下院非正式的演說中，俾斯麥平靜的說：

> … 日爾曼不要指望普魯士的自由主義，而是普魯士的實力。南日爾曼各邦 … 耽迷於自由主義，所以誰也不想將普魯士的角色信託給他們 … 今天的大問題，不是議會辯論和多數表決能決定的，那是一八四八年和一八四九年的錯誤──能決定的唯有鐵和血。⑯

　　這是使全日爾曼自由主義者爲之震驚的聲音，於是全普魯士爲之鼎沸，俾斯麥不爲所動。「我寧可與國王同歸於盡，而不願在與巴力門政府競爭中放棄陛下。」普王和俾斯麥贏得了勝利，擊敗了巴力門的理想。⑰

　　不久來了一件困難的問題，奧地利扮演日爾曼自由主義的發言人的角色，邀請普魯士派代表到法蘭克福討論組織日爾曼聯邦的計劃，奧國的建議很有趣，由六個邦包括奧地利、普魯士和巴伐利亞等的代表來組織一個「執政團」（"directory"）並有聯邦理事會（federal council）和

---

⑮　Marriott., op. cit., pp. 222-26.

　　　普魯士是歐洲改革陸軍最早的國家，早在一八〇八年八月六日，普魯士政府頒佈軍官任命的勅令，闡明軍職的基本標準。該勅令稱：「軍官任命的唯一資格在和平時期爲教育和專業的知能；在戰時爲卓越的勇氣和良知，因此在整個國家中，凡具有此種能力者，即有擔任高級軍職的資格。」普魯士的此一勅令爲軍事專業化的濫觴，此後，普魯士的軍官團從業餘主義轉變爲專業主義，同時使士兵從業士兵轉變爲公民士兵，普魯士是第一個將軍官團專業化的國家；也是第一個實施永久性普遍兵役的國家。

⑯　Snyder, op. cit., p. 202.

⑰　Grant and Temperley, op. cit., p. 249.

聯邦國會 (federal assembly)。普王願與奧地利合作，準備接受邀請，如果吾人從「歐洲」的觀點來看這個問題，幾乎不能懷疑此一計劃的正確性。可是奧地利所建議的新憲法將牽制普魯士的行動，俾斯麥主張拒絕邀請。他的意志比普王的堅強，經過一番奮鬥之後，國王向大臣妥協，普魯士的拒絕合作粉碎了奧國整個的計劃，日爾曼兩雄爭取領導權的敵意勢必要以劍來解決。⑱

爭取俄國的善意和友誼是俾斯麥外交的一個目標。一八六三年，他抓到一個有利的機會，是年波蘭人起義，反抗俄國的統治，這次叛變鹵莽之舉，不合時機，從一開始就是沒有希望，可是給俾斯麥絕好的機會對俄國表示普魯士狡猾而有盤算的友誼。可是俾斯麥的支持俄國並非純粹是利他主義的，長遠以來，他就恐懼波蘭的獨立。他在一八四八年寫道：「無人能懷疑獨立的波蘭將是普魯士無法和解的敵人。」一八六三年時，他依然是作如此觀，可是俾斯麥的立即目標是在與彼得堡建立信用關係。⑲時俄國沙皇亞力山大二世派兵鎮壓波蘭的革命，引起英國、法國和奧地利等國家的抗議，其時，普魯士國內的自由主義者主張向俄國提出抗議。俾斯麥力排衆議，不但拒絕參與干涉，而且派阿爾文斯勒班伯爵 (Count Constantine von Alvensleben) 赴俄簽訂「阿爾文斯勒班協約」(Convention of Alvensleben)，表示願意協助俄國平定波蘭的革命，雖然亞力山大二世婉拒所請，但增加了兩國之間的感情。⑳

俾斯麥明白奧地利和西方列強均反對他的波蘭政策。可是，拿破崙三世正愈來愈深的捲入在墨西哥的冒險之中。英國的約翰羅素爵士(Lord

---

⑱ Ibid., p. 250–51.

⑲ Marriott., op. cit., p. 226.

⑳ A. J. P. Taylor, *The Struggle for Masteryin Europe: 1848–1918.* (Oxford: Oxford University Press, c. 1963) pp. 134.

John Russell)長於說教，宣揚憲政自由的道德，但並不準備以引起普魯士注意的方式來支持他的信心。俾斯麥一向蔑視沒有力量作後盾虛張聲勢的外交，他對於英法有關波蘭政策所形成的意見鼓勵他對丹麥所屬兩個大公國循遵他自己所決定的道路。

第二節　丹麥戰爭

　　取得霍爾斯坦（Holstein）和舒萊斯威格（Schleswig）兩個大公國是俾斯麥外交大競賽中的第一步。每一個行動都是俾斯麥所預料而經過他慎審策劃的。因此，首先應領悟此一問題的意義和關係所在。

　　一八六三年，丹麥國王兼霍爾斯坦和舒萊斯威格公爵斐特烈七世（Frederick VII）逝世，身後沒有男性繼承人。他的逝世立即引起了一個敏銳而本質上非常複雜的問題，對口爾曼，對丹麥乃至於整個歐洲都是政治上的難題。

　　霍爾斯坦大公國的居民為日爾曼人，為日爾曼整體的一部分。舒萊斯威格大公國的居民大半是日爾曼血統，在法律上是丹麥王國的封邑，這兩個大公國根據日爾曼的理論聯合在一起而不可分割的。一四六〇年，丹麥國王奧登堡的克里斯興公爵（Count Christian of Oldenburg）被霍爾斯坦和舒萊斯威格的貴族議院選舉為兩個大公國的公爵。但是丹麥王國與這兩個大公國的聯合不是組織上的結合，而是君合國的性質，根據一六六五年的王室法案（Lex Regia of 1665）丹麥國王的王位可以傳給男性或女性繼承人，而這兩個大公國仍沿用撒利族法典（Salic law）（否認女子有王位承繼權）。這個君合國繼續到一八六三年斐特烈七世逝世為止。[21]

---

[21]　Marriott, op. cit., p. 227.

一八四八年，霍爾斯坦和舒萊斯威格兩大公國亦發生革命。由於兩公國據波羅的海出入北海的要衝，而引起英俄兩國的注意，旣不願丹麥的力量削弱亦不願兩公國落入其他列強之手，因而出面干涉。

三月二十四日，兩公國在基爾成立臨時政府，宣稱加入日爾曼的統一和自由運動，立卽受到日爾曼人的熱烈支持。普魯士國王威廉四世承認臨時政府，因而丹麥問題與德意志的統一運動發生了密切的關係。四月九日，丹麥軍隊將叛軍驅逐到愛德河(River Eide)。法蘭克福國會遂授權普魯士進攻丹麥，普軍乃渡過愛德河，進入舒萊斯威格。四月十二日日爾曼邦聯承認兩公國，並同意舒萊斯威格派代表出席法蘭克福國會，丹麥乃向列強求援。五月二日，普軍開始進攻日德蘭半島 (Jutland)，英俄兩國出面干涉。

俄國訓令駐柏林大使向普魯士提出嚴重警告，強調普魯士的行動影響波羅的海現狀，並破壞北方的均勢，而要求雙方立刻停止敵對行動。雖然如此，俄國不敢採取實際行動，而密切注意英國的態度。❷

英國不願日爾曼的勢力向北擴張而危及丹麥的安全，外相帕瑪斯登要求日爾曼自制，以避免全面戰爭，希望以談判解決爭端。法國最初保持中立，其後也加入英俄的陣營，普魯士在孤立的情況下只好讓步，而於六月初，宣佈自日德蘭半島撤退。雖然法蘭克福國會激烈反對，普魯士於八月二十八日簽定了馬爾莫休戰協定 (Armistice of Malmo)，雙方雖然停戰，但問題仍未解決。一八四九年二月二十六日，丹麥片面廢棄休戰協定，雙方於三月三十一日再度發生戰爭，日爾曼人攻入日德蘭半島，英俄兩國出面干涉，七月十日雙方簽訂新的停戰協定。普魯士和丹麥經長期談判，始於一八五〇年七月二日簽訂和約。可是直到一八五

❷ W. E. Mosse, *The European Powers and The German Question,* 1848–71 (New York: Octagon Books, 1969), pp. 19–20.

二年五月八日，列強才簽訂了倫敦條約 (Treaty of London)。⊗ 此一條約的簽字國有英、奧、法、普、俄、挪威和瑞典承認格魯克斯堡的克里斯興親王 (Prince Christian of Glücksburg) 有權繼承「整個領地」。當時這兩個領地和丹麥王室聯合在一起，奧古斯登堡家族主張的所有權則以金錢支付了事。日爾曼同盟不是倫敦條約簽字的一造，而霍爾斯坦人自始就認爲該約無效。

一八五五年，斐特烈國王將舒萊斯威格與丹麥王國合併，同時未經霍爾斯坦貴族院的同意，給予霍爾斯坦自治 ("Home Rule")。一八六三年三月三十日的憲章確定了這些安排，霍爾斯坦人和日爾曼同盟對斐特烈的行動表示強烈的憤慨。

一八六三年十一月十五日，斐特烈國王逝世，女婿格魯克斯堡的克里斯興親王承繼丹麥國王爲克里斯興九世 (Christian IX)，並沒有引起糾紛。問題是：他是否能夠根據一八五二年的倫敦條約，但違反一六六五年的王室法案，繼承爲兩個大公國的公爵。

日爾曼同盟的國會確認奧古斯登堡斐特烈親王 (Prince Frederick of Augustenberg) 的主張；要求廢除一八六三年的憲章。丹麥拒絕，薩克遜和漢諾威的軍隊旋即進入霍爾斯坦，代表日爾曼同盟和其候選人斐特烈親王將大公國佔領。

俾斯麥發現其處境非常困難，他決心爲普魯士而不是爲日爾曼同盟取得這兩個大公國，而普魯士並無任何主張的權利。俾斯麥攫取這兩個大公國的動機是獲得基爾港 (Kiel) 以及在普魯士控制之下，開鑿運河將北海 (North Sea) 和波羅的海 (Baltic Sea) 聯在一起。俾斯麥也希望

⊗　Otto von Pflanze, *Bismarck and the Development of Germany, the Period of Unification, 1815–1871* (Princeton: Princeton University Press, 1963), p. 233.

藉此機會將日爾曼兩強長年的敵意作最後的解決，問題是如何達成這些目標？

俾斯麥可能指望由於波蘭的緣故而獲得俄國的同情；指望哈布斯堡的愚蠢；指望約翰羅素爵士急於以一切代價避免戰爭的願望。❷④

當時俾斯麥對兩公國問題所能選擇的有三個途徑：（一）將兩公國予以兼併，（二）兩公國分別加入丹麥王國，（三）使兩公國成爲獨立的新國，由奧古斯登堡公爵統治，加入日爾曼邦聯。

第一個選擇當然是俾斯麥的優先，但也是最困難的途徑。當時日爾曼支持奧古斯登堡公爵的主權，而俾斯麥在普魯士的國會會議上提出兼併兩公國的主張，普王認爲對兩公國並無權利。俾斯麥說：「從前的大選侯腓特烈一世（Frederick I）和腓特烈大帝（Frederick the Great）對普魯士和西里西亞有何權利？所有荷漢索倫族人都是開疆闢土者。」這一席話激起了六十四歲老王的雄心，俾斯麥繼續表示：唯有採取強硬的外交政策，準備對丹麥作戰，才能塞住議會中反對整頓軍備者之口，普王不再猶豫而支持俾斯麥的政策。如果英法等列強不加干涉，奧國也不支持，則俾斯麥只有選擇第二個途徑，如果第三個途徑爲大家所堅持，則必須對俾斯麥付出重大的代價。俾斯麥處理二公國問題，像越過沼澤的獵人一樣，步步爲營。他說：「除非確定前面是踏實而穩當的一步，否則我不會向前邁進一步。」

俾斯麥的第一步是堅持「倫敦議定書」的規定，這也是最穩健的一步，雖然幾乎所有的日爾曼人都支持奧古斯登堡公爵的繼承權。但是俾斯麥強調普魯士既然爲簽字國，就該遵守議定書的規定，不應跟隨未簽字的日爾曼邦聯的政策。此項態度一方面可藉口丹麥破壞倫敦議定書而進攻丹麥，另一方面可擺脫日爾曼邦聯，打擊奧古斯登堡對兩公國繼承

---

❷④ Marriott, op. cit., pp. 228–29.

權的要求。而且俾斯麥利用倫敦議定書打擊丹麥，使列強卽使有意保護丹麥也找不到有力的藉口。

　　面臨列強干涉的可能性，以及日爾曼的輿論，俾斯麥的對策是不理會日爾曼邦聯，而爭取奧地利的合作，以免在進攻丹麥時，遭遇到列強干涉和奧國壓力的惡劣局面。奧地利爲倫敦議定書的簽字國，不能反對普魯士的立場，但也無法支持日爾曼邦聯內其他各邦的主張，因此奧國的立場頗爲困難，不知所從。❷

　　奧地利究竟如何會上俾斯麥的圈套，同意在兩個大公國爲他從「火中取栗」，將日爾曼國會置於危地，並且荒唐地犧牲她對小邦的影響力，凡此種種都是難以理解的，歷史學家認爲這是政治催眠術。俾斯麥以精明的權謀術數，非常的冷靜和技巧來從事這一回合的外交競賽；可是所有的牌都對他不利。奧古斯登堡的斐特烈親王所主張的權利爲日爾曼國會、普魯士國會，威廉國王自己和工儲的承認，甚至龍恩也不能否認。在說服奧地利參與之前，俾斯麥在拒絕承認斐特烈親王的問題是絕對的處於孤立狀態。❷ 俾斯麥以奧古斯登堡爲屬於自由主義者，爲革命的代表人物，誘使維也納不予支持，另一方面揚言普魯士願意獨負起進攻丹麥，解放兩公國的責任，以恐嚇奧地利。❷ 俾斯麥在奧王前面搖幌民主革命的紅旗，居然贏得了奧地利的信任和支持。「沒有其他的方法來制止日爾曼的自由主義」，奧地利受了這種精神錯亂勸說的影響，竟被引誘「緊握」準備而且命定要使奧皇和他的帝國蒙受重大恥辱的所謂「友誼之手」。奧王約瑟夫竟被俾斯麥說服，允許日爾曼國會在大公國內自由行動不啻是啓開日爾曼民主政治的防洪水閘。❷

---

❷　See Taylor, op. cit., p. 143.
❷　Marriott, op. cit., p. 229.
❷　See Taylor, op. cit., p. 145.
❷　Marriott, op. cit., p. 229.

其時，奧地利的外相雷克堡（Rechberg）是位親普魯士的人士，認為這是普奧兩國重歸於好的良好機會。雷克堡認為：如果在此一危機中兩國取得諒解，立場一致，可以奠定兩國在日爾曼事務中繼續合作的基礎。在俾斯麥建議下，普奧兩國聯合聲明遵守倫敦議定書；等於是承認丹麥國王對兩公國的繼承權，使全日爾曼人均認為普奧兩國出賣了日爾曼民族的利益，奧國的聲望大受打擊。俾斯麥在獲得奧地利的支持後，可以完全不顧日爾曼邦聯的態度。一八六四年一月十六日普奧兩國正式簽訂盟約，同意採取聯合行動，並向丹麥致最後通牒，要求丹麥廢除新憲法，普奧兩國並約定：兩個大公國未來的命運必須由普奧一致的協議才能決定，並向各方面呼籲遵守倫敦議定書，保證兩公國的自治。此一呼籲暗示重返舊狀，為日爾曼邦聯議會所拒。此時，丹麥如果能稍作讓步，從舒萊斯威格撤軍，則定能獲得列強之同情與支持。然而在歐洲國際會議中，決定舒萊斯威格恢復由丹麥統治。普奧兩國最多只能阻止霍爾斯坦落入丹麥國王手中，為了防止這種局勢的出現，俾斯麥使丹麥政府相信：若局勢繼續惡化，雙方公開敵對時，英國將會干涉。此一策略成功，丹麥國王誤以為至少可獲得英國的援助，同時不敢違背國內高張的民族情緒，竟然決定拒絕普奧兩國的呼籲，亦不讓兩公國恢復自治地位，戰爭終於無法避免。㉙

因此，奧普兩國於一八六四年二月一日否認日爾曼國會的行動，以倫敦條約簽字國的身分以及丹麥王國完整的贊助者身分，派聯軍進入霍爾斯坦，第二次丹麥戰爭遂告爆發。在軍事上，丹麥自知決非普奧兩國之對手，但認為列強可予以援助，因而不惜與普奧兵戎相見。可是，局勢已非一八四八年可比，一則列強找不到援助丹麥之理由，二則立場不一致，最後丹麥唯有單獨對抗普奧。

㉙ See Taylor, op. cit., pp. 145-147.

聯軍進入霍爾斯坦後，日爾曼邦聯已對普奧兩國讓步，英國輿論雖聲援丹麥但英國政府不願干涉，聯軍進入舒萊斯威格，英國政府亦未能阻止。其時法國甚至有意鼓勵普奧兩國，以破壞一八一五年的維也納條約，解除該約對法國的束縛，俾斯麥利用法國此種態度來威脅英、俄兩國，若違反倫敦議定書援助丹麥，將迫使普奧與法國聯合。四月十八日，丹麥在舒萊斯威格的最後據點杜柏爾（Düppel）要塞陷落，英國要求在倫敦舉行國際會議，討論丹麥戰爭問題。四月二十五日，倫敦會議揭幕，但一開始就有很多爭執：日爾曼邦聯要求承認奧古斯登堡的繼承權，奧國則支持一八五二年的安排。普魯士逐漸顯露兼併兩大公國的目標，戰爭在繼續進行，丹麥面臨全面崩潰的危機，乃於五月十二日，與普奧兩國達成休戰協定，丹麥同意廢除「三月特令」。但在倫敦會議中，各國代表對奧古斯登堡所要求的繼承權無法獲致結論，會議於六月二十五日宣告破裂，戰爭再起，俾斯麥立即派海軍攻擊丹麥所屬島嶼，在阿爾遜島（Island of Alsen）獲得決定性勝利，粉碎了丹麥的希望，丹麥內閣垮臺。七月二十日，新閣與普奧簽訂休戰協定。俾斯麥宣佈倫敦議定書已經失效，未來和約只須交戰國丹麥、普魯士和奧地利共同討論，將其他列強排斥在外。十月三十日，三個交戰國簽訂了維也納和約（Peace of Vienna），正式結束了第二次丹麥戰爭。丹麥同意將舒萊斯威格、霍爾斯坦及勞恩堡（Lauenburg）等公國永遠割讓給普奧兩國，長遠以來丹麥與日爾曼對兩公國的爭奪雖告一段落，[30] 俾斯麥外交競賽中最困難的行動接踵而來。也就是如何逐出奧地利，將奧古斯登堡的斐特烈親王放在旁邊，以及確定這兩個國為普魯士單獨所有？

這個時候，奧地利熱烈的支持奧古斯登堡的主張而建議將兩個大公國交給作為日爾曼邦聯成員的斐特烈親王。俾斯麥同意承認奧古斯登

---

[30]　Ibid.

堡，但條件爲此一新邦的外交和軍事組織完全由普魯士控制，斐特烈親王拒絕這些條件。[31]

爲了解決兩公國的歸屬問題，普魯士國王偕同俾斯麥於一八六四年八月二十日訪問維也納，會談仍無結果，由普奧兩國共同佔領兩個公國。俾斯麥完成了以兼併爲目標的第二個步驟，不僅在國內獲得保守份子讚揚，自由派人士的支持，並且加強了日爾曼人的民族主義者的信念，認爲唯有在普魯士領導下才能完成日爾曼的統一運動。

奧地利仍在暗中進行反對普魯士的兼併行動，一八六五年六月和七月間，普奧兩國敵對氣氛極爲濃厚，普魯士方面躍躍欲試，企圖訴諸戰爭，俾斯麥加以阻止，因軍事準備仍不夠充份，而奧地利亦因財政困難而不能妄動，避免了立即決裂，而於八月十四日達成協議，其後於八月二十日在薩爾玆堡(Salzberg)簽訂了加斯坦協定(Agreement of Gastein)。[32]霍爾斯坦暫時歸屬奧地利，普魯士則取得舒萊斯威格 (Schleswig) 和勞恩堡以及自北海開鑿運河經霍爾斯坦到波羅的海的權利，基爾爲日爾曼聯邦海軍的基地，但港口由普魯士控制。[33]

加斯坦協定一向是個爭論的問題，有人認爲這只是俾斯麥邁向與奧地利不可避免的戰爭的一個步驟而已；也有人認爲此一協定是俾斯麥希望重建梅特涅時代中保守的日爾曼夥伴關係。可能兩者都不是。[34]

普奧兩國簽訂加斯坦協定之後，拿破崙三世爲之震驚，法國外相認爲此一協定暗示着普奧兩國有達成妥協、成立聯盟，對抗法國之意，俾斯麥立即辯解：這種安排只是暫時性的。[35]

[31]　Marriott, op. cit., p. 230.
[32]　Thomson, op. cit., p. 285.
[33]　Marriott, op. cit., p. 230.
[34]　A. J. P. Taylor, *The Struggle For Mastery in Europe* (Oxford: Oxford University Press, c. 1965), p. 157.
[35]　Allan Michell, *Bismark and the French Nation* (New York: Boffs Merrill Company, 1971), p. 33.

第三節 七週戰爭：日爾曼內戰

俾斯麥以普魯士爲中心，統一德意志有三個主要步驟：第一是合併日爾曼的北部包括兩個大公國在內。甚至在丹麥戰爭之前，他已決定獲得這些土地，第二個目標是在美因河 (Mainz River)，以北建立普魯士的霸權，最後，如有可能整個日爾曼由普奧兩國在英河 (Inn River) 劃分而不是在美因河。㊱ 對俾斯麥而言，將所有日爾曼民族與奧地利聯合在一起成爲一個多元的大帝國，或者是將奧地利帝國中的日爾曼人拿出來與普魯士和其他日爾曼各邦聯合起來的大德意志計劃，都是不切實際的。唯有進行小德意志計劃，也就是將奧地利排斥在外，而以普魯士爲基礎與其他日爾曼各邦聯合起來，建立一個純爲日爾曼的民族國家。俾斯麥發現他自己竟是四面皆是敵人，而且威廉老王反對他的政策，不願從奧古斯登堡奪取兩個大公國，也不願與邦聯脫離關係，或者是在日爾曼內引起內戰。對俾斯麥而言，與奧國戰爭或者是和奧國締結同盟其本身都不是目的。他願意與奧地利合作反對意大利和法國；或者與俄國、意大利或法國合作以反對奧地利；爲了普魯士國內的政治，他需要一個戰爭、內戰或與外國的戰爭都能達到他的目的；如果奧地利同意普魯士領土擴張和北德意志的霸權，他願意與奧地利繼續維持同盟關係。㊲

加斯坦協定顯然避免問題的眞正所在；只是在「紙糊裂痕」以待俾斯麥的準備妥當而已。在打擊奧地利之前，俾斯麥要求確定他在歐洲所建立的基礎。俄國的友誼在一八六三年以後已經確定，當時的英國可以

㊱ Robert C. Binkley, *Realism and Nationalism: 1852–1871* (New York: Harper & Row Publisher, 1935), p. 263.

㊲ Ibid., pp. 263–64.

忽視，法國和意大利必須進一步爭取。㊳

此時，法皇拿破崙三世正陷於墨西哥的事件中。他於一八六三年六月干涉墨西哥內戰，派軍佔領墨西哥城，而破壞了門羅主義。美國提出嚴重抗議，不承認法國所支持的麥克米倫大公爵的政權，並要求法國撤退遠征軍，使拿破崙三世的威望受到嚴重的打擊，而急欲重振自己的聲望。㊴

一八六五年十月，俾斯麥和拿破崙三世在比耶里玆 (Biarritz) 作著名的會晤。法國皇帝正痛心於最近在墨西哥的失敗，對於國內的情況感到不滿，爲在國內外重建聲望的釣餌所誘惑，很容易的做了俾斯麥狡猾的犧牲者。意大利問題使拿破崙三世對法國天主教徒作重大的讓步，可是他樂於促進意大利的統一，假使羅馬能夠保留給教皇。俾斯麥對此一問題的解決已胸有成竹，迫使奧地利將威尼斯交給拿破崙；而由這位法國皇帝將威尼斯賜予意大利，意大利則協助普魯士對抗奧地利。至於法國呢！當奧普雙方筋疲力盡時，拿破崙三世自然地以調停者身分介入。只要稍微承認他的調停，也許可以獲得萊茵邊境、也許盧森堡，也許是比利時的一部分，或者是瑞士的一部分。俾斯麥的暗示很豐富，可是承諾謹慎；尤其是，他在比耶里玆沒有留下片紙隻字，作爲日後此一愉快假期的辛酸回憶。㊵

俾斯麥此行不但獲得西翼安全的信心，而且在法皇的協助下，贏得了意大利的友誼，當普奧訂立加斯坦協定時，不但法國爲之震驚，意大利亦深爲驚惶，惟恐普奧以意大利爲犧牲。㊶

㊳　Marriott, op. cit., p. 230.

㊴　Albrecht–Carrié, op. cit., pp. 112–13.

㊵　Marriott, op. cit., pp. 230–31.

㊶　John E. Rodes, *The Quest for Unity: Modern Germany, 1848–1870* (New York: Holt, Rinehart & Winston Inc. 1971), p. 26.

　　拿破崙三世此時仍爲一八五九年意奧戰爭，與奧國妥協而未能使威尼希亞歸還意大利而內疚，因而熱衷於爲普意兩國拉攏，❷ 法皇深信：如果不將威尼希亞交給意大利，在他身後，他兒子的皇帝寶座等於是在火山口上。❸ 俾斯麥於離開比耶里玆後，即逕赴巴黎與意大利駐法大使協商。普意兩國於四月八日終於締結了同盟，意大利允諾在普奧發生戰爭時參戰，並不單獨與奧國議和。拿破崙三世則保證將威尼希亞交給意大利。❹

　　事實上，普魯士和奧地利同時在巴黎展開外交攻勢希望與拿破崙三世取得諒解。三月間，法皇向里查·梅特涅 (Richard Metternich) 提議：假使奧地利願意將威尼希亞交給意大利，法國將保證與奧地利的外交合作，這是奧地利最後作有利談判的機會，因爲普意條約已經在談判之中。奧地利失去了此一機會。於是在戰爭前夕，很明顯的意大利和日爾曼兩面攻擊時，拿破崙三世逼使維也納不管戰爭結果如何，將威尼希亞交給意大利作爲法國中立的代價。❺

　　普魯士和意大利的締結同盟使外交局勢緊急直下，普魯士從事軍事和經濟改革，大量建築鐵路。當時奧地利的動員需要七個星期的時間，而普魯士只需三個星期。假使普魯士首先發動戰爭，對奧國極爲不利，所以奧國於四月七日向普魯士要求保證互相不發動戰爭，如果普魯士拒絕，則須負起挑起戰爭的責任。俾斯麥被逼於四月二十一日承諾與奧國互相裁軍。同日，奧地利獲得意大利準備作戰的報告，而決定對意大利動員，雖然這是針對意大利而動員，俾斯麥藉此而譴責奧國欺騙普魯

---

❷　Hayes & Cole, op. cit., p. 813.

❸　Taylor, op. cit., p. 159.

❹　Hayes & Cole, op. cit., p. 813.

❺　Binkley, op. cit., pp. 267–68.

士。[46]

五月間，普奧雙方積極備戰，奧地利比普魯士先一天建議開始解除動員幾乎逼使普魯士處於劣境，可是不幸的維也納決定進行對意大利動員而糟蹋了外交勝利。當拿破崙三世要求召開歐洲會議時，奧地利提出一定要以邀請教皇出席以及與會國家事前同意不取得領土爲條件，歐洲會議遂未能召開。[47]

俾斯麥完成外交準備之後，現在要挑釁奧地利作戰，他暗中煽動霍爾斯坦反對奧國。當奧地利無法從俾斯麥獲得滿意答覆而向法蘭克福議會控訴時，俾斯麥宣佈奧國此舉違反加斯坦協定，並立卽派軍佔領霍爾斯坦，驅逐奧國官員。幾乎立刻向議會提出建議，改組日爾曼邦聯，將奧地利排斥在外。一八六六年六月，維也納要求邦聯國會拒絕「改革」計劃，並要求授權整個日爾曼總動員以限制普魯士干涉奧國在霍爾斯坦和邦聯的權利。普魯士駐邦聯代表提出抗議，可是其他各邦的代表站在奧國這一邊投票。各小邦的君主惟恐將鬆懈的邦聯改組成爲在普魯士領導下的密切的聯邦，將喪失其原有的權力和威望，因而採取親奧的態度。日爾曼中部和南部各邦的自由主義者對普魯士的保守主義存有戒懼，天主教徒亦同情維也納，因而都支持奧地利的建議，俾斯麥解釋邦聯議會的行動等於是聯合起來攻擊普魯士，因而召回普魯士駐法蘭克福代表，宣佈普魯士脫離邦聯，並向全世界宣稱：普魯士將爲日爾曼民族的統一而對奧地利和其日爾曼的盟邦從事「防禦性」的戰爭。[48]

---

[46]　Taylor, op. cit., pp. 161–66.

[47]　Binkley, op. cit., pp. 268–69.

[48]　Hayes, op. cit., pp. 749–50.

　　　日爾曼邦聯中投票結果，九票贊成奧國的建議，包括巴伐利亞、薩克遜、漢諾威和巴登在內；投反對票者爲六票。

　　　Grant & Temperley, op. cit., p. 258.

　　普魯士的宣佈立刻引起列強的注意，英國認爲日爾曼邦聯經歐洲列強同意而產生的，除非獲得列強的一致同意，任何一邦均無權解散邦聯。英國徵求俄國和法國的意見，俄國在原則上與英國持相同的立場，不願看到邦聯瓦解，可是法國却希望普奧兩國發生衝突，而且法國對一八一五年維也納安排感到厭惡，因此明白的告訴英國：法國不會爲遵照一八一五年條約所建立的日爾曼邦聯的崩潰而流淚，因此英國也無意干涉，惟有嘆息：「武力和權謀已取代正義，他們（指普奧）將重返野蠻生活的災難中。」⑲

　　奧地利於五月間發現普意同盟之後，爲了避免兩面作戰，立即向意大利表示：願意歸還威尼希亞，但以意大利放棄普意同盟爲條件，但奧國建議爲意大利所拒，奧地利乃轉而與法國妥協，於戰爭爆發前二天，亦即六月十二日簽訂了法奧條約：法國同意保持中立，但無論如何奧國必須將威尼希亞給予意大利，如果奧國獲勝，可任意改組日爾曼邦聯，而法國保留磋商之權，也許在萊茵區建立一個緩衝國。⑳ 但此一條約已無補於事，拿破崙三世於六月十四日，當日爾曼國會同意動員聯邦陸軍制裁普魯士之時，普魯士正式退出日爾曼同盟；翌日，向薩克遜、漢諾威和赫森（Hesse）宣戰。十八日向同盟的其他成員包括奧地利宣戰。

　　歐洲以驚奇的眼光看日爾曼兩雄的鬥爭，一般的輿論認爲奧地利有更好的機會，普魯士的軍事體制尚未經過考驗，士兵服役期間甚短，不過是「國家防衞隊」（national guard）而已，不能與具有傳統而有長期訓練的奧軍相抗衡。拿破崙三世希望兩國軍隊勢均力敵相持不下時，可以給他以干涉的機會，使他自己成爲勝利與和平的使者，可是實際的情況迥然不同，普魯士這個國家「機器」操作非常精確，普軍所用的武

---

⑲　Mosse, op. cit., p. 238.

⑳　Mitchell, op. cit., p. 35.

器，後膛槍也遠比奧軍所用前膛槍優越，毛奇的戰略雖然受到批評，可是證明是卓越的。這個戰役正是一般所謂古典的普魯士式戰爭，戰役一開始就沒有任何拖延，凡事俱備，自始至終採取攻勢。[51]

戰爭短暫而劇烈，在六週之內，不僅是奧地利，整個日爾曼向普魯士俯首稱臣。六月十八日，普魯士軍隊已佔領漢諾威、赫森和薩克遜。二十八日，漢諾威軍隊向法爾肯斯坦將軍 (General Vogel von Falken-stein) 投降，投降的條件是漢諾威王國與普魯士合併。[52]

七月三日，奧地利軍隊在薩多瓦 (Sadowa) 遭遇到毛奇的軍隊，奧軍在貝納德將軍 (General Benedek) 指揮下表現優異而頑強抵抗。格蘭特和鄧波雷二氏描寫當天戰役時說:

　…有好幾次俾斯麥很焦急的望着毛奇的面部表情，看看是否有這一天幸運的任何跡象。普魯士的王太子在一次著名的行軍後，到達奧軍的右側，決定了當天的命運，並將勝利賦予普魯士人。[53]

六月二十四日，在意大利的奧軍在古斯杜沙 (Custozza) 使意軍蒙受了決定性的打擊。薩多瓦之役，奧軍指揮官貝納德本來想撤退以待在意大利獲勝部隊的增援，可是來自維也納的電報使他在薩多瓦抵抗普軍，因而在七月三日遭到慘敗，如果沒有維也納的電報，貝納德將軍的部隊不會損失。普魯士之所以能夠獲得勝利，其主要因素是: 普軍的武器後膛槍為精銳的裝備，普魯士參謀本部曾仔細研究以鐵道大量運輸部隊，最主要的意大利的同盟和運用鐵道。[54]

奧地利疲與普意同盟兩面作戰，而必須在阿爾卑士山南麓維持強大

---

[51]　Grant & Temperley, op. cit., p. 258.

[52]　Marriott, op. cit., p. 231.

[53]　Grant & Temperley, op. cit., p. 260.

[54]　Binkley, op. cit., pp. 269–70.

的部隊。假使這支軍隊能投入薩多瓦之役，其價值是無法估計的。意大利的海陸軍都遭到失敗。薩多瓦之後，戰爭不一定能結束，按照普王和毛奇的軍事觀點要繼續作戰，向維也納進軍。在這緊要關鍵時刻，俾斯麥不僅表現是一位外交大師，而且是眞正的政治家手腕。在普魯士領導下完成德意志的統一是俾斯麥最重要目標，民族統一後崇高的目標不能憑藉軍事的勝利，必須與南日爾曼各邦息爭是主要的因素，而且不能使同爲日爾曼人的奧地利屈辱過甚而成爲永久的敵人，俾斯麥心中另外一個恐懼是法皇拿破崙三世的干涉。俾斯麥在渠所著「反省與回憶」(Reflections and Reminiscences) 一書中說明他爲什麼堅持和解的理由時說：「在法國有時間將外交行動加諸於奧地利之前，我們必須迅速結束。」所以他逼使普王放棄向維也納進軍的企圖。**⑤⑤**

拿破崙三世希望不戰而取得萊茵領土，根據當時的局勢，法國獲悉薩多瓦之役的消息時，至少要在萊茵區動員，足夠的兵力支持奧國以維持均衡。當拿破崙三世於七月五日召開會議，會議中投票決定動員以抵消普魯士的勝利，可是有兩個因素擊敗了這個政策。當夜耶魯姆親王運用其影響力阻止了動員。在緊要關頭，法皇的病使他無法堅定他的意志，其時俾斯麥也患腿痛而臥病在床，但他鐵的意志克服了他的痛苦。**⑤⑥**

歐洲各國對七週戰爭的反應各不相同，在英國有普遍的滿意感，在法國，普魯士的勝利是一件大災難。法國在歐洲的優勢消失在薩多瓦。蘭登元帥 (Marshal Randon) 說：「在薩多瓦被擊敗的是法國。」鐵爾 (A. Thiers) 說：「所發生的事對法國而言，是自從百年戰爭以來的四百年中，她所遭受的最大災難。」拿破崙三世無疑的對普魯士的勝利感

---

⑤⑤　Grant & Temperley, op. cit., pp. 260–61.

⑤⑥　Binkley, op. cit., p. 270.

到極大的失望，不過他試圖隱藏內心的感情而宣稱：這是他一向熱烈擁護的民族主義的勝利。日爾曼分成三個獨立的部分，而每一部分都比法國小。而且公開宣佈：法國將阻止這些部分進一步的聯合，他希望依照權力平衡的原則，法國應有所補償。⑰

在普奧締結和約之前，拿破崙三世派遣駐柏林大使貝納德提伯爵 (Count Benedetti)，要求法國邊境進展到萊茵區，甚至到達美因玆 (Mainz)。法國所要求的領土完全是日爾曼人生息繁衍的領域，其中一部分是屬於巴伐利亞的領土，（這是很矛盾的，當時法國特別希望爭取巴伐利亞的好感。）俾斯麥深藏不露，誘使法國大使提出正式申明，然後立刻予以拒絕。普魯士國王在任何情況之下寧願冒另一次戰爭的危險而不能犧牲日爾曼的一個村落，俾斯麥將法國的建議交給法國「世紀報」(Le Siècle) 的一位記者，公之於世，南日爾曼人發現拿破崙竟是假的朋友，而普魯士才是日爾曼完整的鬥士。⑱

七月二十六日，普奧雙方在尼柯斯堡 (Nikolsburg) 簽訂了初步和約，其中主要條款成爲八月二十三日所簽訂的布拉格條約 (Treaty of

---

⑰ Grant & Temperley, op. cit., p. 261.

⑱ Ibid., pp. 261-62.

根據格蘭特和鄧波雷二氏，法國旣然在東部邊境沒有獲得補償，希望在北部邊境有好運氣，俾斯麥暗示法國佔領比利時構成對普魯士的敵意，於是貝納德提奉到訓令向普魯士政府提出新的意見。此一事件的證據和細節頗多含糊和衝突之處，甚至日期亦不能確定，一般認爲是在八月間，但可以確定的是：貝納德提向俾斯麥提出書面建議，假使法國進佔比利時，要求普魯士協助法國，不使列強干涉。俾斯麥立予拒絕，而將法國大使的書面建議收藏起來。三年後在緊要關頭公之於世，發生了決定性的效果。一八七〇年普法戰爭爆發後，俾斯麥唯恐英國輿論傾向於法國，乃將此一文件交給泰唔士報 (The Times) 的記者，英國人發現法國皇帝竟然要違反比利時的中立，英國輿論遂轉向傾向普魯士，因爲比利時的安全是英國的重大利益所在。Ibid., pp. 262-63.

Prague)，威尼斯（Venice）和附近土地歸還意大利，但是首先由奧地利交給拿破崙三世。由其轉交意大利，雖然法國皇帝能有機會在這幕戲劇中扮演一個角色，但歸還的程序嚴重的傷害了意大利的自尊心，拿破崙三世所作所爲並不能贏得意大利的支持和感激。❺❾

在普奧所訂和約之中，俾斯麥堅持兩點：奧地利必須承認「迄今爲止所建立的日爾曼邦聯」的解散以及同意「而奧地利帝國並不參加日爾曼的新組織」。（第四條），威尼希亞作狹義的解釋而必須交給意大利，俾斯麥希望盡量寬大的對待奧地利，俾能符合這次戰爭的最高目標。賠款很少，在奧國特別請求之下，薩克遜的完整受到了尊重。漢諾威、赫森—凱塞爾（Hesse-Cassel）、納沙（Nassau）、美因河上的法蘭克福自由市（Free City of Frankfurt-on-the-Main），以及丹屬兩個大公國均合併到普魯士；但是根據和約第五條，舒萊斯威格北區的居民應該與丹麥聯合，假使經自由投票後，他們表示此項願望。美因河以北各邦在普魯士霸權之下組成北德意志邦聯（North German Confederation），允許南方諸邦自行組織起來，與北德意志邦聯的關係隨後再予決定。

雖然奧地利除威尼希亞之外沒有喪失任何領土，可是七週戰爭（Seven Weeks' War）的結果對奧地利、普魯士和整個日爾曼均有重大的影響。❻⓪

七週戰爭的結果改變了奧地利帝國的結構，帝國中的匈牙利臣民長遠以來即要求獨立和自治。在戰前，奧皇已允許匈牙利人自治，俾使一致對外，戰後第二年即一八六七年，哈布斯堡王朝分成爲兩部分，一爲奧地利帝國（Empire of Austria），一爲匈牙利王國（Kingdom of Hungary）各有自己的憲法及議會，但有共同的統治者、共同的軍隊和

---

❺❾　Grant & Temperley, op. cit., p. 261.

❻⓪　Marriott, op. cit., p. 232.

對外關係，哈布斯堡王朝自此以後變成了奧匈二元帝國。⑥

　　奧地利皇帝在戰敗後力圖振作，任命前薩克遜首相貝斯特（Count von Beust, 1809-1896）為帝國首相。貝斯特最大特徵為俾斯麥最大的「死敵」，奧地利帝國改組後成為奧匈二元帝國。⑥ 貝斯特試圖重振奧地利在日爾曼中的地位，可是在他所改組的二元帝國之內，匈牙利人並不熱衷於恢復奧地利在日爾曼中的威望，而奧地利境內的日爾曼人也不願奧地利和法國同盟來對付同為日爾曼人的普魯士。⑥

　　奧地利不復為日爾曼的一部分，自一六四八年後，她的「重力傾向於布達佩斯」（"gravitation towards Buda-Pesth"）的趨勢現在更為明顯，假使奧國有擴張的雄心，必須以羅馬尼亞人或斯拉夫人為犧牲，而不再以日爾曼人為犧牲。但是對於新的奧地利，俾斯麥極希望最友好的關係，他已經看到他的外交競賽的下一個行動——與法國的衝突，他的視野更為遼遠，在布拉格條約中可以看到未來「二元同盟」（"dual alliance"）的線索。

　　就普魯士而言，七週戰爭的結果更具重要性，荷漢索倫王室第一次是從萊茵河到波羅的海龐大版圖的主人。他們獲得了將近二萬五千平方哩的領土和將近五百萬新的臣民，除舒萊斯威格中有些丹麥人之外，全部都是純粹的日爾曼的血統。他們獲得了海軍良港基爾，最後，他們在北日爾曼中獲得了無爭論餘地的至高無尚的地位。

　　一八六七年七月一日，北日爾曼邦聯正式成立，包括二十六個邦，各邦君主保留某些主權，如召開貴族議會，分別派遣外交代表等。但整個外交事務的處理、組織和管制軍隊，決定戰爭與和平等權力則由邦聯

⑥　Hayes & Cole, op. cit., p. 816.

⑥　See Binkley, op. cit., pp. 276-77.

⑥　Pfanze, op. cit., p. 421.

主席行使，行政權賦予作爲世襲主席的普魯士國王，以一位邦聯首相爲弼輔。主席第一個官方行爲就是任命俾斯麥爲邦聯首相，最重要的是：首相是新的憲政制度的基石，邦聯的重要功能逐漸集中，在權力極大的首相的手中。他的工具是普魯士王位，因爲邦聯主席的權力主要的是淵源於主席職位和普魯士王位的聯合，普魯士並沒有將自己混合在日爾曼之中；相反的，北日爾曼却被普魯士所吸收，此項事實說明爲什麼在四年之後，北日爾曼邦聯很容易擴大成爲德意志帝國。㉞

甚至在尼古斯堡（Nikolsburg），預備條約的簽署之前，法國駐柏林大使貝納德提（Vincente Benedetti, 1817-1900）跟着俾斯麥到普魯士大本營，堅持要爲法國獲得「補償」，俾斯麥委婉推辭，而逕與奧地利締結了和約。

在柏林舉行談判時，貝納德提正式要求美因茲（Mainz）和巴伐利亞的伯拉廷那（Bavarian Palatinate）俾斯麥率直的予以拒絕，並且將法國的要求和他自己的拒絕公佈在「世紀報」（Le Siècle）上。拿破崙三世放

㉞　Marriott, op. cit., p. 232.

自一八六二年，俾斯麥擔任普魯士首相後，國家的預算多未送國會批准，並曾數度解散國會的下院，七週戰爭勝利後，他相信要求國會追認過去不合法的費用，很明顯的，俾斯麥利用勝利後的熱誠奠定他的基礎。一八六六年九月一日，俾斯麥出席下院的會期，以開拓的胸襟，要求一項「追認法案」（indemnity bill），將自一八六二到一八六六年之間不合憲法的統治予以合法化，他拒絕承認行爲錯誤，也不表示任何遺憾，但他認知未經下院投票而支出經費是違反了憲法。

追認法案在下院經多數通過，下院放棄了彈劾政府的權力，此舉的直接結果是自由黨的分裂，極端的進步派（Progressives）繼續爲反對黨，而多數的新民族自由派（National Liberals），保證支持俾斯麥的政策。俾斯麥在國會可享有的多數超過了他舊有的支持者——保守派人士（Conservatives）。

Synder, op. cit., p. 209.

下這個問題，可是不良的影響已經鑄成，這是促使德意志南北聯合的第一個刺激。當俾斯麥張開雙臂時，巴伐利亞即刻投入懷抱。

俾斯麥一方面拒絕將德意志西部的任何地方割讓給法國，一方面建議拿破崙三世可取得盧森堡，甚至比利時，作為他承認德意志南北聯合的報酬，這就是著名的所謂「草約」(Projet de Traité) 的基礎（普法戰爭爆發之前俾斯麥將此項「草約」送給倫敦泰晤士報 (The Times)）。

普奧戰爭結束之後，俾斯麥即着手鞏固普魯士的地位，予以雙重的安全保障，他與奧地利簽訂了溫和的布拉格條約，由於波蘭事件中所採取的立場，而贏得了沙皇亞力山大二世的好感，他並且與日爾曼南部四邦締結了攻守同盟。根據此一條約，普魯士保證各邦的領土完整，而南方四邦同意，假使普魯士受到攻擊，支持普魯士，並將他們的軍隊由普魯士國王指揮。[65]

第四節　普法之戰

七週戰爭證明對法國也是一個大災難，因為這不是一件孤立事件，而是拿破崙三世外交中一連串挫折的最後一次。歷史常譴責克里米亞戰爭，也在法國皇帝的對意大利政策中發覺，假使不是法國的，也是拿破崙三世最後不幸的種子。可是法皇也為法國帶來了大拿破崙時代所享受的輝煌的聲望；在革命時期之後，他又恢復了秩序；感謝他的創造力，法國渡過了「饑餓的四十年代」("hungry forties") 而進入史無前例的繁榮時期；巴黎已經是名符其實的「歐洲的首都」("Capital of Europe")；工匠們有較好的住宅；鐵路和道路的發展，排水系統和信用貸款改善了商人、製造商和農業人士的機會；總之，第二帝國如果不是為歐洲帶來

了和平，就是爲法國帶來了繁榮。假使拿破崙三世在他統治的第一個十年行將結束時逝世，當代人士可能會讚揚他是位幸運者。可是，當政變十週年紀念甫過，長空逐漸暗淡，烏雲密佈而終於爆發一八七〇年的大風暴。

拿破崙三世的災難始自一八五九年的意大利遠征，與薩丁尼亞的同盟暴露這位法國皇帝是集各種矛盾的大成；在追求一項預定和考慮周到的政策時缺乏原則的指導。俾斯麥在道義方面可能缺少原則，可是沒有人否認：他自始至終有一個明確的目標，他選擇最好最適宜的方法來達成此項目標，而在運用這些方法時貫徹始終。然則，拿破崙三世的意大利政策的目標是什麼？他對意大利眞正和慷慨的同情是確實無疑的；但是他的政策表示對所要解決的問題並無眞正的理解。他派遣部隊在羅馬保衞敎皇；他又統率陸軍援助依曼紐爾；並將薩丁尼亞引到通往羅馬的道路；他在孟塔那射擊加里波蒂的義勇軍等於是花光了他將奧地利逐出倫巴底所贏得意大利人對他的感激。他對意大利統一提供了龐大而不可或缺的服務是不可否認的；但是統一的意大利在記憶中認爲這位法國皇帝是加里波蒂敵人的成分多於是加富爾盟友的成分。

更爲嚴重的是他的意大利政策對他身爲法國皇帝所產生的反作用。阿爾卑士山以南的法國人永遠不會寬恕他摧毀敎皇世俗的權力；法國正統主義者懷恨他將波旁王室逐出兩西西里。法國民主人士對於法軍用後膛槍對加里波蒂的義勇軍濫施蹂躪表示憤慨；兼併薩伏依和尼斯雖然討好了法國人的自尊心，但並不能加強法國人在歐洲的聲望。

但這些只是拿破崙三世困難的開始，華沙在幾個世代以來一直是法國外交希望之所托。波蘭獨立的毀滅對法國的聲望是嚴重的打擊，破壞了法國小心翼翼所建立的外交大廈的對稱性。

波蘭人不滿情緒的餘燼並沒有完全熄滅，一八六三年再度燃燒起

來， 這次爆發的直接原因是俄國將波蘭人的精華兩千青年強迫參加俄軍。英國駐彼得堡大使形容這次事件是「一項單純的計劃，清除波蘭的革命青年，綁架反對分子將他們送到西伯利亞或高加索。」俄國駐波蘭總督野蠻行為的結果遠超過他所能預見的。在普魯士境內有不滿的波蘭人，因此，俾斯麥不能錯過俄屬波蘭革命的機會，俾斯麥以非常圓滑而冷酷的手段，利用波蘭的情況來博得沙皇的善意。他立刻允許俄軍自由通過普魯士的領土，拒絕給予波蘭難民政治庇護。

俾斯麥利用波蘭革命的機會，決不予以放棄，使俄國受普魯士的恩惠，這是俾斯麥走向色當 (Sedan) 之路的第一階段。比利時國王李奧波 (King Leopold) 寫信給英國維多利亞女皇 (Queen Victoria) 對這一點說得很清楚。他說：「假使波蘭，正如加里波蒂一派的人所要求的，能夠復國的話，它將與法國密切聯盟；特別是處於在萊茵河上的法國和維斯杜拉河 (Vistula) 法國一省之間的普魯士，勢難生存。」李奧波的診斷，雖然帶有同情日爾曼的色彩，在本質上是正確的。拿破崙一世曾經宣稱：「歐洲的將來實際上依賴波蘭最後的命運。」這就是為什麼法國總理克里孟梭 (George Clemenceau, 1841-1929)，於一九一四年熱烈地歡迎尼古拉大公爵 (Grand Duke Nicholas) 歷史性的宣言。這位法國政治家大聲歡呼：「波蘭將會再生！」由於尼古拉二世 (Czar Nicholas II) 的意志，在法國和英國支持之下，歷史上最大罪行之一終將結束。在十八世紀末葉，法國不能以她的地位來避開此一罪行。而拿破崙三世在他事業顛峯之時竟未能把握機會糾正這個錯誤對於傳統特別能影響外交政策的國家而言是一項奇恥大辱。

法國作家湯姆士 (Albert Thomas) 曾說：波蘭的起義「給拿破崙三世糾合所有黨派的一個絕好機會 … 天主教認為那個民族是其信仰的烈士；就民主人士而言，其獨立是一種信條；甚至保守分子也記得波蘭曾

扮演法國盟友對抗奧地利的歷史角色。」在一八六三年四月和七月，拿破崙三世曾強烈的規勸俄國；但是，俄國在俾斯麥的堅強支持之下不予理會，竟自進行無情的鎮壓，將波蘭自治的殘餘痕跡洗刷得乾乾淨淨。

　　拿破崙三世在十月間，提議列強舉行大會以解決許多棘手的問題，尤其是波蘭問題。不幸的，他提出此項建議的根據是：「一八一五年的條約已不復存在。」此項肯定包含着相當多的事實，可是這種說法不能使這個建議給帕瑪斯登有一個好印象，他堅決否認一八一五年的條約已不存在，而拒絕參加大會，這是英法協商的結束。帕瑪斯登和約翰羅素兩人對於「被壓迫的部族」（"oppressed nationalities"）均有好感，極希望對他們的願望給予道義的支持。約翰羅素對沙皇政府曾提出一八一五年條約神聖的原則，強調憲政自由的價值。沙皇禮貌的答覆羅素，要他「自掃門前雪」。沙皇也像俾斯麥一樣已經衡量了拿破崙三世和英國的冗權政治家？「我不希望戰爭，但我也不希望和平」；這就是拿破崙三世在一八六三年的神秘論調。約翰羅素是眞正的期望和平，可是他所希望的結果唯有運用武力才能達到的。因此，只好將波蘭交諸命運之神。

　　波蘭並不是英法協商破裂唯一的受害者，此項破裂證明對於丹麥所主張的舒萊斯威格、霍爾斯坦也是致命的打擊，這一次是英國「追求」法國，而是「法國女郎」害羞。一八六三年帕瑪斯登宣佈：凡企圖干涉一八五二年倫敦條約保證丹麥的權利者將發現，他們並不是單獨與丹麥鬥爭。因此，英國於一八六四年向法俄兩國建議，以條約簽字國的身分，聯合提供調停，假使日爾曼拒絕的話，英國將派艦隊到波羅的海，而法國陸軍向萊茵挺進。可是俾斯麥已經獲得沙皇友好的中立，拿破崙三世對於英國拒絕參加波蘭問題的大會深爲懊惱，因此拒絕與英國在兩個大公國的問題中採取共同行動，英國第二次提議代表丹麥積極干預亦被拿破崙三世拒絕。假使英國除開海軍之外願意出動陸軍，拿破崙三世可能

參與英國為丹麥作戰，可是法國皇帝即使是為了萊茵邊境，也不願單獨負起整個陸上戰爭的責任。皇帝陛下的拒絕尚有其他理由：他自己健康不良，他在墨西哥的冒險在法國與日俱增的不孚人望（天主教徒和巴黎證券交易所的投機商人除外）。

墨西哥共和國多少年來一直是在長期的混亂中，兩派之間的內戰使情勢每況愈下。一八六一年，共和派領袖朱雅里(Benito Juarez)推翻了代表天主教徒和君主主義者的米拉蒙(Miramon)，其後向歐洲天主教國家呼籲，要求援助。拿破崙三世活潑而異想天開的想像力認為這是「一石數鳥」的好機會，他決定由奧王約瑟夫的弟弟邁克斯米倫大公爵(Archduke Maximilian)為墨西哥王，這位大公爵不僅是天主教王室主要的一員，又是比利時國王李奧波的女兒夏綠蒂的丈夫。在倫巴底總督任內頗有聲譽，拿破崙三世選擇他來作墨西哥王位的候選人，預期可以同時討好奧國的哈布斯堡王室，英國的撒克斯—柯堡王室(Saxe-Coburgs)，和法國的奧良斯王室 (Orleanists) 的後裔，而且可以緩和法國最近外交所引起的敏感性，法國天主教徒會歡迎具有十字軍精神的冒險行為；皇后尤金和她的國人對於君主政治在墨西哥的勝利當然會高興。墨西哥秩序的恢復有助於債務的償付也符合英國、法國和西班牙商人的利益。

共和派領袖朱雅里拒絕支付墨西哥債務而給拿破崙三世干涉的藉口。法國、英國和西班牙同意強制支付，一八六二年一月聯合派遣遠征軍以達到此一目的的。可是當英國和西班牙發覺法國皇帝的詭計之後，立即撤退，將一項棘手的問題留給法國單獨處理。拿破崙三世在墨西哥下了四萬法軍的賭注；粉碎了反對派系，墨西哥的貴族會議於一八六三年七月擁立邁克斯米倫為皇帝，一八六四年五月，這位倒霉的親王蒞臨墨西哥，登上了皇帝的寶座。

很明顯的，邁克斯米倫的皇座甚至他自己的生命是在法國刺刀的保

護之下。一八六五年，法國刺刀終於撤退。美國南北戰爭於一八六五年結束後復歸統一，要求法國撤出墨西哥和拒絕承認邁克斯米倫。墨西哥皇帝被他的贊助者遺棄之後，與他的臣民對抗，經短暫的戰鬥之後，邁克斯米倫被俘而遭受到槍決的厄運。

　　墨西哥悲劇對拿破崙三世的聲望是一個可怕的打擊，促成了他的沒落，作為一個政治賭客不能夠在大輸後退出賭場。假使拿破崙三世在南美洲輸光，必須在法國使出一項妙計。

　　日爾曼兩強之間燃眉之急的衝突似乎使拿破崙三世有機可乘，他帶着焦急不安和矛盾的情緒注視着荷漢索倫王室權力的成長。俾斯麥在比耶里玆釣大魚，巧妙的在他眼前撮動具有誘惑力的釣餌，拿破崙三世貪心的吞下了釣餌。在七週戰爭前夕，拿破崙三世向普奧雙方提出他所喜愛的舉行會議的主張。普魯士和意大利雖然兩國的軍隊已經動員同意參加會議；而奧地利以領土獲得保證為參加會議的條件，其時這種條件已不可能，戰爭旋即爆發。當普軍進入波希米亞，奧地利懇求法皇調停，將威尼希亞交給他作為報酬。但為時已晚，拿破崙三世能夠允諾的僅是外交支持而已；他承認不準備作戰。但是普魯士勝利的迅速，使拿破崙三世為之驚惶失措，他原來預料雙方有相當長的衝突，勝負不能確定。當交戰雙方筋疲力盡時，他可以及時介入扮演豪爽而報酬豐富的仲裁者之，這是他想像力所預測的情勢，可是實際事件的發展使他不禁為驚呆發愣。在薩多瓦戰役之後，他不但不能作「公正的仲裁員」，反而變成卑賤的請願者，要求普魯士給一點領土作「小費」（a territorial pourboire）。⑯

　　拿破崙三世企圖全盤改組中歐的權力結構：普魯士的擴張以萊茵河為界，由奧地利牽制之；日爾曼南部四邦成為第三個集團，由法國惠患

---

⑯　Marriott, op. cit., pp. 240–46.

其獨立，以便對付普奧兩國；最後希望在萊茵區獲得補償。而未能如願，只好等待機會。

一八六六年，巴爾幹問題再度爆發，克里特島 (Crete) 在希臘和俄國支持下，反抗土耳其帝國的統治，局勢發展至一八六七年初，法國企圖與俄國達成協商 (entente) 的關係。法國要求俄國在西方支持對抗普魯士；而俄國却希望普法和好而能在近東支持俄國；雙方都希望有所收穫而不必付出代價。法國希望獲得比利時和盧森堡而不犧牲土耳其帝國的完整；而俄國希望重鑄近東而不改變西歐的權力平衡；在近東雙方的立場却好相反。法國準備贊成希臘兼併克里特島，而以俄國人支持土耳其帝國的完整為條件，俄國並不關心克里特或希臘，而只希望造成一個先例——假使允許希臘人的民族要求，斯拉夫人亦可提出同樣要求。其結果將是土耳其帝國的瓦解，俄國並希望藉此而摧毀「克里米亞聯盟」，而法國不願疏遠英國和奧國。因此當一八六七年四月初盧森堡危機爆發時，法國和俄國的談判未能達成任何協議。⑰

拿破崙三世對萊茵區的企圖受到挫折，對於比利時的企圖則尚未完全失望，因此在一八六七年，法國皇帝竟然退而要求「在不能獲得比利時本身的情況之下，獲得通往布魯塞爾的道路」——即盧森堡。在歐洲的經濟中，盧森堡大公國佔有異常重要的地位。根據一八一五年的解決，盧森堡歸屬尼德蘭王國以換取在日爾曼的奧倫治的領地 (Orange dominions) 與普魯士合併。尼德蘭國王兼為盧森堡大公爵，是日爾曼邦聯的成員。當比利時在一八三〇年叛變，反對與荷蘭的合併時，盧森堡

---

⑰　Taylor, op. cit., p. 180.

　　俄國在要求英法兩國干涉未果而在別無他途可循的情況下，求助於普魯士，而於一八六八年三月，俄普兩國締結秘密協定，此一協定在基本上是針對奧地利。Binkley, op. cit., p. 290.

決定和比利時同一命運。經過一段混亂時期，根據一八三九年的倫敦條約，盧森堡的大部分爲比利時所有，而一小部復歸荷蘭。大公國的首都盧森堡市自一八一五年以來卽爲普魯士派軍駐守，一八六七年一月，法國和尼德蘭完成了一項買賣，後者同意將盧森堡賣給拿破崙三世，但以普魯士從盧森堡撤軍爲條件。⑱

　　拿破崙三世提出對盧森堡的要求時，曾向英國駐法大使柯萊爵士(Lord Cowley) 解釋：這項要求不是爲了聲望，而是爲了法國的安全，英國外相史登萊(Lord Stanley) 與法國駐英大使討論時表示：法國的此項佔領是確保歐洲和平的小代價，不會引起奧俄兩國的反對。⑲

　　普魯士的軍人希望因盧森堡事件而與法國一戰，所以當危機發生時，毛奇將軍興奮地說：「沒有比戰爭更受歡迎，它終於來臨了。」⑳事實上，俾斯麥和拿破崙三世都不希望此時爆發戰爭，荷蘭國王威廉三世也因爲德意志民族情緒的憤慨而撤消了這項交易。四月十二日，法國駐英大使要求英國出面斡旋，向史登萊爵士指出：普魯士在盧森堡的駐軍構成了對法國的威脅，應促使普魯士撤軍。㉑因此盧森堡的交易間

---

⑱　Marriott, op. cit., p. 248.

　　法國外相莫斯蒂(De Moustier)擔任這項微妙的談判，荷蘭國王威廉三世由於財政困難，又深感盧森堡的名義統治未能獲得實際利益，談判結果，威廉三世同意將盧森堡大公國賣給法國，普魯士爲一八三九年盧森堡中立條約保證國家之一，並認爲此一大公國爲日爾曼領土，激起了日爾曼的民族情操，又受到七週戰爭勝利餘威的影響，因而拒絕同意這種安排。Grant & Temperley, op. cit., p. 263.

⑲　Sir A. W. Ward and G. P. Gooch (eds.), *The Cambridge History of British Foreign Policy, 1783-1919*, vol. III (New York: Octagon Books, 1970), p. 11.

⑳　Grant & Temperley, op. cit., p. 263.

㉑　Ward & Gooch, op. cit., p. 12.

題演變爲普魯士的撤軍問題，普魯士與南日爾曼各邦皆不願接受此項要求，普國駐英大使彭斯杜夫 (Count Bernstorff)，於十五日代表俾斯麥向史登萊解釋普魯士的立場，⑦ 而英國駐德大使羅甫特斯 (Lord Augustus Loftus)，認爲普魯士應該接受盧森堡的中立化和撤軍要求。

史登萊爵士深感不安，認爲比利時的中立已帶給英國困擾，而不願再增加對盧森堡的責任，因而建議根據一八三九年的倫敦條約，盧森堡仍屬荷蘭王國，未得列強的同意不得將其割讓。⑦ 但是這項建議未被接受，史登萊遂建議: 在沒有特定的保障下，宣佈盧森堡的中立。俾斯麥仍不同意，而堅持由列強共同保障盧森堡的中立。四月二十三日，俄國外相高查柯夫 (Alexander M. Gorchakov) 提議在倫敦舉行會議: 對比利時的中立同樣的適用於盧森堡。經兩個星期的考慮後，史登萊終於同意召開會議。

五月七日倫敦會議開幕，由一八三九年倫敦條約的簽字國及意大利參加。五月十一日，簽訂了倫敦條約，其中第二條規定: 盧森堡大公國應爲永久中立國，由奧、英、法、意、普、俄集體保障，普魯士須撤退駐軍，而由大公國將盧森堡市開放。史登萊對一八六七年的倫敦條約感到非常矛盾， 他原來的主張: 對歐洲大陸的爭端採取不干涉政策， 可是此一條約的簽訂將英國捲入歐洲的事務中。倫敦條約的保障是「集體的」， 但史登萊強調: 這項條約的保障爲「有限的責任」 (limited liability)，只是有「道義上的制裁」(moral sanction) 作用，而並無「作戰的連帶責任」，因爲史登萊是主張「不干涉主義」的，所以雖然簽訂了條約，仍希望減少英國的責任，不願輕易捲入歐洲大陸的爭端中。克

---

⑦ Christopher Howard, *Britain and the Casus Belli, 1812-1902* (London: The Athlone Press, 1974), p. 66.

⑦ Ward & Gooch, op. cit., p. 13.

拉倫登爵士 (Lord Clarendon) 則認為：所謂對盧森堡的保障一點也沒有保障，因為它是集體的，所以沒有國家願意個別履行條約。**❼❹**

　　有的歷史學家認為倫敦條約所提供的妥協殊為合理。這些條件一直為締約國所遵守（直到一九一四年盧森堡和比利時的中立為德意志所違反為止）。當時，歐洲的和平似乎已經得到保證，是年夏季，巴黎正在一八六七年博覽會的節日的忙碌之中。在蒞臨的貴賓中有普魯士的威廉國王和他的宰相俾斯麥。這兩位君主下一次的會晤就在色當戰役之後，拿破崙三世棄劍向普魯士國王投降之時。**❼❺**

　　拿破崙在國內面臨到擔憂的局勢。皇帝陛下春秋已高而且健康迅速衰退，如果將皇冠傳給太子，這頂皇冠必須不玷污政變的記憶，也必須載有以外交或軍事贏來的勝利的光榮，要擦掉政變的記憶，他必須將帝國轉變為立憲君主國，要抹去從俾斯麥手上所蒙受的恥辱，法國必須對普魯士贏得一場光榮的戰爭。俾斯麥了解這一點，在薩多瓦勝利之後，旋即揚言：與法國的戰爭「是歷史的邏輯」。他深信，如果沒有這場戰爭，德意志最後的統一永遠不能完成。他一直在持續不斷地為這一場戰爭作準備。俾斯麥可以等待他的時機，而拿破崙三世却不能。

　　第二帝國的崩潰主要由於勢不可擋的幾次軍事災難。拿破崙三世在比耶里茲被俾斯麥所欺騙，在薩多瓦又被他嘲弄，法國皇帝在奧地利失敗之後，勢必要空着手面對着法國臣民。在比利時，伯拉廷那 (Rhenish Palatinate) 最後在盧森堡失望之後，拿破崙三世試圖說服自己和說服他的臣民：荷漢索倫王室對哈布斯堡的勝利，法國並不需要「補償」，相反的，普魯士在本質上被一八六六年的事件削弱了而並沒有加強。

　　一八六七年五月倫敦條約關於盧森堡大公國所達成的妥協似乎給予

❼❹　Howard, op. cit., pp. 67-83.
❼❺　Marriott, op. cit., p. 249.

歐洲相當時期的和平保證。在遼遠的地平線上沒有一片戰雲，雖然一八
六七年在巴黎博覽會上，法蘭西皇帝和普魯士國王慇懃禮讓，可是兩國
之間的關係在以後的三年中愈來愈壞。俾斯麥無意加速步調，相反的，
他却忙於同化新合併的各州，和實施新頒佈的聯邦憲法。

一八七〇年春天，普王女婿巴登大公爵 (Grand Duke of Baden) 正
式申請加入北德意志邦聯時，俾斯麥很謹慎的予以拒絕。他坦白的對民
族派 (national party) 的領袖們說：「承認他們最穩健的希望等於是向
法國宣戰。」事實上，戰爭不可能無限期的延展下去。當時的觀察家分
析這種局勢說：「在德意志情況已變成這種形勢，即統一的工作必須不
惜任何代價的犧牲，否則一八六六年的工作將完全粉碎，但是每一個人
都感覺到，進行統一的工作意味着與法國的戰爭。」俾斯麥依然在等待
時機的來臨。⓱

俾斯麥對內鞏固和擴大普魯士的基礎，對外進一步爭取俄國的關
係。一八六六年，克里特島再度叛變時，俄國曾要求英國、法國聯合干
涉，對土耳其提出抗議而未能得到英法兩國的同意。奧地利為了阻止俄
國勢力侵入巴爾幹，希望與英法採取共同陣線來對抗俄國，若因此而導
致戰爭，則普魯士必定協助俄國而捲入戰爭，奧國可乘機報復，恢復
其昔日在日爾曼的優勢。一八六七年八月，拿破崙三世訪問薩爾玆堡
(Salzberg) 時，貝斯特獲得法皇同意在東歐問題上支持奧地利。兩國有
關土耳其問題曾有一段時期的合作。⓲奧地利在東歐問題上的成功就是
俄國的失敗，因此俄國別無他途可循，只能求助於普魯士。一八六八年
二月，沙皇曾與普魯士駐俄大使羅斯親王作親切的長談，沙皇表示惟恐
奧地利帝國利用巴爾幹危機而乘機佔領波西尼亞(Bosnia)和黑玆哥維那

⓱　Ibid., pp. 249-53.

⓲　Mosse, op. cit., pp. 253-80.

(Herzegovina)，沙皇說：

> 讓我們希望這件事不會發生，也希望法國不會進攻日爾曼，但如
> 果事與願違，兩者均發生時，普王可以信任我，我能夠使奧國癱
> 瘓，正如我也希望獲得普王的援助……。

三月間沙皇明確表示：普法之間一旦發生戰爭，他願意動員十萬軍
隊，部署於俄奧邊境，希望俄奧衝突時，普魯士亦復如此。俾斯麥十分
謹慎，於三月二十日對俄國駐普魯士大使，口頭保證：

> 我相信我們有對法國作戰的能力，如果俄國掩護我們的後方以對
> 抗奧國，就不需將戰爭擴大爲全面衝突；如果俄國與奧地利發生
> 戰爭，我們也保證阻止法國援助奧地利，但是我們之中任何一國
> 若受兩國聯合攻擊時，則基於共同利益，一方應支持另一方。

因此，除非歐洲的均勢因法國的參戰而受到威脅，普魯士不承諾爲
俄國在巴爾幹之利益而作戰，所以奧俄發生衝突時，北日爾曼邦聯之軍
隊主要的是部署在北日爾曼邦聯和法國之間的邊界，而不是部署在與奧
國之間的邊界。這是俄普兩國之間的正式協議，雙方對此反奧的秘密協
議均感滿意，普法一旦發生戰爭，俄國將協助普魯士，使奧地利維持中
立，而奧地利若無法國的支持亦無法在巴爾幹採取行動。然而俾斯麥寧
願在西歐發生衝突，他在一八六九年二月間向俄國表示：與其爲巴爾幹
問題而戰，無寧爲日爾曼問題而對法國作戰。他認爲沒有比使法國扮演
侵略者的角色更爲容易的事。[73]

拿破崙三世正急於爲不可避免的戰爭組織同盟，與俄國、意大利和
奧地利進行談判，而俄國已經和普魯士結盟，法國和意大利的關係，羅
馬仍然是絆腳石，因此奧地利變成了同盟的對象。就法國而言，法奧有

---

[73]　Chester W. Clark "Bismark, Russia and the Origins of the War of
1870." *Journal of Modern History* 14 (1942), p. 197.

一個共同利益，即均願意阻止普魯士的勢力越過美因河，以兼併日爾曼南部各邦，但就奧地利的觀點而言，希望獲得法國的支持以抵抗俄國勢力侵入巴爾幹。

　　一八六七年八月十八日，法國皇帝親訪奧皇法蘭西斯於薩爾玆堡，幾個月之後，奧皇報聘巴黎，雙方在此時期之內商討結盟問題；但是由於法國要求結盟後將迫使普魯士與日爾曼南部各邦的條約，奧國方面不能接受，而維也納希望法國積極支持奧國在巴爾幹的立場，法國惟恐捲入另一個克里米亞戰爭，因此雙方的談判並無進展。一八六八年七月，拿破崙三世要求奧國駐法大使理查‧梅特涅電詢奧皇，是否願意爲共同的目標而締結一個「積極的同盟」(active alliance)；否則締結一個「消極的同盟」(passive alliance)，即支持法國的建議，召開一次歐洲的會議，來鞏固歐洲的現狀，避免日爾曼進一步的擴張。⑲奧地利首相貝斯特針對法國，提出了一連串的反建議，希望拿破崙三世出面呼籲歐洲列強全面裁軍，因爲俾斯麥在七週戰爭之後，正致力於使新兼併的領土和北德意志邦聯的軍隊能迅速的達到普魯士的水準，他必然會反對裁軍的建議，而引起列強的不滿，使普魯士陷於進退維谷的窘境。可是法皇拿破崙三世正想擴充法國的軍隊，所以對貝斯特的建議表示很冷淡。⑳

　　一八六九年三月一日，法國政府經爭辯之後，提出了一個草約，旨在吸引奧地利反對普魯士，僞裝維持歐洲和平的一個聯盟；而實際上是一個對抗俄普兩國的一個三國同盟。其要點爲：如果奧匈捲入對俄的戰爭中，法國在萊茵區佈署觀察部隊；如果普魯士加入俄國作戰，則法國進入戰爭。如果普法之間發生戰爭，奧匈在波希米亞佈署觀察部隊；如果俄國加入普國作戰，則奧國進入戰爭。意大利在上述兩種情勢發生

---

⑲　Ibid., p. 427.

⑳　Binkley, op. cit., p. 291.

時，將提供軍隊二十萬人，而可自奧國獲得提羅（Tyrol），法奧兩個盟國協助意大利與教皇締結一項暫時協定（modus vivendi）。貝斯特沒有接受法國的建議，他在四月十日寫信給理查‧梅特涅說：「我們非常了解普法發生衝突的結果，當我們將觀察部隊部署在邊境時，我們就會立刻被逼放棄我們小心翼翼所宣佈的中立。」法國其後建議：如果歐洲發生戰爭，法、奧、意三國應該締結攻守同盟條約。但是秘密通知奧地利：如果普法發生戰爭，奧地利能維持中立，這種談判條件適合奧國的利益，因爲維也納一方面可以在近東獲得一個反俄的集團，而對普魯士可以採取自由行動。在哈布斯堡內部也有毋需傷害日爾曼的民族情操，但是意大利絕不是容易上鈎的，因爲當法奧之間發生戰爭時，意大利有義務提供二十萬軍隊，因而要求代價，他們決定於六月間簽約，其時法軍應自羅馬撤退。貝斯特是新教徒也是自由派，因此認爲這是合理的條件，雖然在傳統上，哈布斯堡一向保護教皇，可是對拿破崙三世而言，這是一個無法同意的條件，因爲第二帝國遭遇到與日俱增的困難，對法皇而言，僧侶的意見比與外國結盟更爲重要。拿破崙三世再三表示：他認爲同盟已在「道義上簽訂」（"morally signed"）。一八六九年九月二十四日寫信給奧皇約瑟夫：如果奧匈「受到任何侵略的傷害，我將毫不猶豫的立即將所有的法國軍隊置於她的一邊。」而且，如未事前與奧地利帝國獲致協議，不與外國開始任何談判。奧皇再度避開了這個圈套，他答覆稱：如未事先警告拿破崙三世，不會締結同盟，意王依曼紐爾甚至更爲保守，僅表示希望同盟建立之後，法軍立即自羅馬撤退。因此，針對俄普兩國的三國同盟計劃終告失敗，雖然最後的破裂由於羅馬問題，而眞正觀念的衝突在法國和奧匈之間，哈布斯堡的政策正如俾斯麥的忠告，從日爾曼轉向巴爾幹。奧皇約瑟夫仍然認爲他自己是「一位日爾曼的君主」（"A German Prince"）。貝斯特雖然仍希望超過俾斯麥，

但不能違反匈牙利和帝國內部日爾曼人的意見。⑧

　　一八六九年初，普法關係到達最低點，其時，法國一家公司獲得比利時一條重要鐵路的權利，英國和比利時均誤認爲這是法國企圖兼併的第一步。比利時政府通過一項法律，禁止鐵路的轉讓，英國以參加俄普同盟來威脅法國，最後巴黎終於放棄了購買計劃，始渡過了危機。⑫

　　普法戰爭爆發之前，歐洲的局勢非常微妙，當時唯一可以影響大局，而具舉足輕重地位者，也是雙方所極力爭取的，惟有偏處於歐陸之外的英國，克萊倫登爵士 (Lord Clarendon) 於一八六八年十二月繼史登萊之後，再度出任外相。而里昂爵士 (Lord Lyons) 繼柯萊爲駐法大使。克萊倫登與拿破崙三世私交甚篤，並認爲唯有拿破崙三世的政府才能消除英法兩國之間的關稅壁壘。他希望能阻止法國對比利時的干涉和普法之間的戰爭，他非常不信任俾斯麥，曾於一八六四年形容：俾斯麥是「一個沒有信用或法則的人」。⑬

　　一八七〇年一月二日，拿破崙三世開始他的「自由帝國」("the liberal empire)計劃，新任外相達羅 (Daru) 沒有建設性的日爾曼政策，而將希望寄托在與英國改善關係，爲了博取英國的好感，顯示法國在道義方面勝過普魯士，提議普法兩國同時裁軍，每年減少征募新兵。法國的裁軍建議相當利害，假使俾斯麥同意，日爾曼境內自由主義的力量將增強。假使俾斯麥拒絕，將失去英國對他的信任。雖然英國外相克萊倫登對法國的動機不存幻想，⑭ 他仍希望普魯士能同意與法國同時裁軍。一八七〇年一月二十六日，計劃透過法國駐英大使瓦拉特 (La Vaiette)

⑧　Taylor, op. cit., pp. 193-96.

⑫　Taylor, op. cit., p. 198.

⑬　Ward and Gooch (eds.) op. cit., p. 22.

⑭　Taylor, op. cit., p. 198.

以達成兩國裁軍，至二月二日，他訓令羅甫特斯大使向俾斯麥提出一項備忘錄，保證法國將毫無異議，與普魯士同時裁減軍隊。俾斯麥以普魯士受法、奧、俄三個帝國包圍，裁減軍隊將危及普魯士的安全爲理由加以拒絕。克萊倫登外相不幸於六月二十七日逝世，裁軍計劃終告失敗，英國再也沒有一位政治家能夠撮合普法兩國的和好以維持和平。❽

一八七〇年四月，拿破崙三世和外長達羅因爲羅馬問題而發生爭執。五月，法皇任命克拉蒙 (Duc de Gramont) 爲外長。克拉蒙原爲駐奧大使，他與達羅迥然不同，強烈的反對普魯士。克拉蒙於六月初回到巴黎，深信法奧同盟業已存在，而決心一有機會就羞辱普魯士。❽

一八七〇年六月，黎巴倫 (General Barthelemy Lebrun) 奉派到維也納，進行一項秘密使命，而達成了一項諒解。法國將向凱爾 (Kehl) 進軍，直攻巴伐利亞的心臟，宣佈將南德意志從普魯士的桎梏中解放出來；而法國的海軍將威脅洛巴克 (Lübeck) 和斯坦廷 (Stettin) 並阻擋北方的普魯士軍隊。在法國進入戰場之後三個星期，奧地利介入，將八萬大軍投入波希米亞前線，這就是法奧兩國諒解所擬訂的計劃；但是實際上沒有締結條約。❽ 六月十四日，奧皇與黎巴倫會晤時表示：「如果法國皇帝不是以敵人，而是以解放者的地位進入南日爾曼時，我們將被逼與他作共同的奮鬥。」

英國、奧匈和俄國均不希望普法之間爆發戰爭，可是沒有一個認爲將破壞歐洲的權力平衡，因此三國對雙方都不支持，假使他們需要盟國，也只是在近東的衝突。因爲英國希望維持黑海的中立化，而俄國希望予以推翻。奧匈雖然在羅馬尼亞和巴爾幹反對俄國，而不是在黑海，

---

❽ Ward & Gooch, op. cit., p. 35.

❽ Taylor, op. cit., p. 203.

❽ Marriott, op. cit., p. 254.

拿破崙三世第二帝國的安全和偉大寄托在與英俄的良好關係，希望終於落空，當戰爭的暴風雨來臨時，「自由帝國」沒有一個盟國。⑱

俾斯麥相信戰爭遲早不可避免，而且爲了普魯士和日爾曼的利益這是必須的，他了解必須刺激法國採取行動，顯示拿破崙三世是歐洲和平的破壞者，他遂引誘法皇陷入他的陷阱，這是俾斯麥的幸運，他在西班牙王位繼承問題中抓住了機會，使法國皇帝變成了侵略者。

一八六八年，西班牙廢黜了聲名狼籍的依沙蓓拉女皇(Queen Isabella)。普里姆將軍 (General Prim) 尋找一位繼承者。依曼紐爾國王的姪兒熱那亞公爵 (Duke of Genoa) 等都拒絕了王位。因此，俾斯麥設法使西班牙將王位給予荷漢索倫王室的么弟西馬林根・李奧波親王(Prince Leopold of Hohenzollern-Sigmaringen)。他與波那伯特王室 (Bonapartes) 有頗爲密切的關係，普王威廉對於這個問題可以說是完全無辜的。李奧波親王在一八六九年兩度拒絕了王冠。一八七〇年，俾斯麥派人送了五萬普魯士鎊的賄賂到馬德里，西班牙重提王位問題；李奧波親王於七月四日接受了王冠。

拿破崙三世和新首相奧利維爾 (Emile Ollivier) (於一八七〇年一月出任法國首相) 對戰爭頗爲畏縮，可是皇后和新任外相克拉蒙主戰，她們的意見獲得了勝利。七月六日，法國政府將一項挑撥性的正式通知送達普魯士政府，揚言：荷漢索倫王室繼承西班牙王位將被法國認爲是戰爭的理由。俾斯麥認爲時機已經成熟，現在唯一的阻礙是誠實而坦白的威廉國王。他秘密的要求李奧波親王撤退，七月十二日，李奧波再度拒絕王位。法國人欣喜若狂，新聞界評論：「普魯士是母鴨子」，俾斯麥以無限忍耐和努力所造成的外交結構形將垮臺，失望之餘，決定辭職。

可是，俾斯麥畢竟是幸運的，雖然法國已經不戰而勝了普魯士，可

---

⑱ Quoted in Taylor, op. cit., p. 198.

是却以無比的愚蠢，竟想擊敗以後，再給以恥辱，㊟這是歷史上有名的
竄改艾姆斯電報（Ems Dispatch）的事件。七月中旬，威廉國王在艾姆
斯休養時，法國大使貝納德提晉謁普王要求荷漢索倫王室一勞永逸的放
棄西班牙王位的權利，樞密顧問官阿勃甘（Privy Councilor Heinrich
Abeken）將會晤的情形拍電報給在柏林的俾斯麥，這是七月十三日晚
上，俾斯麥邀請毛奇和龍恩共進晚餐，商量辭職以抗議普王與法國大使
談判。俾斯麥接到電報，靈機一動，很技巧的將電報原文「刪除」，而
沒有增加或修改一個字。然後將竄改後的電文發出，其效果正是俾斯麥
所期望的，縮短後的電報給人有最後通牒的印象，「像迎接挑戰的號角
聲」。㊟

　　阿勃甘給俾斯麥的電報是在一八七○年七月十三日下午三時四十分
在艾姆斯發出的。電文前段係以普王為第一人稱：

　　　陛下寫信給我稱：「貝納德提伯爵在游行禮中與我說話，堅持地
　　要求我應該授權他立刻拍發電報稱：如果荷漢索倫家族候選王位
　　問題重提時，我有責任將來永遠不再予以同意。我最後已拒絕
　　同意，並已相當嚴厲的告訴他：不敢也不應有義務作這種絕對
　　（à tout jamais）的約定。自然地我告訴他，我尚未接獲任何消
　　息，既然他比我更早的已從巴黎和馬德里獲悉，他可明白的看到
　　我的政府對此問題已不再感到興趣。」電文後段是阿勃甘語氣所
　　寫：「由於陛下已經收到安桑尼親王的函件，所以陛下已經告訴
　　貝納德提伯爵他正在等待親王的消息，並已決定，關於前述的要
　　求，因尤倫堡伯爵（Count Eulenberg）和我的建議，不再接待法
　　國使節，但經由一位副官通知貝納德提。陛下現已從親王處證實

㊟　Marriott, op. cit., pp. 254–55.

㊟　Snyder, op. cit., pp. 212–13.

了，貝納德提已經從巴黎獲得的消息，因此對於這位大使已無可奉告。陛下請閣下決定是否將貝納德提的新要求以及其要求的拒絕立刻通知我們的駐外使節和新聞界。」

俾斯麥接到艾姆斯電報後，即刻抓住機會，在幾分鐘之內，將發給新聞界的消息準備妥當，他將竄改的電文唸給兩位客人：

在西班牙王家政府已經正式將荷漢索倫放棄繼承王位的消息通知法國帝國政府之後，法國大使進一步要求現在艾姆斯的國王陛下，授權他拍電報到巴黎稱：縱使荷漢索倫承繼問題再提時，國王陛下亦將永遠不予同意，國王陛下因此決定不再接見法國大使，並派遣値班副官告訴他：陛下已無他事可以奉告大使。[91]

---

[91] See Marriott, op. cit., pp. 256–57.

俾斯麥在他所著「反省和回顧」一書中對竄改艾姆斯電報有相當詳細的記載：

七月十三日，我邀請毛奇和龍恩將軍與我共進晚餐，並告訴他們我的觀點和用意。正在用餐談話時，有人向我報告，從艾姆斯收到一份密碼電報，正在譯電之中，其後我將電報唸給客人聽，他們深受打擊，拒絕飲食。

所有的考慮，有意識的或下意識的，加強我的意見：如要避免戰爭，唯有以普魯士的光榮以及全民族對她的信心爲代價。

確信如此，我就利用國王與經由阿勃甘(Heinrich Abeken)賦予我將電報公佈的權力，當着客人們，删除了電文中的字，而沒有增加或修改一個字……。

艾姆斯電報縮短後電文的效果與原電文效果的不同並不是源於用字較爲強烈，而是由於其形式，使此項宣告顯得是決定性的。

當我將縮短的電文唸給兩位客人聽了之後，毛奇說：「現在它有一種迥然不同的格調，原來的電報聽起來像要求談判，現在，它像迎接挑戰的號角聲。」

我繼續解釋道：「假使，我執行陛下的命令，立即將電文……送到各報紙，並拍發給各大使館，在午夜之前，巴黎就會知道，不僅是由於其內容，而且是由於其散發的方式，它有以紅旗來挑逗高盧牛 (Gallic bull)

就普魯士而言，事已決定無挽回餘地，巴黎市民態度非常激昂；而在法國內閣中仍然相當躊躇。整整兩天，戰爭與和平一直在權衡之中，當時在歐洲只有一個國家可以轉移戰爭，可是英國的外交政策正處於最低潮。克萊倫登爵士已在六月二十七日逝世，對於歐洲是無限的損失，俾斯麥對艾美萊・羅素小姐 (Lady Emily Russell) 說：「在我的一生中，從來沒有比聽到令尊逝世的消息更使我高興‥‥他可能阻止這場戰爭。」誠然，普法戰爭是歷史的邏輯，克萊倫登可能將它拖延；格蘭維爾 (Lord Glaville) 和格蘭斯登 (William E. Gladstone) 明顯的未能阻止戰爭。⑫

　　艾姆斯電報事件發生時，假使奧利維具有真正的控制權，戰爭將可避免，他本來就不主張要求普王作重覆的保證，七月十四日，法國內閣

（續）的效果。」

　　　「如果我們不願意扮演不戰而被擊敗的角色，我們必須作戰。然而成功主要的依賴戰爭的開始對我們和其他人的印象，最重要的是我們應該作被攻擊者，高盧人的傲慢和敏感性會促成此事，如果能盡我們所能不經過參院的傳聲筒，向全歐洲宣佈：我們正在勇敢的迎接法國的公開威脅。」這番解釋使兩位將軍的態度改變成為愉快的心情,他們高興情形使我驚訝，他們忽然恢復了食慾，而開始以愉快的聲調說話。

　　　龍恩說：「我們老天爺仍然活着，不會讓我們蒙羞而死。」

　　　毛奇放棄了他那種消極的平靜，欣喜的望着天花板和談話的拘泥，用手捶着胸膛，大聲喊着：「如果我能活着在這場戰爭中指揮我們的軍隊，其後再讓魔鬼來拖走臭皮囊」，其後他又顯得很脆弱，懷疑是否能在野戰的疲憊中仍能生還。

　　　Quoted in Snyder, op. cit., pp. 213-14.

⑫　Marriott, op. cit., p. 257.

　　　西班牙王位繼承問題發生，英國首相格蘭斯登爵士(Lord Gladstone)和格蘭維爾爵士 (Lord Granville) 商議後，認為英國不宜干涉其他國家自行選擇的政府，而決定不要求普魯士撤回李奧波親王的繼承權。

　　　Ward & Gooch, op . cit., p. 36.

會議決定要求召開國際會議討論王位繼承問題，可是在十四日晚和十五日晨的會議因受輿論影響而決定宣戰。英國此時除非與其他列強提出聯合抗議。否則無法對巴黎實施壓力，可是當時歐洲的情況，採取聯合行動是不可能的；唯一的選擇是宣稱：法國如發動不合正義的戰爭，英國將站在普魯士的一邊。❸

　　戰爭爆發後，普魯士駐英大使彭斯杜夫 (Bernstorff) 晉見首相格蘭斯東和外相格蘭維爾，展示法國大使貝納德提的草約、普國大使館官員並將複印本送交倫敦泰晤士報，該報於七月二十五日公佈草約，英國始知拿破崙三世在一八六六年的企圖兼併永久中立國比利時的陰謀。❹ 這個驚人消息的內容是：法國同意承認除奧地利之外的日爾曼各邦組成聯邦， 而普魯士將促成法國自尼德蘭國王購買盧森堡作爲報酬； 尤有進者， 萬一拿破崙三世「爲情勢所迫須派遣軍隊進入比利時或將其征服時」，普魯士將以全部陸海軍援助他，以對抗向他宣戰的任何強權。

　　俾斯麥在緊要時機公布此項「草約」的動機殊爲明顯，他指望以這個「草約」來離間英國對法國的同情。

　　泰晤士報由於柏林方面的授意指出：此項建議明顯的是來自法國，拿破崙三世和貝納德提伯爵立即駁斥俾斯麥的說明並且宣布此項「草約」的條件是俾斯麥口授貝納德提， 皇帝陛下獲悉後立刻拒絕此項建議。

　　事實眞相也許永遠不能肯定，但草稿很顯明的是貝納德提的筆跡而且是寫在法國大使館的紙上。無疑的，俾斯麥可能欣然看到拿破崙三世不法取得比利時。他是否允許拿破崙三世實際取得比利時是另外一個問題。俾斯麥也可能這麼做以換取德意志帝國的承認以及兼併荷蘭、阿爾

---

❸　Ibid., p. 37.

❹　Howard, op. cit., p. 87.

薩斯和洛林。❾⑤

　　格蘭斯登立卽發出嚴重警告，英國外交部並於七月二十六日提議普法雙方談判。七月三十日英國內閣會議決定：「儘可能的保障比利時的安全，反對交戰國雙方可能的結合而破壞比利時的獨立與中立。」格蘭維爾爵士宣稱：如果比利時的中立受到破壞，將要求奧俄等國採取共同行動。❾⑥

　　格蘭斯登立卽邀請普法兩國簽訂一項條約，再度確定一八三九年對比利時中立的保證，俾斯麥立卽同意，而拿破崙三世幾經考慮，終於八月九日同意簽訂條約，共同保證尊重比利時的中立與獨立。自由黨黨魁狄斯累里(Benjamin Disraeli)指出：保障比利時中立條約的簽訂是基於「英國政策上的傳統」，這個傳統就是：爲了英國的利益，本國政府一直遵守着，在歐洲海岸從敦克爾克 (Dunkirk) 至奧斯登 (Ostend)，再到北海島嶼，所有的國家應該是自由而繁榮的社會以及和平的擁有者，而不應由任何軍事強權所侵佔。他又指出：「這可能是現代英國所作的最嚴肅的保證。」❾⑦

　　戰爭爆發之後，法國的一個機會是突擊南德意志。但是在七月二十日巴伐利亞決定參加普魯士，南北之間的凝聚力已告完成，增加了十五萬大軍由毛奇指揮，侵入德意志的後門已經關閉。俾斯麥暗示沙皇亞力山大二世，這是撕毀巴黎條約黑海條款的適宜機會。因此，俄國明白表示她將掩護普魯士鄰接奧地利的側翼。

　　法國宣戰後三個星期之中，普魯士的準備已經完成。八月二日，戰爭開始，恰好一個月之後，戰爭的第一階段已經過去，龍恩將五十萬大

❾⑤　Marriott, op. cit., p. 247.

❾⑥　Howard, op. cit., p. 88.

❾⑦　Ibid., p. 98.

軍投入戰場，另有五十萬大軍作後備部隊，普魯士軍隊的組織是超等的，所向無敵。法軍奮勇作戰，可是將領、兵站部和運輸一切都付之闕如，結果已不容置疑。日爾曼人分三路挺進，第一路軍有十萬零二千多人，在史坦邁玆將軍（General Steinmetz）指揮之下，集中攻擊柯勃萊玆（Coblentz），向梅玆（Metz）進軍；第二路軍有二十四萬四千八百人，在查爾斯親王（Prince Frederick Charles）統率下由美因河（Mainz）而下亦指向梅玆；第三路軍在太子指揮之下，有二十二萬零四百多人從曼罕姆（Mannheim）攻擊史屈斯堡（Strasburg）。八月四日，王太子所統領的軍隊在衞森堡衝進麥克馬洪元帥（Marshal MacMahon）的前衞部隊，兩天後，使法國在華斯（Wörth）的主力部隊蒙受代價極高的敗績，使麥克馬洪部隊潰不成軍，同日也就是八月六日，查爾斯親王和史坦邁玆將軍襲擊福勞沙將軍（General Frossard）孤軍所據守的史賓查崙（Spicheren）高地，因巴查將軍（General Bazaine）未能及時支援，而逼使法皇親自所統率的「萊茵軍」（"the army of the Rhine"）退守梅玆。將指揮權交給巴查將軍，其後麥克馬洪將軍和亞爾薩斯軍（the army of Alsace）會師梅玆，經一連串輝煌而危險的運動，日爾曼第一第二兩軍進入梅玆和巴黎之間；經三次戰役（八月十四日和十六日）以最慘烈的格雷洛特（Gravelotte）戰役（八月十八日）爲最高潮，巴查將軍犯了致命的錯誤，使他自己和法國十八萬精銳部隊被圍困於梅玆，麥克馬洪將軍奉命從查龍（Chalons）救援巴查將軍。王太子所統率的第三軍中途襲擊麥克馬洪將軍，而將法國十三萬大軍包圍於色當，經絕望的戰鬥之後，拿破崙三世於九月二日向普魯士國王棄劍投降，皇帝陛下和八萬法軍均做了階下之囚。⑱

---

⑱　Marriott, op. cit., pp. 258-59.
　　拿破崙三世於一八七〇年九月一日在色當所寫的降書原文如下：

　　色當之戰拖垮了第二帝國，皇后和皇太子逃往英國，皇帝被廢黜，九月四日法國宣布共和，甘畢達 (Leon Gambetta, 1838-1882) 等組織「國防政府」("Government of National Defence")。鐵爾奉命替各國調停。❾❾　維也納當局雖然同情法國，但是了解，今後奧匈帝國的生存唯有依賴日爾曼人的友誼和善意。貝斯特已體會到：在日爾曼的鬥爭已經失敗，唯一的途徑是在俄普友誼中試圖追求第三位，而爲三帝同盟 (League of the Three Emperors) 舖路。鐵爾在維也納聽到的只是貝斯特那種虛假的梅特涅式的哀悼 (Pseudo-Metternichian lament)：「我不再了解歐洲。」

　　鐵爾倫敦之行亦徒勞無功，幾世紀來，英國惟恐法國獨霸歐洲，因而相信普魯士的勝利有助於權力平衡。同時英國人已經開始希望德意志

(續)Sir, My Brother!

　　Since I was not able to die in the midst of my troops, it only remains for me to surrender my sword to the hands of Your Majesty.

　　I am, Your Majesty's Good Brother,

Sedan, September 1, 1870.　　　　　　　　　　　　NAPOLEON

普王威廉一世於當天接受拿破崙三世降書的原文如下：

Sir, My Brother!

　　While regretting the circumstances in which we shall meet, I accept the sword of Your Majesty, and I urge you to grant one of your officers full power to arrange the capitulation of the army that has fought so bravely under your orders. On my side, I have designated General Moltke to that effect.

　　I am Your Majesty's Good Brother.

Before Sedan, September 1, 1870.　　　　　　　　WILLIAM

　　See Snyder, pp. 219-20.

❾❾　J. A. R. Marriott, England Since Waterloo, 13th ed. (London: Methuen & Co. Ltd., 1946), p. 352.

取代奧地利作爲他們的「自然盟友」("natural ally")，來制衡法俄兩國，英國可以放手建立她的海外帝國，格蘭斯登首相認爲未經當地居民同意而割讓亞爾薩斯和洛林是一種罪惡，而希望訴諸「歐洲的良知」("the conscience of Europe")，可是他不明白訴諸良知牽涉與俄國合作的問題，沒有代價，俄國是不會合作的，而合作的代價非英國所能支付。

因此聖彼得堡是鐵爾使命決定性的一點，假使俄國人願與奧匈和英國合作，可能引起歐洲的調停，可是俄國人支持普魯士，所以俾斯麥可以孤立法國，雖然拿破崙三世的崩潰使俄國人爲之驚恐，可是在巴黎出現一個革命性的政府使俄國人更爲吃驚，當時波蘭和流亡人士支持法國臨時政府。爲了波蘭，俄國人容忍普魯士的擴張。俄國外長高查柯夫對鐵爾說：「我們以後將法國和俄國聯合起來。」亞力山大二世接着說：「我很願意獲得像法國那樣的同盟，一個和平的同盟，而不是戰爭和征服。」這是一八七〇年九月二十九日所說的，這正是二十年後法俄所達成的同盟。可是在當時的情況下對鐵爾無補於事。鐵爾空手回到巴黎。⑩

俄國外長高查柯夫於一八七〇年十月三十一日宣布廢除束縛了俄國十五年之久的一八五六年黑海中立條款，英國此時無實力作後盾，因爲英國如果對俄作戰，必須要有歐洲陸權國家的配合才能壓迫俄國，只能提出抗議而已，外相格蘭維爾表示高查柯夫的片面廢約，「這將削弱而不是加強英國的義務，而願意強力的予以制止。」⑩

俾斯麥建議召開國際會議，至十一月初，英國始接受一八七一年一月至三月，列強於倫敦召開會議，僅挽回了英國的面子，就歐洲協調而言，再度遭受了一次挫折。⑩

---

⑩ Taylor, op. cit., pp. 212–15.

⑩ Ibid., pp. 215–16.

⑩ Thomson, op. cit., p. 294.

色當戰後三個星期之內，普魯士王太子已將巴黎包圍，秋天行將過去，俾斯麥對包圍之戰進展遲緩已不耐煩，惟恐「歐洲干涉的可能性」。甘畢達於十月七日乘汽球逃離巴黎，重新組織軍隊，保衞法蘭西祖國。可是，日爾曼軍隊於十月十一日擊敗魯爾（Loire）的法軍並佔領奧良斯（Orleans）；在東線，法軍亦遭受到同樣的厄運，史屈斯堡經奮勇抵抗之後於九月二十八日被逼投降，一個月之後，梅玆要塞，十五萬大軍和巨大的倉庫，假使不是巴玆將軍實際的變節，就是因爲他的無恥的膽怯，奉送於敵人。這些災難促使甘畢達加倍努力，以重振法蘭西的民族精神，十一月九日，法軍克服奧良斯，魯爾的法軍奮不顧身的企圖解巴黎之圍，日爾曼軍隊逐漸迫近，一八七一年一月二十八日，「歐洲的首都」──巴黎終於陷落。

普法兩國進行安排休戰，俾俾法國選舉國民議會（National Assembly），該會於二月十二日開會，旋即選舉鐵爾爲共和國的「國家元首」（"Head of the State"）第一件大事就是與普魯士締結和下條約。鐵爾與俾斯麥立刻展開談判，二月二十六日和約的初步條件已安排妥當。至於亞爾薩斯已無問題。俾斯麥稱：「史屈斯堡是我家的鑰匙，我們必須取得它。」洛林和梅玆要塞的情況就不同，如果史屈斯堡是法國攻擊德意志的關口，那麼梅玆就是德意志出擊法國的關口，因此俾斯麥要求割讓史屈斯堡的每一個辯護，也就是法國要求保留梅玆的辯護。有理由相信，假使不是毛奇的話，俾斯麥可能讓法國保留梅玆，因此，鐵爾充其量只能從俾斯麥獲得對貝爾福特（Belfort）的讓步，但是要取回貝爾福特，鐵爾必須同意普軍凱旋式的進入巴黎，此項代價是值得的。⑱

國民議會於三月一日以五四六票對一○七票，批准了這些條件。五月十日，兩國在法蘭克福簽訂了和約。法國同意除保留貝爾福特之外割

⑱　Marriott., op. cit., p. 260.

讓整個亞爾薩斯， 以及洛林的東部包括梅茲要塞在內。 賠款為五億法郎，三年內付清，普軍佔領部分法國領土直至賠款付清為止。

俾斯麥並不是為了亞洛兩州的緣故而與法國戰爭，哈登堡曾於一八一五年預言，有朝一日將為兩州浴血而戰。也沒有人懷疑：史屈斯堡將為德意志在法國領土上第一次獲勝時法國所付出的「罰款」，這主要是軍人的問題。俾斯麥在製造一八七〇年的戰爭時別有他的目的。這場戰爭，以他的觀點看來是德意志統一大業所必須。

一八七〇年秋天，普魯士外交部的人員已遷入路易十四豪華的凡爾賽宮，建築一座雄偉的政治大廈的最後階段已告完成。巴登已急於參加北德意志邦聯，巴伐利亞固執於它的獨立，最後達成諒解，嚴格的保留某些權利，符騰堡以同樣條件加入了邦聯。一八七〇年十一月，困難的外交任務已經成功， 俾斯麥說： 「德意志的統一已告完成， 具有皇帝 (Kaiser) 和帝國 (Reich)。」

對於皇帝的稱號有相當不同的意見，俾斯麥強調稱帝的重要性，他認為這是「政治上的需要」。王太子也具同樣意見，他的觀點比宰相的觀點更偏向中央集權。普魯士老一輩的貴族和普王自己相反的却不喜歡這種改變，南方各邦君主不容有一位高高在上者，因此同意普魯士的國王應改尊號為德意志皇帝(Kaiser in Deutschland) (German Emperor)，而不是德意志的皇帝或德意志人的皇帝(Emperor of Germany or Emperor of the Germans)。

威廉國王同意從德意志各兄弟之邦的君主接受此一尊號。一八七一年一月十八日，普王在凡爾賽宮的鏡廳 (Hall of Mirrors) 的歡呼聲中接受了德意志皇帝的尊號。自布蘭登堡選侯斐特烈 (Frederick, Elector of Brandenburg) 在柯尼茲堡接受普魯士國王王冠以來恰好是一百七十年差一天。一個長遠夢想演變的最後一幕在凡爾賽宮上演，此一事實具

有戲劇性的諷刺。●

俾斯麥建立的帝國維持了半個世紀，當帝國崩潰時，檔案公開而發現了大量重要而尚未人知的文件。這些文件的研究改變了過去歷史學家對俾斯麥的觀點。學者們在過去濫於讚揚俾斯麥，對於他的成就達成結論不免失之倉促，人必須從前人的經驗學習，對於歷史上的成功必須經相當長的時間才能作最後的裁判，雖然俾斯麥本人曾對其成就是否能持之久遠表示深沉的悲觀。絕大多數的輿論認為：俾斯麥所指導的德意志和歐洲的歷史應該對局勢的情況負責。俾斯麥所建立的帝國僅存在了五十年。

一九一八年人類第一次大災難之後，德國的民主人士認為俾斯麥應為他的「血和鐵」的政策（policy of "Blood and Iron"）負責，他們亦惋惜德國的人民和政黨未能在這個具有普魯士制度特徵的「集權國家」（authoritarian state）內作負責性的參與，而僅扮演支持者或反對者的角色。●

在俾斯麥一生事業中，最引起爭議的是亞爾薩斯和洛林。法國人對割讓這兩省是痛心疾首，抗議之聲四起，國民議會中兩省的代表宣稱，這些條件是「對所有正義的侮辱和醜陋的濫用權力」。「我們再度宣佈，沒有我們同意而處置我們的協議是無效的。」凱勒（M. Keller）代表亞

---

⑩ Ibid., pp. 260–63.

⑩ Franz Schnabel, "The Bismarck Problem", in Eugene C. Black, *European Political History, 1815–1870* (New York: Harper & Row Publishers c. 1967), pp. 201–02.

俾斯麥於一八六二年在普魯士國會發表挑戰性的「鐵與血」的演說後，立刻在整個日爾曼中像野火般的傳播出去，為了配合此一措辭的韻律，而改為「血和鐵」（"Blood and Iron"），雖然引起廣泛的批評，俾斯麥不為所動，其後他解釋稱：所謂「血」係指「士兵」（soldiers）而言。

Snyder, op. cit., p. 201.

爾薩斯和洛林宣佈：「他們永遠作法國人的不可動搖的意志。」大文豪雨果 (Victor Hugo) 的結論是：「自此之後在歐洲有兩個民族將成爲可怕的敵人──一個因爲他是勝利者，另外一個因爲他是被征服者。」⑩

甘畢達在寫給他朋友的信中曾說：

> 「假造艾姆斯電報的人會企圖另一個陰謀行爲，但是我們的冷靜、我們的自制將會從重複一八七〇年的錯誤中挽救我們。俾斯麥已成功地在一個分裂而無能的日爾曼鑄造成爲一個龐大有紀律而強盛的帝國，可是當他要求兼併亞爾薩斯和洛林時，不論是爲我們的利益，或者是他自己的利益，他沒有接受良好的忠告，因此播下了他自己工作死亡的種子。一個物質的兼併永遠不會跟隨着一個道義的兼併，德國人已經撕毀了歐洲的心臟。」⑩

泰勒認爲俾斯麥的話可能更接近事實，他說：「假使在戰爭中沒有割讓領土，法國人的憤慨將以同樣的程度存在着……甚至我們在薩多瓦的勝利也在法國引起了憤慨，我們戰勝了他們所引起的當然會更多。」⑩

法國歷史學家認爲：俾斯麥要求割讓兩省是「一件道義上的錯誤」，某些人認爲這是比「罪惡」(crime) 更壞的「大錯」(blunder)。無論「大錯」是否比「罪惡」更壞，德國攫取領土是不智之舉，因爲此舉使法德之間的關係恢復正常殆不可能。這是歐洲國家中傳染病的潛伏性的來源。

將俾斯麥於一八七一年對待法國的態度與五年前對待奧地利的方式作一對照有所啓廸。他旣沒有懲罰，也沒有羞辱奧地利，但是對法國他

---

⑩ Grant and Temperley, op. cit., p. 281.

⑩ Quoted in F. W. Foerster, *Europe and the German Question* (New York: Sheed & Ward, 1940), pp. 198-99.

⑩ Taylor, op. cit., p. 217.

却兩樣都做了。一八七一年一月十八日，在凡爾賽宮的鏡廳中，普魯士國王舉行加冕典禮而成爲德意志皇帝，這一事實等於是在創傷中加上食鹽，需要半個世紀才能抹去所受的污辱。一九一九年六月二十八日在同一地點，第二帝國簽署了死亡證書。[109]

俾斯麥傳記的作者艾克（Erich Eyck）是屬於反對俾斯麥的「德意志民權黨員」（German Whigs）。對艾克而言，英國自由派的政治家格蘭斯登是崇高理想的政治家。他認爲：俾斯麥干涉德意志的政治發展，而未能在普魯士和德意志產生像格蘭斯登那樣的政治家是德意志和歐洲不幸的根源。按照艾克的意見：假使俾斯麥能夠給予自由主義的理想更多的考慮，新帝國的內部結構將能迎合當時的需要，因而能更爲持久。艾克不是攻擊俾斯麥的目的，而是攻擊俾斯麥所用的暴力方法。[110]

芝加哥大學（University of Chicago）的洛斯費士（Hans Rothfels）在「俾斯麥傳記的問題」（"Problems of a Bismarck Biography"）一文中反對艾克的觀點；按照洛斯費士、俾斯麥和自由主義者的目標──在普魯士領導下的小德意志（kleindeutsch）民族國家如果──不用俾斯麥的方法也可達成，以及俾斯麥以他的方法爲小德意志帝國帶來不良的名譽，這種假說是無法證明的。我們所有的證據都支持這種立場：列強只是不願意的接受了在歐洲心臟地帶形成了一個新的民族國家。

洛斯費士進一步指出：無論日爾曼民族主義是否成爲俾斯麥的一位盟友，自由主義者亦將與歐洲發生衝突。早在一八二三年的漢巴克節期（Hambach Festival），大多數的參予人士當時都受了法國革命精神和法德兄弟之邦的影響，發表演說的人都不能自制的拒絕法國對萊茵河左岸的要求，而且宛斯（J. G. A. Wirth）敢於公開的表示：德意志的統一

---

[109]　Albrecht-Carrié, op. cit., pp. 140-41.

[110]　Schnabel, op. cit., pp. 204-05.

「非常可能」("very probably") 的結果是亞爾薩斯和洛林歸還我們的祖國。主辦這些節期的執行委員會將正式記錄中「向友好的法國人民致敬」("in deference to the friendly French people") 的字句刪除。這些小德意志的愛國者根本不準備給予拿破崙三世補償和放棄萊茵河左岸。⑪

俾斯麥所關切的是國家的利益(interests of the state)，因此他對於民族國家 (national state) 和民主政治時期的自由立憲說 (voluntarism) 是陌生的。淵源於法國大革命的民族主義的口號──自然的生活空間、歷史性的邊境、同化和民族意志──已經廣泛的流行在十八世紀六十和七十年代的自由主義人士之中，而且已在東歐人民之間發生了作用。可是俾斯麥並沒有注意到這些標語，他忽視民族建設的方案，甚至當他兼併亞爾薩斯和洛林時，他心中主要考慮的是軍事問題。俾斯麥是屬於國家體系 (state-system) 的人物，民族的利益是次要的關切。他將兩個新的強權(power)，普魯士──德意志 (Prussia-Germany) 和薩丁尼亞──意大利 (Sardinia-Italy) 帶入古老的歐洲國家體系 (the old European state system) 中。結果，他改變了「歐洲協調」的形式。⑫

因此吾人可以說：俾斯麥有意將普魯士擴大為普魯士──德意志純朝代國家 (pure dynastic state) 時，却無意的在中歐創造了一個普魯士──德意志民族國家 (Prussia-Germany national state)，或者是一個「小德意志帝國」(kleindeutsch empire)。

德國的歷史學家中有許多歌頌俾斯麥功德的人，他們將俾斯麥於一八六六年七週戰爭後與奧地利簽訂了溫和的休戰條約大肆稱讚，因為尼古斯堡休戰條約在當時防止了奧地利的崩潰。舒納勃認為這件事旣不值

---

⑪ Ibid., pp. 206-07.

⑫ Ibid., p. 219.

得讚揚也不應該譴責。一八六六年的制度幾乎立刻促使哈布斯堡帝國的衰落，這也是俾斯麥帝國之所以孤立和崩潰的原因。在奧地利統治下的各部族事實上受到德意志運動成功的鼓舞，他們利用奧地利帝國戰敗後的衰弱。當中歐無法維持秩序時，奧地利帝國完全陷於混亂之中。

舒納勃的結論是：俾斯麥認爲在歐洲心臟地帶一個密切結合的國家組織（a compact state organism）比聯邦是更高的生活方式，這是更高層次的發展。俾斯麥並沒有了解：在一個混亂的世界中，有遠超越國家的任務在也，將國家帶到原來的目的極爲需要：也就是建立善良、公正和更高的秩序，而俾斯麥認爲政治家的任務在於發展國家而已。是否有政治家比俾斯麥看到更遠呢？吾人不能確定：但是俾斯麥是「他時代中的第一人」（"the first man of his time"）[113]。

[113] Ibid., pp. 225–29.

參 考 書 目

中文參考書

浦薛鳳，西洋政治思潮，臺北：正中書局，民國五十二年。

西文參考書

1. Albrecht–Carrié, René, *A Diplomatic History of Europe Since the Congress of Vienna*. New York: Harper & Brothers, c. 1958.

2. Bemis, Samuel Flagg, *A Diplomatic History of the United States*, third edition. New York: Henry Holt and Company, 1953.

3. Binkley, Robert C., *Realism and Nationalism*. New York: Harper & Row, Publishers, c. 1935.

4. Black, Eugene C. (ed.), *European Political History (1815–1870): Aspects of Liberalism*. New York: Harper & Row, Publishers, c. 1967.

5. Bury, J. P. T. (ed.), "The Zenith of European Power; 1830–70," *The New Cambridge Modern History*, Volume X. Cambridge: The University Press, 1971.

6. Cobban, Alfred, *National Self-Determination*. Chicago: The University of Chicago Press, 1944.

7. Foerster, F. W., *Europe and the German Question*. New York: Sheed & Ward, 1940.

8. Gooch, Brison D., *Europe in the Nineteenth Century*. London: The Macmillan Company, c. 1970.

9. Gooch, G. P., *Studies in Diplomacy and Statecraft*. New York: Russell & Russell, 1969.

10. Grant, A. J. and Harold Temperley, *Europe in the Nineteenth and Twentieth Centuries*, sixth edition. Longmans, Green and Co., 1952.

11. Gulick, Edward Vose, *Europe's Classical Balance of Power*. New York: Cornell University Press, 1955.

12. Hayes, Carlton J. H., *Historical Evolution of Modern Nationalism*. New York: The Macmillan Company, c. 1931.

13. Hayes, Carlton J. H., *Modern Europe to 1870*, New York: Jericho Farm Afton, 1953.

14. Hayes, Carlton J. H. and Charles Woolsey Cole, *History of Europe Since 1500*. rev. ed., New York: The Macmillan Company, 1956.

15. Howard, Christopher, *Britain and the Casus Belli*. London: University of London, The Athlone Press, 1974.

16. Joll, James (ed.), *Britain and Europe: Pitt to Churchill (1793–1940)*. Oxford: Clarendon Press, 1961.

17. King, Bolton, *A History of Italian Unity*. New York: Russell and Russell, 1967.

18. Kissinger, Henry A., *A World Restored: Metternich, Castlereagh and the Problems of Peace*. Boston: Houghton Mifflin Company, 1973.

19. Kohn, Hans, *The Idea of Nationalism: A Study in Origins and Background*. New York: The Macmillan Company, 1951.

20. Marriott, J. A. R., *A History of Europe: From 1815–1939*. London: Methuen & Co., Ltd., 1960.

21. Metternich, Richard (ed.), *Memoirs of Prince Metternich: 1773–1815*. New York: Howard Fertig, 1970.

22. Michell, Allan, *Bismarck and the French Nation*. New York: Boffs Merrill Company, 1971.

23. Milne, Andrew, *Metternich*. London: University of London Press Ltd., c. 1975.

24. Mosse, W. E., *The European Powers and the German Question: 1848–71*. New York: Octagon Books, 1969.

25. Palmer, Alan, *Metternich.* New York: Harper & Row, Publishers, c. 1972.

26. Pflanze, Otto von, *Bismarck and the Development of Germany: The Period of Unification, 1815-1871.* Princeton: Princeton University Press, 1963.

27. Ritter, Gerhard, *The German Problem: Basic Question of German Political Life, Past and Present,* trans. by Siguard Burkhardt. Columbus: Ohio State University Press, 1965.

28. Rodes, John E., *The Quest for Unity: Modern Germany, 1848-1870.* New York: Holt, Rinehart & Winston Inc., 1971.

29. Rosenau, James N., (ed), *International Politics and Foreign Policy,* sixth Edition, New York: The Free Press, 1968.

30. Schapiro, J. Salwyn, *Modern and Contemporary European History: 1815-1940.*

31. Smith, Denis Mack, *The Making of Italy: 1796-1870.* New York. Harper & Row, 1968.

32. Snyder, Louis L., *Documents of German History.* New Brunswick, New Jersey: Rutgers University Press, 1958.

33. Spiel, Hilde, *The Congress of Vienna.* New York: Chilton Book Company, c. 1968.

34. Taylor, A. J. P., *The Habsburg Monarchy: 1909-1918.* Chicago: The University of Chicago Press, 1976.

35. Taylor, A. J. P., *The Struggle for Mastery in Europe: 1848-1918.* Oxford: Oxford University Press , c. 1963.

36. Thomson, David, *Europe since Napoleon,* second edition. New York: Alfred A. Knopf, 1965.

37. Viorst, Milton, *Great Documents of Western Civilization.* Philadelphia: Chilton Company, 1967.

38. Ward, Adolphus William, *Germany: 1815-1890.* London: Cambridge University Press, 1918.

39. Ward, A. W. and G. P. Gooch (eds.), *The Cambridge History of British Foreign Policy: 1783-1919,* Vol. III. New York: Octagon Books, 1970.

西文期刊

1. Journal of Modern History.

2. Journal of International Affairs.

三民大專用書書目——國父遺教

三民主義	孫　　文　著	
三民主義要論	周　世　輔編著	前政治大學
大專聯考三民主義複習指要	涂　子　麟　著	中山大學
建國方略建國大綱	孫　　文　著	
民權初步	孫　　文　著	
國父思想	涂　子　麟　著	中山大學
國父思想	周　世　輔　著	前政治大學
國父思想新論	周　世　輔　著	前政治大學
國父思想要義	周　世　輔　著	前政治大學
國父思想綱要	周　世　輔　著	前政治大學
中山思想新詮 ——總論與民族主義	周世輔、周陽山　著	政治大學
中山思想新詮 ——民權主義與中華民國憲法	周世輔、周陽山　著	政治大學
國父思想概要	張　鐵　君　著	
國父遺教概要	張　鐵　君　著	
國父遺教表解	尹　讓　轍　著	
三民主義要義	涂　子　麟　著	中山大學

三民大專用書書目——政治・外交

政治學	薩	孟	武	著	前臺灣大學
政治學	鄒	文	海	著	前政治大學
政治學	曹	伯	森	著	陸軍官校
政治學	呂	亞	力	著	臺灣大學
政治學概論	張	金	鑑	著	前政治大學
政治學概要	張	金	鑑	著	前政治大學
政治學概要	呂	亞	力	著	臺灣大學
政治學方法論	呂	亞	力	著	臺灣大學
政治理論與研究方法	易	君	博	著	政治大學
公共政策	朱	志	宏	著	臺灣大學
公共政策	曹	俊	漢	著	臺灣大學
公共關係	王德馨、俞成業			著	交通大學等
兼顧經濟發展的環境保護政策	李	慶	中	著	環 保 署
中國社會政治史(一)~(四)	薩	孟	武	著	前臺灣大學
中國政治思想史	薩	孟	武	著	前臺灣大學
中國政治思想史 (上) (中) (下)	張	金	鑑	著	前政治大學
西洋政治思想史	張	金	鑑	著	前政治大學
西洋政治思想史	薩	孟	武	著	前臺灣大學
佛洛姆(Erich Fromm)的政治思想	陳	秀	容	著	政治大學
中國政治制度史	張	金	鑑	著	前政治大學
比較主義	張	亞	澐	著	政治大學
比較監察制度	陶	百	川	著	國策顧問
歐洲各國政府	張	金	鑑	著	政治大學
美國政府	張	金	鑑	著	前政治大學
地方自治概要	管		歐	著	東吳大學
中國吏治制度史概要	張	金	鑑	著	前政治大學
國際關係——理論與實踐	朱張碧珠			著	臺灣大學
中國外交史	劉		彥	著	
中美早期外交史	李	定	一	著	政治大學
現代西洋外交史	楊	逢	泰	著	政治大學
中國大陸研究	段家鋒、張煥卿、周玉山主編				政治大學等

三民大專用書書目——法律

書名	作者	服務機構
中國憲法新論（修訂版）	薩 孟 武 著	前臺灣大學
中國憲法論（修訂版）	傅 肅 良 著	中 興 大 學
中華民國憲法論（最新版）	管 歐 著	東 吳 大 學
中華民國憲法概要	曾 繁 康 著	前臺灣大學
中華民國憲法逐條釋義㈠～㈣	林 紀 東 著	前臺灣大學
比較憲法	鄒 文 海 著	前政治大學
比較憲法	曾 繁 康 著	前臺灣大學
美國憲法與憲政	荊 知 仁 著	前政治大學
國家賠償法	劉 春 堂 著	輔 仁 大 學
民法總整理（增訂版）	曾 榮 振 著	律 師
民法概要	鄭 玉 波 著	前臺灣大學
民法概要	劉 宗 榮 著	臺 灣 大 學
民法概要	何孝元著、李志鵬修訂	司法院大法官
民法概要	董 世 芳 著	實 踐 學 院
民法總則	鄭 玉 波 著	前臺灣大學
民法總則	何孝元著、李志鵬修訂	
判解民法總則	劉 春 堂 著	輔 仁 大 學
民法債編總論	戴 修 瓚 著	
民法債編總論	鄭 玉 波 著	前臺灣大學
民法債編總論	何 孝 元 著	
民法債編各論	戴 修 瓚 著	
判解民法債篇通則	劉 春 堂 著	輔 仁 大 學
民法物權	鄭 玉 波 著	前臺灣大學
判解民法物權	劉 春 堂 著	輔 仁 大 學
民法親屬新論	陳棋炎、黃宗樂、郭振恭著	臺 灣 大 學
民法繼承	陳 棋 炎 著	臺 灣 大 學
民法繼承論	羅 鼎 著	
民法繼承新論	黃宗樂、陳棋炎、郭振恭著	臺灣大學等
商事法新論	王 立 中 著	中 興 大 學
商事法		

三民大專用書書目——行政・管理

三民大專用書書目——經濟・財政

平均地權	王 全 祿 著	內 政 部
運銷合作	湯 俊 湘 著	中 興 大 學
合作經濟概論	尹 樹 生 著	中 興 大 學
農業經濟學	尹 樹 生 著	中 興 大 學
凱因斯經濟學	趙 鳳 培 譯	政 治 大 學
工程經濟	陳 寬 仁 著	中正理工學院
銀行法	金 桐 林 著	華 南 銀 行
銀行法釋義	楊 承 厚 編著	銘傳管理學院
銀行學概要	林 葭 蕃 著	
商業銀行之經營及實務	文 大 熙 著	
商業銀行實務	解 宏 賓 編著	中 興 大 學
貨幣銀行學	何 偉 成 著	中正理工學院
貨幣銀行學	白 俊 男 著	東 吳 大 學
貨幣銀行學	楊 樹 森 著	文 化 大 學
貨幣銀行學	李 穎 吾 著	臺 灣 大 學
貨幣銀行學	趙 鳳 培 著	政 治 大 學
貨幣銀行學	謝 德 宗 著	臺 灣 大 學
現代貨幣銀行學（上）（下）（合）	柳 復 起 著	澳洲新南威爾斯大學
貨幣學概要	楊 承 厚 著	銘傳管理學院
貨幣銀行學概要	劉 盛 男 著	臺 北 商 專
金融市場概要	何 顯 重 著	
現代國際金融	柳 復 起 著	新南威爾斯大學
國際金融理論與制度（修訂版）	歐陽勛、黃仁德 編著	政 治 大 學
金融交換實務	李 麗 著	中 央 銀 行
財政學	李 厚 高 著	逢 甲 大 學
財政學	顧 書 桂 著	
財政學（修訂版）	林 華 德 著	臺 灣 大 學
財政學	吳 家 聲 著	經 建 會
財政學原理	魏 萼 著	臺 灣 大 學
財政學概要	張 則 堯 著	前政治大學
財政學表解	顧 書 桂 著	
財務行政（含財務會審法規）	莊 義 雄 著	成 功 大 學
商用英文	張 錦 源 著	政 治 大 學
商用英文	程 振 粵 著	臺 灣 大 學
貿易英文實務習題	張 錦 源 著	政 治 大 學
貿易契約理論與實務	張 錦 源 著	政 治 大 學

三民大專用書書目——心理學